KB062742

아파도
미안하지
않습니다

아파도 미안하지 않습니다

어느 페미니스트의 질병 관통기

초판 1쇄 펴낸날 2019년 5월 27일
초판 6쇄 펴낸날 2024년 3월 25일

지은이 조한진희
펴낸이 이건복
펴낸곳 도서출판 동녘

편집 이정신 이지원 김혜윤 홍주은
디자인 김태호
마케팅 임세현
관리 서숙희 이주원

등록 제311-1980-01호 1980년 3월 25일
주소 (10881) 경기도 파주시 회동길 77-26
전화 영업 031-955-3000 편집 031-955-3005 전송 031-955-3009
홈페이지 www.dongnyok.com 전자우편 editor@dongnyok.com
인쇄·제본 영신사 라미네이팅 북웨어 종이 한서지업사

ⓒ 조한진희, 2019
ISBN 978-89-7297-935-7 (03330)

아파도
미안하지
않습니다

어느 페미니스트의 질병관통기

조한진희 지음

동녘

추천의 말

이 책의 '추천사'를 여러 차례 썼음을 고백한다. 흔히 말하는 동병상련이 불러오는 공감 때문이기도 하고, 요즘은 같은 처지의 사람끼리도 소통이 어려워서, 나 혼자 아픈 듯 서러움과 외로움이 밀려왔기 때문이다. 내가 생각하는 페미니즘은 약자들의 연대다. 우리는 모두 아프고 나이 들고 죽는다. 인간은 만물의 영장이 아니라 유한한 존재, 자연의 극히 일부일 뿐이다. 그런 의미에서 페미니즘은 약자를 대변하고, 또 '대변해야 한다'. 우리는 신체적 통증pain과 정신적 고뇌suffering를 구분하는 문화에 익숙하지만, 몸의 취약성이야말로 인간의 조건이다. '젠더 주류화'가 경쟁 논리로 왜곡된 신자유주의 사회에서 이 책이 소중한 이유다.

《아파도 미안하지 않습니다 - 어느 페미니스트의 질병 관통기》는 부러운 제목이고, 놀라운 내용이다. 나는 여전히 아파서 미안한 인생인데 …. 많은 여성들처럼, 나도 내 몸에게 미안해야 하는데 주변 사람들에게 더 미안하다. 이 시대에 아픈 사람의 자세는 이해받으려고 하기보다 차라리, 건강한 사람을 이해하는 자세가 정신건강에 더 좋다는 게 나의 경험이다. '건강 약자'는 중요한 사회적 범주가 되었다. 인류는 만성 통증 상태를 살고 있다. 이 책이 모델이 되어 많은 이들의 '몸 일기'가 나오기를 바란다. 내가 생각하는 바람직한 사회는, 건강한 사람이 그렇지 않은 사람을 배려하는 사회가 아니라 상처받은 치유자wounded healer들의 공동체다.

가장 쓰기 어려운 글, 하소연에 그치기 쉬운 글, 그래서 나는 쓰지 못하는 글쓰기를 해낸 지은이에게 감사와 부러움을 전한다.

─ 정희진(여성학 연구자, 《페미니즘의 도전》 저자)

질병은 내 삶에 상처를 입혔다. 잘못 살아서 아픈 거라는 자괴감에 스스로를 미워했다. 소중한 사람들을 힘들게 하고 있다는 자책감에 무거웠다. 질병 때문에 삶의 결정권을 잃고 계획이 무너지면서 상실감에 넘어졌다. 무엇보다 아픈 몸과 어떻게 살아야 하는지 아무것도 모르는 채 흔들리는 삶 위에 놓인 무력감은 고스란히 내 안으로 스며들었다. 그 안에서 마음은 자주 부서졌다. 질병에 의해 상처받았으니, 나는 질병을 응시하며 상처의 이유를 찾아갔다.

질병은 죄가 없었다. 몇 년간 응시한 끝에 비로소 얻게 된 결론이다. 내가 상처 입은 것은 질병 때문이 아니라, 질병에 대한 우리 사회의 태도 때문이었다. 아픈 몸이 되고서야 비로소 우리 사회가 건강 중심 사회임을 알게 되었다. 질병이 내 몸의 일부일 수 있음을 인정하자, 세상이 다르게 읽혔다. 비장애인 중심 사회가 장애인들을 배제하듯이, 건강 중심 사회는 아픈 몸들을 배제하고 있었다. 아픈 몸들을 자책감의 나락으로 밀어내고 있었다.

우리는 너나 할 것 없이 피로감과 아픈 곳을 호소하는 사회에 살고 있다. 사회 전반의 뿌리 깊은 차별, 강도 높은 경쟁과 노동, 관리되지 않는 위험물질은 모두 건강을 심각하게 해치는 유해 요소다. 탁월한 건강을 유지하는 이들이 오히려 신기해 보일 정도다. 공식 통계로만 3명 중 1명이 암에 걸린다.[1] 하지만 사회는 건강한 몸만을 올바른ethical 몸의 기준으로 상정하고 있었고, 우리 사회에 통용되는 언어는 건강 세계의 언어뿐이었다. 나의 아픈 몸을 설명할 언어가 별로 없었다. 마치 세상의 절반이 여성이지만, 남성 몸만을 보편이자 표준으로 설정해놓은 것과 같았다. 혹은 세상에는 성폭력 피해자가 이토록 많지만, 사회는 여전히 성폭력에 대해 무지하고, 가해자의 언어만 가득한 현실과도 약간 유사했다.

나의 아픈 몸은 건강 중심 사회의 언어와 불협화음을 냈다. "건강을 잃으면 모든 것을 잃는 것이니, 반드시 건강을 되찾으라"는 말에서 이물감을 느끼기 시작했다. 언제부터였을까. 지난 한 과정 끝에 투병과 완치 사이의 몸으로 회복되었으나, 아무리 노력해도 더 이상은 건강해지지 않을 즈음이었던 것 같다. 건강을 잃으면 모든 것을 잃는다는 말도, 반드시 건강을 되찾으라는 말도 불편하게 들리기 시작했다. 나를 염려해주는 상대의 진심을 그대로 수용하지 못하는 스스로가 답답했다. 내가 과도하게 예민한 거라고 수없이 자책도 해보았다. 그러나 그 말을 한 상대방도 나도 잘못이 없음을 이제는 안다. 그는 건강 중심성을 탈피

아파도 미안하지 않습니다

하면서도 걱정하는 마음을 담아낼 적정한 말을 알지 못했던 것이고, 나는 건강은 잃었지만 삶의 모든 것을 잃은 건 아니라는 믿음이자 진실을 지키고 싶었던 것뿐이다.

그는 우리 사회 대부분이 그렇듯 건강을 추구해야 할 선善으로, 질병은 퇴치해야 할 악惡으로 규정하는 이분법적 사고를 하고 있었다. 그러한 규정에서는 질병과 함께 살아야 하는 아픈 몸은 열등한 몸일 수밖에 없다. 건강이라는 선을 맹렬히 추구하고 있을 때만 정당성을 인정받을 수 있게 된다. 반면 나는 아픈 몸이 언제나 건강을 향해 달리고 있지 않아도 괜찮고, 건강을 다소 잃었더라도 열등한 몸이 아닐 수 있다고 여겼다. 아픈 몸에 대한 사회적 태도와 환경적 조건이 변하면 아픈 몸도 '정상'적으로 온전히 살 수 있다고 보았다.

몸은 사회로부터 독립되어 개인에게 속한 것처럼 느껴진다. 그러나 몸과 질병은 사회와 유기체처럼 밀접하게 연결되어 있고, 사회의 변화는 몸과 질병에 민감하게 영향을 미친다. 마치 안팎을 구별할 수 없는 도형 '뫼비우스의 띠'처럼 말이다. 여성운동에서 오랫동안 지적해왔듯, 마른 몸이 아름다운 여성 몸의 기준으로 등장하면서 개인들은 과도한 다이어트에 도전하게 되었다. 실제로 그런 사회적 기준은 여성 개인의 바디라인과 지방 세포의 수치를 변화시켰다. 이는 인간의 몸이 사회로부터 분리되어 존재하지 않음을 선명히 보여준다.

질병의 발병과 치료도 마찬가지다. 질병은 개인의 몸에서 발생하는 사건이지만, 더 가난하고 더 차별받을수록 발병률이 높아진다는 사실을 수많은 통계가 말해준다. 이런 통계 앞에서 대부분의 사람들이 깊이 고개를 끄덕이는 것을 본다. 그럼에도 동시에, 누군가 폐암에 걸렸다고 하면 담배를 많이 피우는 나쁜 습관이 문제였다고 비난한다. 위암에 걸렸다고 하면 짜게 먹고 빠르게 먹는 습관 때문이었다고 책망한다. 가난할수록, 그리고 삶이 제한적일수록 스트레스를 해소하기 위해 시도할 수 있는 방식이 많지 않아서 담배에 의존하게 되는 현실은 갑자기 사라진다. 먹고살자고 하는 일인데도 정작 일하다 보면 밥 먹을 시간이 부족해서 빠르게 먹고, 그러다 보니 짜게 먹게 된다는 현실 또한 사라진다. 이런 사회적 조건들은 삭제된 채 오로지 개인의 생활 습관만 지적된다. 결국 아픈 몸은 자신이 잘못 살아서 질병이 왔다는 지독한 자책감에 빠진다. 나는 그렇게 질병의 사회적 책임을 지워버리고, 개인의 책임만을 강조하는 '질병의 개인화' 현실을 목격할 때마다 답답했다. 그리고 '펜로즈의 계단'이 떠올랐다. 계속 계단을 올라가는 것처럼 보이지만 무엇에도 닿을 수 없는 모순의 상징인 펜로즈의 계단 말이다. 개인의 노력으로 건강을 가질 수 있다는 '착시'는 그토록 강력했다.

　누구도 아픈 것 때문에 아프지 않길 바란다. 거듭 말하지만, 질병의 개인화는 아픈 몸에게 질병의 책임을 전가시켜 죄책감으로 고통받게 만든다. 아울러 질병에 대한 관점 자체가 바뀌지 않으면 아픈 몸이 상처받는 일은 줄어들기 어렵다. 우리 사회가

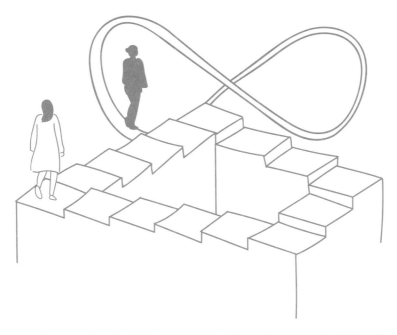

몸과 사회는 '뫼비우스의 띠'처럼 연결되어 있다. 개인의 노력만으로 건강을 쟁취할 수 있다는 생각은 '펜로즈의 계단'의 모순을 떠올리게 한다.

지금처럼 질병을 몸에서 삭제해야 하는 배설물 같은 존재로만 본다면, 만성질환자를 포함해 질병과 함께 살아가야만 하는 아픈 몸은 불행한 패배자로 살 수밖에 없다. 의학으로 죽음을 삭제할 수 없듯이 질병을 삭제할 수 없다. 누구나 아프게 되고 죽게 된다. 질병이나 죽음 자체가 비극이 아니라, 그것을 온전히 자신의 삶으로 겪어낼 수 없을 때 비극이 된다. 우리에게 필요한 것은 고된 노동을 반복해도 결코 아프지 않은, 무한히 노동할 수 있는 몸이 아니다. 자연이 생명체에 부여한 생로병사를 낙인이나 차별 없이 겪을 수 있는 몸, 잘 아플 수 있는 사회가 필요하다.

어느 정도 건강을 잃었다고 하더라도 온전히 행복할 수 있는 삶, 이는 질병이 삶의 선물이었다는 긍정 서사로 가능한 것이 아니다. 영혼의 성장담을 부정하고 싶지는 않지만, 정신 승리로 다시 개인에게 노력을 전가하는 형태는 바람직하지 않다. 아픈 몸도 행복한 삶은 질병을 '극복'하지 않아도, 자신의 몸을 '정상'으로 교정하지 않아도 자책감에 시달리지 않고 존중받는 사회에서 가능하다. 질병을 곧 불행으로 받아들이게 하는 사회가 변화하길 바란다. 몸이 아프다는 생의학적 상태가 곧장 불행으로 연결되는 것은 아니다. 이 사회가 질병을 대하는 태도가 변하면, 아픈 사람들의 '불행'도 변화한다. 아파도 괜찮다고 사회가 말해줄 수 있다면 아픈 이의 고통이 줄어들게 되고, 결국 아픈 이의 몸이 변화하게 된다.

이 책은 내가 질병을 삶의 일부로 수용하고, 아픈 몸으로도 온전한 삶을 살아가기 위한 과정에 관한 이야기다. 다만 나는 그것을 개인의 '정신승리'가 아니라, 개인과 사회가 함께 성찰해가는 과정 속에서 풀어보려 했다. 30대 중반, 갑자기 건강이 무너지고 혼란스러웠던 순간부터 이야기를 시작했다. 당시 나는 아픈 몸으로 어떻게 노동을 하고 생계를 유지할 수 있을지 막막했다. 또 아픈 몸에 대한 자기혐오를 어떻게 다뤄야 하는지 몰라

쩔쩔맸다. 아픈 몸은 건강 중심 사회에서 어떤 방식으로 존재할 수 있는지, 우리는 무엇일 수 있는지 알아야 했다. 나는 질병과 함께 산다는 의미를 마음속 깊이 이해해야 했고, 아프게 된 몸을 스스로 미워하지 않고 삶을 재구축할 수 있는 방법을 찾아야만 했다. 아픈 몸이나 취약한 몸으로 산다는 게 불행이나 수치가 아닐 수 있을까? 그리고 질병을 겪는 것에 대해서 드러내고 싶지 않고 벗어나야 할 정체성으로 여기는 문화를 우리가 언젠가 '극복'할 수 있을까? 질병과 함께 산다는 게 낙인이 아니라 프라이드가 되는 것은 불가능한 일일까?

나는 질문이 많은 성격이라 몸이 아픈 내내 이런 고민을 멈출 수 없었다. 더 정확히는 질문을 멈추어서도 안 되었다. 질문하고 답을 찾지 않으면, 젊은 나이에 '좋은 일' 하다가 건강을 잃은 비운의 주인공으로 끝나게 될 것 같았다. 질문하고 사유하는 과정은 내가 무기력한 환자가 아니라, 계속해서 삶을 주체적으로 살아가는 존재임을 확인하는 과정이기도 했다.

그리고 부끄러운 고백도 하나 해둔다. 나는 질병이 제거해야 할 악이라며, 부단히 노력해서 반드시 건강해져야 한다는 사회적 압박을 비판해왔지만, 동시에 그런 시선은 내 안에도 존재했다. 빨리 건강해져서 표준의 몸, 정상의 몸을 되찾고 싶다는 욕망을 멈출 수 없었다. 나의 내면은 자주 충돌했다. 아프다는 정체성을 빨리 벗어던지고 싶었고, 건강해지지 않으면 삶이 '정상'으로 돌아갈 수 없을 것 같다는 두려움을 오갔다. 아픈 몸으로 평생 살아야 한다는 사실을 떠올리면 절망이 맥박처럼 뛰었다. 이런 나 자신이 못나 보였지만, 부정하지는 않으려 했다. 그런 내 모습을 관찰하고 모순과 불안조차 자원 삼아 언어를 만들어 갔다.

질병 세계의 언어로 글을 만드는 일은 쉽지 않았지만, 쉽게 읽히도록 쓰려고 노력했다. 쉬운 글이 평등한 글이라는 말을 잊지 않으려 했다. 몸이 아프면 집중력이 떨어지기 쉽다. 신체 에너지가 저조해지는 상황에서, 생존에 필수적이지 않은 뇌의 지적 활동에 배치되는 에너지가 줄어들기 때문이리라. 쉽게 쓰기 위해 대부분의 글에서 나를 백지에 가까운 무지한 관찰자로 설정해두고, 몇 가지 현실의 단면들을 연결하고 분석해보는 형식을 취했다. 배경지식이 많지 않더라도 직관적으로 이해할 수 있게 하기 위한 시도였다.

이 책은 페미니즘 저널 《일다》에 연재한 글을 기본으로 '건강세상네트워크'에서 발행하는 《잇다》에 연재한 글을 일부 추가했고, 몇 편은 새로 써서 보탰다. 2015년부터 연재를 시작했는데, 햇수로 4년을 연재했고 책으로 내기까지도 긴 시간이 걸렸다. 오랫동안 연재했던 글이다 보니 그사이에 다소 변화도 있었는데, 시제를 정리하긴 했어도 내용을 손대지는 않았다. 그렇게 30대 후반부터 쓰기 시작한 글이 40대 완연한 중년이 된 지금에서야 마무리되어 한 권의 책이 되었다. 몸이 한 번씩 고꾸라질 때는 그 시간을 견디는 것에 모든 에너지를 쏟아야 했다. 차별 때문에 질병을 말할 수 없는 순간이 오거나, 아픈 사람이 미안해하는 현실을 목격할 때도 아팠다. 슬픔, 분노, 쓸쓸함 같은 것들이 몸에서 소용돌이쳤고, 숨을 고르기 위해 가만히 엎드려 있어야 했다. 나는 그럴 때마다 발생하는 몸과 마음의 통증조차 언어로 풀어내기 위해 끙끙거렸고, 조금씩 단단해질 수 있었다.

질병이라는 혼돈의 세계를 관통해 나가야 하는 이들과 그 곁에 있는 이들이, 아픈 몸과 그 삶을 이해하는 데 이곳의 언어가 도움이 되길 바란다.

차례

3장 건강에 대하여

4장 아픈 몸의 사회

5장 잘 아프기 위해 필요한 것들

1장

아픈 몸이 된다는 것

나도 내 몸이 낯설다

삼분만, 이분만, 일분만……

실눈으로 시침을 보다가 최후의 알람이 막 지나갈 무렵, 헐레벌떡 이불에서 몸을 꺼낸다. 수영장까지는 5분. 가방을 챙겨서 전력 질주하지만 어김없이 지각이다. 그래도 수영이 끝났을 때의 개운한 맛이 좋아서 빠진 적은 거의 없다. 수영을 마치고 건물 뒤 등나무 벤치에서 모닝담배 한 개비를 피우고 나면, 비로소 마음을 가다듬고 사무실에서 할 일을 떠올린다.

수영과 함께하는 아침은 삼십 대에 들어서면서부터 이어진 일상이었다. 수영은 오랜 취미였지만, 중년이 되기 전에 친구들과 나가기로 약속한 철인 3종 경기를 준비하는 과정이기도 했다. 친구들은 종종 나를 '철인 28호'라고 불렀다. 그 별명에 걸맞게 나는 이십 대 초반부터 장기 계획을 세워 친구들과 경기 참가를 도모했다.

언제부터였을까. 알람시계가 마지노선을 한참 지났는데도 몸은 여전히 이불 속에 있었다. 사무실에서 거뜬히 밤을 새우며 일을 해치우던 체력은 이제 꿈도 못 꾸게 되었다. 낮에도 사무실 책상에 엎드리기 일쑤였고, 맥주 한 잔만 마셔도 다음 날 숙취에 시달렸다. '철인 28호'라는 별명이 무색해졌다.

몸에서 본격적으로 이상 신호를 보내기 시작한 것은 팔레스타인으로 3개월간 현장 활동을 다녀온 직후였다. 아침에 일어나면 푹 데친 시금치처럼 기운이 없고 눅진했다. 때 아닌 때에 피가 나왔고, 현기증으로 출근 버스 안에 서 있기 힘든 날도 있었다. 몸살을 앓는 것처럼 어깨와 팔다리가 쑤시고 아팠다. 1년 가까이 병원을 몇 군데나 돌아다녔지만, 의사들은 원인을 알 수 없다며 지켜보자고 말할 뿐이었다. 답답했다.

원인 모를 통증

난생처음 수십만 원을 주고 종합건강검진을 받았다. 대부분 정상이었는데 단 하나, 갑상선암이 발견되었다. 의사는 1.2센티미터나 된다며 빠른 수술을 권했고, 간호사는 달력을 내밀었다. 나는 좀 더 생각해보겠다며 병원을 나섰다. 중요한 회의가 있어 급히 택시를 잡아탄 뒤 창밖을 보며 생각했다. 사실일까? 오진이 아닐까? 차 안에서 창밖을 바라보면 착시 현상이 나타나듯 뭔가 잘못 본 것은 아닐까? 믿고 싶지 않았다. 하지만 암이 맞았다.

당혹스러웠다. 갑상선암이 비교적 '가벼운' 암에 속한다는 것은 알고 있었다. 그러나 '암'이라는 단어는 무게감이 있었다. 무

　　　　　　　　아파도 미안하지 않습니다

엇보다 당혹스러운 점은, 나의 이상 증세들과 갑상선암은 아무 상관이 없다는 의사의 말이었다. 검사 결과로 봤을 때 갑상선암은 몸에 어떤 영향이나 증세도 발생시키지 않는단다. 그럼 도대체 내가 계속 아픈 이유는 뭐지?

원인을 알 수 없다는 점이 혼란스럽고 답답했다. 질병을 몸이 살기 위해 보내는 신호라고 한다면, 몸은 살려달라고 계속 SOS를 보내는 데 내가 제대로 수신하지 못하는 것 같았다. 어디를 어떻게 고쳐야 하는지 알 수 없었다. 두려웠다. 이 증세를 안고 평생 살아야 한다면 살 수는 있겠지만, 이게 바닥이 아니라 더 나빠지는 과정이라면? 원인을 찾지 못하고 치료할 시기를 놓쳐버린다면? 불안했다.

갑상선을 제거하는 수술은 꼭 받아야 하나? 암세포가 아직 몸에 부정적 영향을 끼치지 않는데도 예민한 호르몬 기관인 갑상선을 예방 차원에서 제거해버린다? 정말 해야 할까? 갑상선을 제거하면 체력이 떨어진다던데, 지금보다 몸이 더 약해지면 어쩌지?

의사에게 물었다.

"혹시 수술 이후에 제가 겪는 현기증 같은 게 심해질 수도 있을까요?"

"그건 모르죠."

의사는 할 수 있는 최선의 답변을 했겠지만, 또다시 당혹감이 엄습했다. 혼란스러웠다.

가족과 지인들은 갑상선암 수술을 독촉했지만, 결정하기 어려웠다. 의사들은 숫자와 데이터로만 내 몸을 읽는 듯했다. 여러 검사에도 불구하고 증세와 통증은 그 원인을 찾을 수 없었다. 그리고 원인이 없다는 이유로 내 증세와 통증 자체가 존재하지 않는 것처럼 취급되기도 했다. 갑상선센터 의사는 내 몸에서 갑상선만을, 내과 의사는 내 몸에서 현기증만을 보는 듯했다. 의사들 각자의 전문 분야가 있어서겠지만, 총체적으로 연결된 내 몸을 보지 않는다는 느낌을 지울 수 없었다. 의료 전문인은 의사지만, 결국 내 몸을 총체적으로 바라보며 고민하는 사람은 나뿐이라는 생각이 들었다. 외롭고 두려웠다.

질병에 묶인 일상

몸과 질병에 대해 좀 더 알아야 할 것 같았다. 인터넷을 검색하고, 도서관과 서점에서 책을 찾았다. 온라인에 이토록 많은 환우회 카페가 있다는 점, 대형 서점에 암과 관련된 섹션이 별도로 마련되어 있다는 점에 놀랐다. '이렇게 하면 완치될 수 있다'고 주장하는, 정보인지 광고인지 모를 자료들도 수없이 많았다. 건강과 질병을 둘러싼 산업의 규모가 엄청나다는 것을 실감했다. 많은 환자와 그 가족들이 불안한 마음에 말도 안 되는 이야기를 듣고 쉽게 속는다는 글도 수두룩했다.

나는 여러 책들을 읽으며 환우회 정보들을 검토한 끝에 한의학과 대체의학에도 눈을 돌렸다. 서울에서 손꼽히는 대형 병원을 이미 몇 군데나 방문했지만, 갑상선암을 수술하라는 것 말고는 어디에서도 나의 증세와 질환에 대해 적절한 치료법을 제시받지 못한 터였다. 무엇보다 한의학이나 대체의학은 현대의학의 어떤 종합병원보다 질병과 몸을 총체적으로 본다는 인상을 받았다.

내가 만난 한의사나 대체요법사는 진단을 내릴 때 기계가 알려준 수치뿐 아니라 환자가 느끼는 증세도 중요한 단서로 고려했다. 물론 보이지 않는 것까지 수치화해서 알려주는 각종 의료 검사 기계들이 놀라운 첨단 과학의 산물임은 명백하다. 하지만 눈앞에 있는 환자 몸의 특성을 구석구석 살피고 환자와 대화를 나누며 진단하는 과정이 왠지 더 정밀하게 느껴졌다.

병원에서 지정해준 정기 검진을 병행하는 동시에, 한의사와 대체요법사에게 지도받은 대로 식이요법을 시작했다. 아울러 생활습관도 엄격하게 관리했다. 인스턴트 음식은 물론 튀긴 음식, 밀가루, 설탕, 흰쌀을 완전히 끊었다. 해가 뜨고 지는 시간에 생활 리듬을 맞추고, 현기증이 심하지 않은 날에는 아침마다 햇살을 받으며 집 앞의 산길을 걸었다. 컴퓨터 사용은 네 시간 이하로 줄였고, 잠들기 전에 스트레칭과 족욕을 했다.

특별한 음식을 먹거나 특이한 치료는 하지 않았다. 된장국에 나물 같은 평범한 음식을 신선할 때 섭취하고, 침·뜸 치료를 받았다. 외출할 때는 도시락을 챙겨갔다. 피로감이 쉽게 몰려올 만한 시끄러운 도심에는 잘 나가지 않았다. 생활 전반에서 몸에 이롭지 않은 것들을 삭제해나간 평범한 생활이었다.

하지만 그 평범한 생활을 지키는 것은 쉽지 않았다. 매일 잠들기 전에 몸 일지를 쓰기 시작했다. 몇 시에 일어나고 잤는지, 어떤 음식을 먹었는지, 몸의 이상 증세는 어느 정도인지, 기분은 어떤지 기록했다. 처음에는 규칙을 얼마나 잘 지켰는지 스스로 확인하려고 시작했지만, 몸을 더 잘 돌보고 이해하는 시간이 되길 바라는 마음도 있었다.

환자가 되어서도 일하듯 '빡세게' 산다며 염려하는 이들도 있었다. 하지만 나는 내 몸에 할 수 있는 최선을 다해보고 싶었다. 그리고 빨리 복귀하고 싶었다. 현기증 때문에 출퇴근이 힘들어 결국 휴직계를 낸 상태였고, 3년간 공들여 진행한 팔레스타인 프로젝트가 마무리를 앞두고 중단된 상태였다. 나는 질병을 내 몸에서 빠르게 떠나보내고 싶었다. 물속에서 땀나게 수영하고 밤새우며 일하는 일상으로 꼭 돌아가고 싶었다.

식이요법을 지도해준 분은 "질병은 몸에 찾아온 손님"이라며, 극진히 대접해서 떠날 수 있게 해주라고 했다. 질병은 죽음으로 쉽게 미끄러지지 않도록 몸에서 신호를 보내는 것이라며, 몸을 쉴 수 있게 해주니 얼마나 고마운 일이냐고 덧붙였다. 엄격히 생활을 관리하며 사는 게 재미있는 일은 아니었다. 하지만 내 몸을 이토록 극진히 돌봐준 적이 단 한 번도 없었음을 떠올리며, 소중한 시간으로 여기려 했다.

아파도 미안하지 않습니다

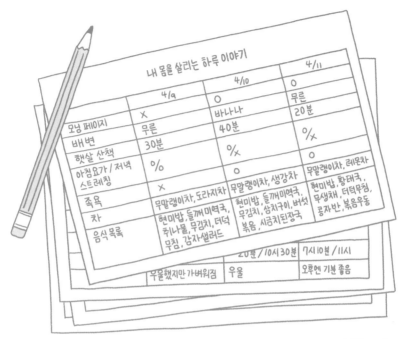

내 몸을 살리는 하루 이야기	4/9	4/10	4/11
		0	0
모닝 페이지	X	바나나	무른
배변	무른	40분	20분
햇살 산책	30분	0/X	0/X
아침요가 / 저녁 스트레칭	0/	0	무말랭이차, 레몬차
족욕	X	무말랭이차, 생강차	현미밥, 황태국, 무생채, 더덕무침, 콩자반, 볶음우동
차	무말랭이차, 도라지차	현미밥, 들깨미역국, 무김치, 삼치구이, 버섯볶음, 시금치된장국	
음식 목록	현미밥, 들깨미역국, 취나물, 무김치, 더덕무침, 감자샐러드		
		20분/10시30분	7시10분/11시
	우울했지만 가벼워짐	우울	오후엔 기분 좋음

몸 일지를 쓰다

　정작 힘들었던 것은, 여러 규칙을 지키며 사는 것보다 일상이 온통 질병에 점유되어 있다는 느낌이었다. 1년만 치료하면 몸이 회복될 수 있을 거라고 막연히 기대했지만, 속도는 생각보다 더뎠다. 거의 3년을 그렇게 보냈다. 몸에 신선한 음식을 넣어주기 위해 끼니마다 새로운 음식을 만들고, 의무적으로 운동을 하다가 치료를 받으러 다녀오면 하루가 끝났다. 그런 일상이 반복되자, 질병에 포박된 삶을 사는 것 같았다.

질병을 경험하면서 무엇보다 내가 '몸의 존재'임을 매 순간 인식해야 했다. 정확히는 몸의 눈치를 자주 보게 되었다. 시내의 대형 서점에서 책을 읽다가 반나절을 보내고 들어온 날, 이 정도 피로감을 과연 몸이 견뎌줄지 걱정했다. 또다시 때 아닌 때에 피가 나오는 것은 아닐까 몸의 반응을 초조하게 지켜보았다.

어느 날은 컨디션이 좋아 컴퓨터 앞에서 꼬박 네 시간을 작업했는데, 다음 날 아침에 일어나자 검은색 선글라스를 낀 것처럼 눈앞이 캄캄했다. 또다시 강력한 현기증이 찾아온 것이다. 그 전주만 해도 아침 운동 때 산길을 달렸지만 현기증이 전혀 느껴지지 않았는데, 도대체 종잡을 수가 없었다.

질병은 내 몸을 예측할 수 없게 만들었다. 예측할 수 없는 몸은 낯설었다. 무엇을 할 수 있고 할 수 없는지 가늠하기 어려웠다. 사소한 약속을 정하는 일도 조심스러웠고, 인생을 계획하는 것 자체가 별 의미 없이 느껴졌다. 어차피 계획을 세워도 지켜질 수 있을지 확신이 없었다. '내 것인 듯 내 것 아닌 내 것 같은 몸'과 어떻게 살아야 할지 난감했다.

다른 이야기가 필요하다

질병을 경험한다는 것은 몸에 대한 통제권을 상실하는 일이다. 누군가 질병에 걸린다는 게 어떤 의미인지 물어온 적이 있

아파도 미안하지 않습니다

다. 나는 어항 속에 돌 하나 더 얹어지는 것이 아니라 핏물 한 컵이 부어지면서 그 물의 밀도가 변하고 그에 따라 생태계가 바뀌는 일이라고 말했다. 그저 질병 하나가 내 삶에 쏙 들어오는 게 아니라고 말이다. 이는 일상이 완전히 재구성된다는 뜻이며, 동시에 내가 기획한 미래가 무효로 돌아간다는 뜻이다.

그런 경험을 하게 만드는 일인데, 나는 단 한 번도 내가 중증 질환에 걸릴 거라고 예상해본 적이 없었다. 질병에 걸리면 어떻게 대처해야 하고 어떤 일상을 살아야 하는지 전혀 몰랐다. 당황하고 혼란스러울 수밖에 없었다. 내가 그만큼 건강에 대해 과신하고 오만했기 때문임을 인정해야 할 것 같다. 그런데 사실, 이 사회에는 질병에 대한 이야기가 너무나 적다.

물론 질병을 둘러싼 지식과 정보는 차고 넘친다. 텔레비전을 틀면 온종일 몸에 어떤 음식이 좋은지 정보가 쏟아지고, 질병을 극복한 인간 승리의 사연이나, 질병으로 인한 비참한 죽음의 이야기가 등장한다. 그리고 그 이야기들 틈새로 불안을 담보 삼은 민간보험 광고가 끊임없이 나온다. 그러나 한 개인이 질병을 마주한 뒤 겪는 혼란과 그 삶의 과정을 관통하는 일상 이야기를 만나본 적은 거의 없다.

우리는 흔히 영화나 책과 같은 다양한 매체를 통해 사랑 이야기를 접하면서 자신의 사랑 관계를 돌아보거나 여러 상황에 대처하는 법을 배우기도 한다. 질병에도 그런 과정이 필요하지 않을까? 고령화 시대에는 누구나 한 번쯤 중증 질환을 마주할 가능성이 크고, 심지어 요즘은 연령과 상관없이 발생하는 경향이 늘었다. 그렇다면 질병에 대비해 더 많은 민간보험에 가입하기보다는, 질병이 왔을 때 스스로 어떤 선택과 대처를 할 수 있는지 알아가는 시간이 필요하다. 질병을 관통해나가는 과정도 내 삶의 일부임을 인정할 수 있어야 한다. 질병이 삶을 모두 점유해버리지 않도록 하려면 어떻게 일상을 살아야 하는지에 대한 지혜도 필요하다.

우리는 죽음을 떠올려봄으로써 삶을 다시 묻고 이해할 수 있다. 죽음에 대한 사색이 확산되면서 중환자실이 아니라 집에서 죽음을 맞이하려 하는 사람도 많아졌다. 죽음의 질을 고민하는 시대가 된 것이다. 질병에 대해서도 마찬가지다. 질병을 질문함으로써 우리가 어떤 혜안을 얻을 수 있는지 이야기해볼 때다. 동일한 질병도 사회적 준비와 개인의 지혜에 따라 다르게 경험할 수 있다. 그래서 나의 사소하고 평범한 질병 이야기를 꺼내 봐야겠다고 생각하게 되었다.

내가 질병에 대해 말하거나 글을 쓸 때마다 말리는 친구가 있다. 질병에 대한 사회적 낙인 때문이다. 나도 사실 몇 차례 들었다. "젊은 사람이 어쩌다가", "도대체 어떻게 살았기에", "결혼을 안 해서" ……. 사회에서 수많은 사람들이 질병을 경험했고, 또 경험하는데 질병에 대한 이야기가 이토록 유통되지 않는 것은 정말로 질병에 대한 낙인 때문인지도 모른다. 내가 아프다고 말했을 때 "사실은 나도", "사실은 내 동생도", "이건 우리 가족만 알아", "꼭 비밀인 건 아니지만 그래도"와 같은 이야기를 정말 많이 들었다.

하지만 나는 처음 아플 때부터 동료들이나 친구들에게 솔직히 말하곤 했다. 내가 사회적 낙인으로부터 자유로워서가 아니라 그런 '질병 낙인'이 있다는 것을 몰랐기 때문이다. 이미 몇 차례 공개적으로 글을 쓰거나 이야기 자리에 나선 적이 있지만, 이 글을 쓰면서는 얼마만큼 경험을 드러낼지 갈등하는 나를 발견했다. '질병 낙인' 앞에서 위축감을 느낀 기억 때문이다.

우리의 질병 이야기가 고립되지 않고 만날 수 있기를 바란다. 그래서 사회에 일상적이고 소소한 더 많은 질병 이야기가 돌아다니는 것을 보고 싶다. 그럼으로써 누구든 질병 앞에서 외로움과 혼돈을 조금 덜 겪게 되기를 바란다.

왜 시간이 없을까

"왜 그리 바빠?"

사람들과 약속을 잡을 때마다 나는 안 되는 날이 많다. 그들은 내가 다시 많은 일을 하며 지내는 건 아닌지 염려하지만, 전혀 그렇지 않다. 나도 이따금 의아했다. 출퇴근을 하는 것도 아닌데 왜 이렇게까지 '시간 빈곤'에 시달리는지.

이제 더 이상 병원 가는 데 시간을 많이 쓰지 않고, 매일 여러 가지 보조 치료를 받지도 않는다. 누워 있는 시간도 예전보다 현저히 줄었다. 그런데도 늘 시간이 부족하다. 올해는 극장 한 번을 간 적 없고, 이따금 시집을 읽는 것 외에는 소설을 마지막으로 읽은 게 언제인지도 까마득하다. 집에 텔레비전을 놓지 않았으니 텔레비전 앞에서 무심코 버리는 시간이 있는 것도 아니다. 그렇다고 친구들을 자주 만나거나 활동을 제대로 많이 하는 것도, 생계를 위해 돈을 변변히 버는 것도 아니다. 그런데도 왜 늘 시간에 쫓기는 기분이 드는 걸까? 도대체 시간은 다 어디로 가는 거지?

아파도 미안하지 않습니다

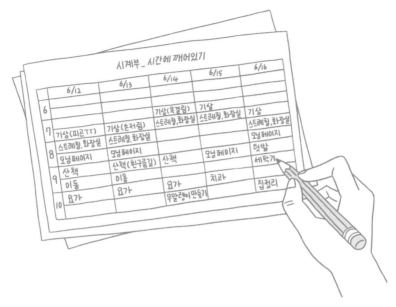

시계부_ 시간에 깨어있기	6/12	6/13	6/14	6/15	6/16
6			기상(목결림)	기상	기상
7	기상(피곤TT) 스트레칭,화장실	기상 (손저림) 스트레칭,화장실	스트레칭,화장실	스트레칭,화장실	스트레칭,화장실 모닝페이지
8	모닝페이지	모닝페이지 산책(뒷구릉길)	산책	오닝페이지	텃밭 세탁기
9	산책 이동	이동	요가	치과	집정리
10	요가	요가	무말랭이만들기		

몇 시에 무엇을 했는지 기록한 시계부

'시계부' 쓰기

　예전에 이따금 쓰던 '시계부時計簿'를 다시 써봤다. 실제로 이런 단어가 있는지 모르겠지만, 나는 얼마큼의 시간을 어떻게 썼는지 기록하는 곳을 이렇게 부른다. 매일 몇 시에 뭘 했는지 기록해봤지만 새삼스러울 게 없다. 일상은 대체로 비슷하다. 아침에 일어나면 간단히 스트레칭을 하고, 아침밥을 먹은 뒤 집 앞산길을 걷거나 요가를 하러 간다. 다녀와서 점심밥을 해 먹고 잠시 낮잠을 자거나, 쉬다가 텃밭이나 도서관에 간다. 저녁에 집에

아픈 몸이 된다는 것

오면 간단히 반찬을 만들어놓거나 청소와 세탁 등의 집안일을 한다. 그렇게 하루가 저문다.

이렇게 보면 한가로운 전원생활에 가까워 보인다. 그래서 사람들은 왜 내가 회의 한 번, 밥 한 번 같이 먹는 약속을 잡기 그토록 어려워하는지 궁금해한다. 하지만 이렇듯 한가로워 보이는 일정들은 직장이나 병원에 가는 일처럼 선택의 여지가 별로 없이 해야만 하는 일들이다.

언젠가부터 담이 자주 결리는데, 아침 스트레칭을 거르거나 일주일 넘게 요가를 빠지면 거의 반드시 담이 온다. 허리나 목, 등에 담이 결리면 짧게는 사나흘, 길면 열흘 넘게 고생하기도 한다. 여러 병원을 전전했지만 치료가 되지 않아 아주 오랫동안 고생했던 고질적 출혈은 요가를 하면서 많이 안정되었다. 요가는 전문 치료행위가 아니지만, 내게는 병원을 방문하는 행위에 준할 만큼 중요한 일정이 되었다.

아침에 산길을 걷는 일도 그렇다. 8월 중순이 지나면 수면 양말과 극세사 이불 없이는 잠에 들지 못할 만큼 추위에 약한 몸이 되었고, 면역력도 무척 떨어졌다. 그런 나에게 내과 의사뿐 아니라 한의사도 동일하게 내린 생활 처방은 아침 햇살 속에서 가볍게 땀이 날 만큼 산길을 걷는 일이었다. 이건 사실 효과가 있는지 잘 모르겠지만, 아침의 나무 냄새와 햇살은 최소한 나를 기분 좋게 만들었다.

그리고 예전처럼 자주는 아니지만 일주일에 한두 번 가는 텃

아파도 미안하지 않습니다

텃밭에서 키웠던 비트

밭도 빼놓을 수 없다. 텃밭 가꾸기는 아프기 전에도 즐긴 취미였다. 하지만 아프고 난 뒤 경제적으로 더 어려워진 상황에서 텃밭 작물은 유용했다. 아주 작은 텃밭이지만, 작물을 다양하게 잘 선택하면 봄부터 초가을까지 장보는 비용이 확실히 줄었다. 엥겔지수(지출액 중에서 식료품비의 비율)가 절대적으로 높은 나에게 텃밭의 수확물은 작게나마 경제적 도움을 준다.

　도서관에 가는 일 또한 조금 다르지만 의무적인 노력이다. 나에게 도서관은 노동공간이다. 회의나 강의 준비, 원고 등의 작업을 하는 곳이다. 물론 집에서도 가능하지만, 집에서는 나도 모르게 자주 누워 있게 된다. 늘 몸이 무겁다 보니 서 있으면 앉고 싶고, 앉으면 눕고 싶어진다. 예전과 달리 현기증 등은 많이 안정된 상태라 적절한 쉼 이상의 시간을 누워 있으면 오히려 신체적으로나 정서적으로 해롭다. 그래서 특별히 컨디션 난조가 아닐 경우, 운동이나 식사 후에 알람을 맞추고 잠시 누워 있는 시간을 제외하면 눕지 않으려 하는데, 쉽지 않다. 차라리 도서관 같은 공간에 몸을 두는 것이 좋다.

이처럼 여가 생활의 일부처럼 보이는 산책, 요가, 텃밭, 도서관 등의 일상이 현재의 나에게는 필수적인 시간들이다. 이는 건강한 이들이 비타민제를 건강보조제로서 선택하는 반면, 어떤 환자들은 치료약의 일부로서 의무적으로 복용하는 것과 비슷하다고 말할 수 있다.

특히 나는 몇 가지 생활 규칙이 있어서 사람들과 일정을 정할 때 한 번씩 애를 먹는다. 나는 병원에 갈 때마다 몸이 피곤하지 않게 관리하라는 말을 매번 듣는다. 그렇다 보니 생활 조절을 잘하려고 노력한다. 하지만 투병과 완치 사이의 경계에 놓여 있는 몸인 만큼, 약간의 사회생활을 병행하면서도 피곤해지지 않도록 균형을 맞추는 게 쉽지 않다. 건강과 사회생활이 양립 가능한 삶을 모색하며 여러 실험을 해보고 있는데, 그중 하나가 외부 일정을 정하는 규칙이다.

이를테면 외부 일정은 기본적으로 하루에 한 개 이상 잡지 않는다. 저녁에 회의가 있을 경우 전날과 다음 날 외부 일정은 비워둔다. 낮 일정이라 해도 강의가 있으면 역시 전날과 다음 날 외부 일정은 잡지 않는다. 그 외에 친구를 만나 가볍게 밥을 먹는 약속이어도 다음 날은 외부 일정을 만들지 않는다. 그리고 가능한 한 모든 외부 일정은 최대 주 3회를 넘지 않도록 한다.

그마저도 체력이 더 저조해지는 시기, 즉 비가 잦은 장마 때나 월경주기가 예상될 때는 외부 일정을 가능한 한 잡지 않는다. 그러다 보니 실제로는 정말 며칠 남지 않는다. 누군가는 그렇게까지 해야 하냐고 묻는데, 나는 워낙 전근대적 생활습관을 갖고 살던 사람이었다. 다시 말해, 일을 다 마치고서야 비로소 피로감과 몸이 아프다는 것을 느끼는 사람이라는 뜻이다. 밥때가 지나고 잘 때도 지났다는 사실을 일이 끝난 뒤에야 인식하는 일중독형 근대적 인간이다. 아프게 된 뒤로는 좀 달라졌지만, 여전히 어떤 일에 마음을 빼앗기면 금세 몸의 소리를 완전히 잊어버리는 경우가 다반사다. 심지어 일정을 촘촘히 잡는 습관에 끌려가서, 그것을 다 소화하느라 진땀을 뺀 적이 몇 번 있다. 그 뒤로 아예 이렇게 규칙을 정했다.

세 가지 빈곤

현대인들은 너나 할 것 없이 바쁘다. 다들 시간 여유가 없다고 느낀다. 하지만 나는 보다시피 바쁘게 생활하는 건 아니다. 오히려 바쁘고 피곤하게 생활하지 않기 위해 규칙을 정하고 일상을 꾸린다. 그런데도 이토록 '시간 빈곤'에 시달린다고 느낀다. 시계부를 꽤 오랫동안 적고, 각 일상의 의미를 써내려가면서 비로소 알게 되었다. 나는 '재량 시간discretionary time'이 절대적으로 부족하다. 재량 시간이 시간 배분과 사용에 대한 통제권·선택권·자기결정권을 통해 재량 시간이 결정된다고 할 때, 나는 활용 가능한 시간이 충분하지 않고, 시간 사용에 대한 통제력과 자기결정권이 부족하다.

이는 SNS와 통신기술의 발달로 노동시간이 퇴근 이후는 물론 주말까지 연장되었고, 결혼한 여성들의 시간은 개인 소유가 아니라 가족의 공유재처럼 여겨지는 경우가 많다는 걸 떠올려보면 이해하기 쉽다. 즉, 아픈 사람의 시간은 언제든 질병으로부터 침범당할 수 있으며, 일상적으로 질병과 공유된다는 의미다.

시간도 일종의 자원이다. 소득과 마찬가지로 시간은 삶의 질에 영향을 미치는 중요한 요소다. 그리고 수명은 곧 시간이다. 시간을 얼마나 자기 의지에 따라 사용할 수 있느냐는 곧 인생을 얼마나 원하는 대로 만들어갈 수 있느냐의 문제다. 따라서 시간 사용의 자율성과 재량 시간의 양이 부족하다는 것은 개인의 역량을 드러내고 발전시켜나갈 조건이 제한적이라는 뜻이다. 즉, 삶을 자기 의지대로 꾸려나갈 수 있는 힘과 기회가 통제된다.

결국 아픈 사람은 최소한 세 가지 빈곤을 겪는다. 첫 번째가 앞서 말한 시간 빈곤이다. 시간 빈곤은 삶의 주체성을 적극적으로 감소시킨다. 두 번째는 누구나 알고 있듯 경제 빈곤이다. 아파서 일할 수 없는데, 아프기 때문에 의료비는 물론 생활 관리에 더 많은 비용이 드는 악순환이 발생한다. 그래서 질병은 더 낮은 빈곤층으로 내려가는 가장 가파른 미끄럼틀이다. 세 번째는 관계 빈곤이다. 체력의 한계 때문에 다양한 이들과 사회적 관계를 맺을 에너지와 시간이 부족하다. 게다가 아픈 몸에 대한 무지가 가득한 세상에서 자신을 설명해야 하는 피로감, 그리고 설명할 언어의 부재 때문에 만남을 회피하게 된다.

'아픈 사람', '경계의 몸'이라는 단어 안에는 이런 삶의 이야기가 들어 있다. 내가 시간 빈곤에 시달리면서도 왜 시간과 에너지를 들여 질병에 관한 글을 쓰는지 묻는 사람들이 있다. 소중한 의미가 너무나 많지만, 그중 하나는 내 몸이 질병을 소유하는 게 아니라 내 몸을 질병과 공유하고 있음을 받아들이는 과정이기 때문이다. 또한 질병과 함께 사는 방법을 익히고, 그 과정에서 발생하는 고민과 감정을 언어화해보는 과정이 나뿐 아니라 같은 처지의 사람들에게 위안이 된다는 점을 깨달아서다. 앞으로도 아픈 몸을 설명할 언어를 꾸준히 길어 올리고 싶다.

'건강한 삶'이나 '정상의 몸'에 가려진 다양한 이야기가 얼마나 많은지 더 많은 주제로 말하고 싶은 충동을 느낀다. 그 충동을 나와 같은 처지의 '동료'들이 함께 느끼길 바란다.

잔소리는 사양합니다

"암 환자였지만, 숨길 수 있는 한 숨겨야죠. 뭐 하러 그 잔소리 속으로 들어가요."

그가 위암을 앓았던 경험을 숨긴다고 했을 때, 취업상 불이익을 피하기 위한 거라고 생각했다. 프리랜서 디자이너인 그가 다른 사람들에게 '생산력 떨어지는 몸'으로 인식될까 봐 염려하는 줄 알았다. 그는 세상에서 가장 싫은 것이 '잔소리'라서 상사의 간섭을 받지 않는 프리랜서가 되었다고 한다. 하지만 이따금 프로젝트 팀에 들어가 한두 달은 사무실로 출근한다. 그가 암 환자였음을 숨기게 된 계기는 수술한 지 2년이 지나 들어간 한 프로젝트에서 겪은 일 때문이다.

그곳은 회식이 잦았다. 특히 담당 실장이 술을 강권하는 바람에 몇 번 망설이다 위암 수술 이력을 털어놓았다고 한다. 실장은 자기 어머니도 위암으로 오래 고생하셨다는 이야기를 들려주며 더 이상 술도 회식도 강권하지 않았다. 실장은 위암으로 고통스러워하는 어머니를 보며 술을 끊으려고 여러 번 시도했지만 실패했다고 한다. 그 대신 민족무술과 대체요법을 배워 술을 마시면서 건강도 지키는 법을 익혔다고 입버릇처럼 말했다. 그에게도 민족무술과 예방의학적 대체요법을 권했지만, 그는 거절했다.

이후 실장은 점심을 함께할 때마다 빠짐없이 잔소리를 했다. 그렇게 빨리 먹으면 위에 부담이 된다거나, 국물을 많이 먹으면 염분 섭취가 많아져서 안 된다거나, 밀가루 음식은 몸을 차게 만든다는 둥 매번 '식사지도'를 받았다. 사무실에서도 마찬가지였다. 책상에 구부정하게 앉아 있으면 장기가 눌려 스트레스를 받는다, 모니터와 적당한 거리를 유지하지 않으면 시력은 물론 뇌에도 영향을 준다는 등의 지적이 쉴 없이 이어졌다.

결국 그는 조심스레 실장에게 말했다. 실장의 끊임없는 지적 때문에 점심을 먹을 때도 일을 할 때도 편안하지 않다고, 도움이 필요하면 그때 조언을 구하겠다고 했다. 실장은 몸이 아프면 예민해지기 마련이니 이해한다면서도, 그렇게 부정적이면 암이 재발되기 쉬우니 너그러워지라고 또 '충고'했다.

나는 그의 이야기를 듣는 것만으로도 숨이 막혔다. 그런데 더 웃긴 일은 그의 일부 동료들도 "실장이 좀 과한 건 맞지만, 너를 위해 하는 얘기니 예민하게 듣지 말라"고 조언했다는 점이다. 그의 이야기를 듣고 주변에 물어보니, 아프면서 힘들었던 것 중 하나가 주변의 '간섭'과 '잔소리'였다고 말하는 이들이 꽤 많았다.

유방암 수술을 받은 적 있는 또 다른 지인은 가장 좋아하는 취미가 식구들이 모두 잠든 밤에 혼자 미드(미국 드라마)를 보는 일이다. 돈을 들이지 않고도 누릴 수 있는 취미생활이고, 그때가 유일하게 자신을 위한 시간으로 느껴진다고 말했다. 그런데 얼마 전 그의 시누이가 집에 와서 몇 주간 머물렀는데, 늦은 밤 미드를 보는 그의 취미에 대해 비난했다고 한다.

시누이는 간호사인데, 일찍 잠들어야 몸의 해독이 잘되고 이로운 호르몬도 활성화된다고 했다. 늦게까지 깨어 있는 것은 건강에 좋지 않다는 요지였다. 남편과 아이를 돌볼 책임이 있는 사람이 어쩔 수 없는 이유도 아닌, 겨우 미드를 보겠다고 밤늦게까지 잠을 자지 않는 건 '이기적인 취미'라고 했다. 최선을 다해 건강관리를 하지 않는 건 아내이자 엄마로서 책임을 다하지 않는 태도이며, 가족들에게 미안해야 할 일이라는 충고까지 곁들였다. 우리 사회에서 아내나 엄마가 개별적으로 독립성을 갖기 어렵다는 점은 새로운 사실이 아니다. 하지만 이렇듯 일방적인 태도를 개인의 성격이나 올케와 시누이라는 관계의 탓으로만 돌리기는 어려워 보인다.

여러 이야기를 듣다 보니, 무심코 흘려보낸 내 경험들도 떠올랐다. 예전에 귀농한 친구 집에 놀러 갔다가 그런 이웃을 만난 적 있다. 내가 빈혈로 고생하는 것을 듣고, 자기 어머니도 빈혈로 오래 고생했는데 날것의 소 지라(비장)와 생달걀을 매일 조금씩 먹고 병을 고쳤다고 했다. 그러면서 내게도 두어 달만 그렇게 먹으면 반드시 빈혈을 고칠 수 있다고 권했다. 나에게는 맞지 않

채식주의자의 종류

비건vegan 베지테리언	모든 동물성 제품을 섭취하거나 사용하지 않음
락토lacto 베지테리언	유제품은 섭취
락토 오보lacto ovo 베지테리언	유제품, 달걀은 섭취
페스코pesco 베지테리언	유제품, 달걀, 해산물은 섭취
폴로pollo 베지테리언	유제품, 달걀, 해산물, 닭고기는 섭취
플렉시테리언flexitarian	전반적으로 채식을 하고 때때로 육식을 함

는 방법인 것 같다며 거절했는데, 그는 "아직 덜 아픈 거 아니냐"며 자기 주변의 빈혈 환자들이 다 효과를 봤으니 꼭 해보라고 다시 강권했다.

나는 약간 곤혹스러운 기분이 들어 구체적으로 설명하며 거절 의사를 표했다. 즉, 둘 다 생으로 먹으려면 매우 신선한 것을 구해야 할 텐데 서울살이를 하면서 신선한 재료를 찾기 어렵다는 점, 그리고 나는 17년 전부터 '페스코 베지테리언pesco-vegetarian'으로 살고 있으며, 치료를 위해 약간의 육식을 할 생각은 있지만, 갑자기 생으로 지라를 장기 복용하는 건 몸에서 흡수하기 힘들 것 같다고도 말했다. 달걀은 한의사와 내과 의사 모두가 적게 먹으라고 지정한 음식 목록에 포함되어 있다는 말도 덧붙였다. 가끔이면 몰라도 두 달 내내 먹는 건 안 될 것 같다고 다시 한번 정중히 거절했다.

그는 "아프다니까 염려돼서 해주는 이야기인데 해보지도 않고 거절한다"며 꽤나 언짢은 기색을 표했다. 나는 나름의 논리적 이유를 들어 거절한 것인데도, 그의 집요함과 언짢아하는 태도가 오히려 불쾌했다. 이후 내가 이 경험을 이야기할 때마다 공감을 표하는 이들이 많았다. '어떤 음식을 먹고 어떤 병을 고쳤다더라. 너도 해봐라' 식의 강권을 곤혹스럽게 거절했다거나, 거절한다는 이유로 언짢아하는 태도를 마주했던 일은 나만의 특이한 경험이 아니었다.

이뿐만이 아니다. 한 워크숍에서 만난 이는 내가 약통을 책상 위에 꺼내둔 것을 보고 아프다는 걸 전시해놓은 것이냐고 물었다. 나는 약간 불쾌한 기분이 들었고, 요즘 먹는 약이 많아 한두 시간 단위로 복용한다고 답했다. 그리고 약 먹는 시간을 잊지 않기 위해 보통은 알람을 맞춰놓지만, 워크숍 중에는 알람을 꺼두기 때문에 잊지 않으려고 책상 위에 올려놨다고 설명했다. 그는 그제야 수긍하는 표정을 지었고, 이후 워크숍에서 만날 때마다 인사처럼 약은 챙겨 먹었는지 물었다. 내가 이따금 깜빡했다고 답하면, 그렇게 관리해서 몸이 좋아지겠느냐며 핀잔인지 염려인지 모를 말을 해대기 시작했다.

아파도 미안하지 않습니다

걱정과 간섭 사이

나는 직간접으로 알게 된 이러한 상황들이 일반적인지 궁금해져서 아픈 몸으로 사는 이들에게 좀 더 물어보았다. 정도는 달랐지만 비슷한 경험들이 아주 많았다. 그들의 이야기를 듣다 보니, 사회가 아픈 사람을 대하는 태도에는 공통점이 있었다. 아픈 사람에게 질병이나 건강관리에 대해 한마디씩 할 수 있고, 해도 된다는 믿음 같은 것 말이다. 잘 알지도 못하는 이들조차 쉽게 간섭하고 통제하려 드는 것, 누가 그들에게 그런 권위를 승인해주었을까?

어떤 면에서 이 사회가 아픈 이들을 대하는 방식은 여성을 대하는 방식과 약간 닮았다. 우선 '나는 알고 너는 모른다'는 전제 아래 시도 때도 없이 가르치려 드는 '맨스플레인mansplain'('남자man'와 '설명하다explain'를 결합한 단어로 여자를 가르치려 드는 남자를 풍자한다)과 비슷하다. 두 번째는 부적절한 상황에 문제 제기를 하면 성찰하거나 사과로 답하는 게 아니라 '네가 예민한 거'라고 충고하거나 근엄하게 공격하는 모습이다(성희롱한 사람이 문제가 아니라 그걸 문제 제기하는 사람이 과도하게 예민한 것!). 세 번째는 만날 때마다 살이 쪘다거나 빠졌다, 혹은 예뻐졌다거나 안 예뻐졌다는 말로 평가하며 사회가 외모를 공동 관리하려는 태도다.

생각해보면, 이 사회의 표준 몸은 '비장애인 남성'으로 설정되어 있고, 여성의 몸은 월경과 출산을 하는 '표준을 벗어난' 비정상 몸으로 규정되어 있다. 그러니 또 다른 비정상 몸인 '아픈 이'를 대하는 사회의 태도가 여성을 대하는 태도와 닮아 있는 것은 당연해 보인다.

문득 명절에 오가는 이야기가 떠오른다. 명절에는 친밀한 가족들은 물론이고, 길에서 마주치면 모르고 지나칠 법한 친척들도 결혼, 취업, 출산에 관련한 질문이나 조언을 쏟아낸다. 그들은 그게 다 관심과 애정의 표현이라고, 염려되어 그런 거라고 말한다. 아픈 이에게 다 너의 건강을 염려해서 그런다고 말하는 것처럼. 하지만 우리는 알고 있다. 명절에 오가는 그런 질문이나 조언이 대개는 간섭과 통제, 우월감을 확인하는 방식이라는 것을 말이다.

건강이 관리해야 할 스펙이기도 한 이 사회에서 몸이 아프다는 사실은 관리의 실패를 의미한다. 또한 노력한 만큼 얻는 게 아니라 이기는 만큼 얻는 게 '정의'가 된 사회다. 이런 사회에서 효율성 떨어지는 아픈 몸은 부정의不正義한 것으로 취급되기 쉽다. 심지어 비효율적인 것은 모조리 제거해야 한다고 보는 문화에서 아픈 몸은 스스로에게도 얼마나 걸리적거리는 존재인지! 가까운 이들은 물론, 잘 모르는 이들조차 최선을 다해 '건강한 올바른 몸'을 쟁취하라고 강요하는 것 같다.

아픈 몸에 쏟아지는 간섭과 통제의 '그런 말'은 아픈 이들에게 어떤 영향을 미칠까? 아픈 몸은 이미 질병과 치료의 과정에서 실망, 고통, 무력을 경험한다. 내 경우는 아프고 나서 몸을 편

아파도 미안하지 않습니다

안하게 느낀 적이 거의 없다. 일상에서 계속 몸을 의식하게 된다. 음식의 적절성을 따질 뿐 아니라 수면, 운동, 생활환경을 어느 정도는 늘 관리한다. 그렇지 않으면 통증이나 질병이 몸을 쉽게 점유하기 때문이다.

　나와 달리 건강을 거의 회복한 이들도 아팠던 경험에서 오는 불안 때문에 이전보다 건강에 무척 신경을 쓰며 살아간다. 실제로 건강관리에 얼마만큼 에너지를 쏟는가와 상관없이, 건강관리를 잘해야 한다는 강박을 안고 있는 경우도 많다. 나처럼 질병에 포박당한 삶을 사는 듯한 느낌에 시달리지 않더라도 말이다.

　아픈 몸을 향한 간섭과 통제의 말은 또한 내 몸이 사회적 시선에 감금되는 몸, 사회로부터 언제든 간섭받고 평가될 수 있는 몸이라는 느낌을 갖도록 만든다. 이런 느낌은 아픈 이들의 자아감에 어떤 영향을 미칠까? 일상에서 사회적 관심과 염려보다 통제받는 느낌이 추가되는 것은 건강에 도움이 될까? 분명한 점은, 사회적으로 자기 통제력과 자기 주도권을 많이 지닐수록 수명이 더 길어지거나 더 건강하다는 보고들이 흔하다는 사실이다.

잘못 살아온 탓?

"유방암이라는 말을 듣는 순간 병원 옥상에 올라가고 싶었어요. 가서 딱 뛰어내리고 싶더라고요. 너무 창피해서, 남 보기 부끄러워서."

염색한 머리를 밀어내고 자라난 흰머리가 소복한 그는, 마이크에 대고 속삭이듯 말했다. 암 진단 직후 수술을 받았고, 2년간 항암을 했으며, 10년 전 완치 판정을 받았다고 했다. 남편과 자식들을 제외하면 친척과 친구 아무도 자신이 암 환자였다는 사실을 모른단다. 남한테 이야기하는 건 여기가 처음이라고 했다.

어느 여성단체가 주최한 암 환자 캠프에 초대받아 갔을 때 참가자 한 분이 들려준 이야기다. 질병 경험을 이야기하는 자리였고, 나는 각자의 경험을 다른 시각으로 해석해볼 수 있도록 돕는 역할을 했다. 그분이 꺼내놓은 이야기 앞에서 놀라움과 안타까움이 밀려왔다. 어설픈 말로 그 이야기에 토를 달고 싶지 않았다.

암에 걸린 게 창피해서 죽고 싶었다는 사람은 만나본 적도 없고 들은 적도 없었다. 그 이야기 자체가 충격이었다. 질병을

치료하는 일 외에도 암 환자라는 사실 자체에 무척이나 마음고
생을 했을 긴 시간이 짐작되어 답답함이 올라왔다. 마음속 깊이
새겨진 그 낙인은 대체 어디서 연유한 것일까?

쉬는 시간에 그분은 나에게 찾아와 질문을 건넸다. 창피하지
않느냐고, 심지어 나이도 젊어 보이는데 아팠다는 게 부끄럽지
않은지 물었다. 진심으로 궁금함과 호기심을 담은 눈빛이었다.
나는 부끄럽거나 창피하게 생각해본 적이 없다고 솔직하게 답
변을 드렸다. 그분은 갸우뚱했던 것 같기도 하고, 약간 불쾌한
표정이었던 것 같기도 하다.

아마 그분 눈에는 질병 경험을 스스럼없이 말하고 다니는 내
가 이상했던 모양이다. 자신처럼 부끄러워하지 않는 게 뻔뻔해 보
였거나 억울하게 느껴졌을지도 모른다. 집에 돌아와 한참을 생각
했다. 암에 걸렸다는 사실이 왜 죽고 싶을 만큼 창피한 일일까?

징벌 이야기

어릴 적 옆 동네에서 굿이 벌어진 적이 있었다. 동네 어른 말
로는 그 집 아이가 많이 아팠고, 병원을 돌아다녀도 낫지 않았다
고 한다. 영험한 점쟁이가 일러주길, 집안에서 조상신을 제대로
모시지 않은 벌로 노한 혼령이 아이에게 들어간 것이라고 했다.
굿은 그 혼령을 달래서 떠나보내기 위한 과정이었다.

현대의학에 익숙한 우리에게는 황당한 이야기지만, 의외로

'잘못 살아서 질병을 얻었다'는 징벌 서사가 흔하다. 고대 그리스 시인 호메로스Homeros가 썼다는 《일리아스Ilias》에도 "누가 이런 불행을 가져다준 것인가? 그것은 아폴론 신이다. 아가멤논이 자신의 사제 크리세스에게 불경한 것에 분노해 경고의 뜻으로 역병疫病을 보낸 것"이라고 쓰여 있다.

종교에서도 이런 은유와 상징은 흔하다. 불교에서는 인과응보 논리로 질병이 전생의 업보라고 이야기할 때가 많으며, 불교 경전인 《법화경》에는 "과거의 악행으로 병이 생긴 것"이라고 적혀 있다. 기독교의 《성경》에도 "이제는 병이 다 나았으니 더 무서운 병에 걸리지 않도록 다시는 죄를 짓지 말라"(요한복음), "내가 주를 거역한 죄 때문에 거리에는 칼이 사람을 기다리고 집 안에는 질병과 죽음이 있습니다"(예레미야애가) 라고 나와 있다. 여전히 일부 절이나 기도원에서는 질병 치료를 위해 참회와 회계를 포함한 의식이 행해진다. 그러니 질병에 대한 종교 경전의 내용이 과거의 일일 뿐이라거나 은유나 상징에 불과하다고 말하기는 어려워 보인다.

과거에 신과 종교가 차지한 자리의 대부분은 이제 과학이 차지하게 되었고, 질병에 대해 이야기할 때 '신의 뜻'이라는 말보다 '과학적으로 그렇다'는 말이 상식이 되었다. 하지만 질병이 잘못 살아온 결과라는 징벌 서사는 여전히 동일한 자리를 차지하고 있다. 다만 신이 입혀준 성스러운 옷 대신 과학이 입혀준 하얀 가운을 입고 변주된 서사를 읊는다.

아파도 미안하지 않습니다

몇 해 전, 어느 TV 프로그램에서 암에 잘 걸리는 성격 유형을 꼽아 화제가 된 적이 있다. 첫 번째 유형은 일중독자라고 한다. 퇴근한 후에도 업무 걱정을 하고 일이 너무 많아 휴가를 상상하기 어려운 사람, 휴식을 취하면 안절부절못하고 할 일을 리스트로 만들어놓는 사람이 여기에 포함되었다.

두 번째는 완벽주의적 강박형 인간이다. 책을 읽을 때 이미 읽은 부분을 다시 확인한다든지, 가스나 전등불을 몇 번이고 확인하거나 자다가도 일어나 정리하는 사람이 포함된다.

세 번째는 힘들어도 참기만 하는 '착한 여자 콤플렉스'가 있는 사람이다. 다른 사람의 부탁을 거절한 후 죄책감과 불편함을 느끼는 사람, 다른 사람의 감정을 상하지 않게 하려고 거짓말하는 사람이 여기에 속한다.

이런 주장은 스트레스가 질병에 영향을 미친다는 과학적 근거를 떠올려볼 때 설핏 타당해 보인다. 하지만 이 또한 잘못된 성격으로 살았기 때문에 암이라는 재앙적 질병이 왔다는 주장과 맥을 함께한다. 이런 관점은 질병의 원인이 환자의 성격에 있으며, 그 성격을 교화해 질병을 예방할 수 있다는 결론으로 이끈다. 질병은 또다시 개인의 문제가 되고, 잘못 살아온 본인이 감수하고 변화시켜야 할 영역이 된다.

방송 내용을 생각할수록 화가 난다. 한국은 OECD 가입국 중 노동시간 1위, 산업재해 1위를 기록하며, 실업률이 높고 재취업이 어려운 사회다. 이런 노동환경에서 주말에도 업무를 생각하며 완벽하게 일하고자 노력하는 것을 개인의 성격 탓으로만 돌릴 수 있을까? 또 여성의 상당수가 텔레마케터나 백화점 판매직 등 감정노동 직업군에 속해 있거나, 그렇지 않더라도 직장이나 집에서 상당한 감정노동을 요구받는 상황에 놓여 있다. 이들에게 자신의 감정을 솔직히 표현해 질병을 예방하라는 것이 현실적인 대안이 될 수 있을까?

암에 잘 걸리는 세 가지 성격에 대한 이야기는 이렇게 다시 구성해볼 수 있다. 첫째, 휴일에도 업무 리스트를 정리하지 않으면 업무를 다 소화할 수 없고, 강도 높은 노동이 당연시되는 직장 구조가 만연해 있다. 둘째, 작은 실수도 용납하지 않는 강박적 경쟁 사회는 완벽주의자가 되라고, 프로페셔널한 사람이란 그런 것이라고 강요한다. 셋째, 당연한 자기주장과 의사 표현을 하는 여성을 이기적이고 사회생활 못하는 사람이라고 몰아붙이는 문화가 있다. 결국 이런 사회구조와 문화는 암에 잘 걸리는 세 가지 성격을 형성하도록 부추긴다.

앞에서 나온 방송 이야기와 그것을 새롭게 구성해본 이야기는 비슷한 내용인 듯하지만, 잘 살펴보면 완전히 다른 이야기다. 질병 발생의 원인이 바뀌면 예방을 위해 변화해야 하는 주체도 바뀐다. 방송에 나온 이야기에 따르면 질병의 원인은 개인의 성격이고, 질병을 방지하려면 개인이 성격을 고쳐야 한다. 그러나 재구성한 이야기에서 질병의 원인은 사회구조와 문화에 있고, 따라서 변화해야 할 주체도 사회가 된다.

아파도 미안하지 않습니다

질병이 잘못 살아온 결과라는 일방적 낙인은 사실이 아닐뿐
더러 아픈 사람에게 아무런 도움도 되지 않는다. 낙인을 피하고
자 좋은 습관을 유지한다고 해서 질병을 예방할 수 있을 리도 없
다. 질병의 개인화만 부추긴다. 환자들에게 죄책감을 심어주는
서사는 이제 정말 그만두자.

질병에 대한 낙인

아픈 몸들은 때로 눈빛에 베인다. 유방암은 사랑받지 못해서 걸리고, 자궁암은 섹스 파트너가 많아서 걸린다는 식의 시선이 흔하다. 유방암에 걸렸다는 소식을 전하자, 시어머니로부터 유방암은 수녀들이 많이 걸린다며 남편이랑 너무 떨어져 살아서 걸린 게 아니냐는 말을 들은 사람이 있었다. 평소 직장 때문에 주말 부부로 지내는 것을 못마땅해하던 시집 식구들은 직장을 그렇게 사랑하면 남편의 사랑을 못 받게 된다고 말하곤 했다. 유방암을 진단받았던 순간의 충격보다 시어머니의 그 말이 주는 고통이 더 깊었다고 했다. 자신이 정말 남편에게 사랑받지 못해서 유방암에 걸린 것이라면, 비난은 자신이 아니라 남편이 받아야 하지 않느냐고 했다.

자궁암 진단을 받고 나서 예전에 동창회에서 들은 이야기가 떠올라 가족 이외의 사람에게는 병을 숨겼다는 이도 있었다. 동창회에 갔다가 자궁암 투병 중인 동창 소식을 들었는데, 사람들이 자궁암은 '성매매 산업의 여성'들이 쉽게 걸리는 병이라며,

아파도 미안하지 않습니다

자궁암에 걸린 그 동창이 결혼 후에도 애인을 사귄 적이 있다고 가십처럼 말했다고 한다. 그는 자궁암 진단을 받고 나서 사람들이 자신에 대해서도 그렇게 쑤군거릴까 봐 억울하고 화가 나서 한참을 울었다고 한다. 그러면서 성매매 산업에 종사하는 여성들이 자궁암에 걸렸다면 산재이고, 애인 한 명 있었다고 자궁암에 걸렸다면 재혼한 사람은 자궁암에 더 많이 걸린다는 통계라도 있느냐고 물었다.

유방암은 아직 명확한 원인이 밝혀지지 않았다. 다만 수녀들에게 많이 발생한다는 이야기는 임신이나 수유 경험이 많을수록 유방암 발병률이 줄어들 수 있다는 것과 연관된다. 자궁암의 경우, 한국인은 주로 자궁경부암이 많은데, 주된 원인은 바이러스 감염이다. 발병과 관련해서는 16세 이전의 조기 성 경험, 출산 횟수가 많은 경우, 본인 혹은 상대방이 여럿과 성관계를 가진 경우, 경구피임약을 장기 복용한 경우 등이 영향을 미친다.[2] 그러니까 자궁경부암은 이른바 '정상적인' 이성애 결혼 제도 안에서, 경구피임약을 장기 복용하거나 아이를 여럿 출산한 경험도 발병에 영향을 미치는 질환이다. 또한 남편과만 성관계를 맺었어도, 남편이 다수의 사람과 성관계를 했다면 그 과정에서 감염될 수 있고, 발병에도 영향을 미친다.

이외에도 최근 다시 논란이 되는 '비스페놀A'는 유방암과 자궁암에 영향을 미치는 환경호르몬으로 알려져 있다. 종이 영수증, 커피 전문점의 일회용 컵, 캔 음료, 통조림 등 우리가 거의 매일 만나는 물건들에 함유되어 있다. 그래서 영수증을 만지거나 해당 용기의 음식물을 섭취하는 과정에서 인체에 유입된다. 즉, 쇼핑하고, 차를 마시며, 밥을 먹는 일상적 행위의 반복만으로도 유방암이나 자궁암에 걸릴 확률이 높아진다는 의미다.

이러한 과학적 사실에도 불구하고 유방암이나 자궁암에는 은근슬쩍 편견 자락이 들러붙는다. '여성 질환'에는 섹슈얼리티와 관련된 이미지가 유독 많이 결합된다. 질병 앞에서조차 남성에게 사랑받는 여성과 그렇지 못한 여성, 섹스를 많이 한 '비난받을 만한 여성'과 '정숙한 여성'을 구분하고 낙인을 찍어댄다. 은근한 눈빛이나 작은 귓속말을 타고 다니는 '질병 낙인'은 항암제의 독성보다도 날카로운 말이 되어 환자의 면역력을 순식간에 파괴하는 힘이 있다.

질병과 혐오 사이

이러한 잘못된 질병 이미지나 낙인은 물론 여성 질환에 국한되지 않는다. 감염성 질환 대부분에는 근거 없는 믿음에서 비롯한 낙인이 강력히 새겨진다. 낙인이 가장 극심한 질환은 무엇일까? 바로 에이즈AIDS, Acquired Immune Deficiency Syndrome(후천성면역결핍증)다. '소나무 에이즈'(소나무의 재선충병을 뜻하며, 전염성이 높고 감염되면 고사하는 불치병이라는 점을 강조하기 위해 붙여진 이름이다)라는 비유가 뉴스에 버젓이 등장할 만큼 에이즈는 혐오가 담긴 불

아파도 미안하지 않습니다

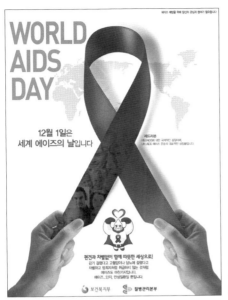

에이즈에 대한 편견과 차별을 예방
하기 위한 레드리본 캠페인
ⓒ 질병관리본부

치병으로 인식된다. 에이즈 감염에 대한 사회적 공포는 광범위
하다. 좀 더 구체적 수치를 통해 현실을 살펴보자. 에이즈를 일으
키는 인간면역결핍바이러스HIV, Human Immunodeficiency Virus의 감염
인은 한국에서 연간 800명이 채 안 된다. 그로 인한 사망은 약
100여 명이다. 이에 비해 결핵은 연간 약 3만 5000명이 걸리고,
매년 약 3000명이 사망한다. 한국은 OECD 국가 중 확고부동한
결핵 발생률 1위 국가다. 그럼에도 에이즈를 둘러싼 공포는 결핵
에 비할 수 없을 만큼 깊다. 남성 동성애자들의 질병이라는 잘못
된 명명과 동성애 혐오가 만들어낸 질병 이미지 때문이다.

에이즈를 둘러싼 견고한 낙인에 비할 바는 아니지만, 한국 사회를 공포로 몰아넣었던 질병을 기억한다. 메르스MERS, Middle East Respiratory Syndrome(중동호흡기증후군)다. 2015년 메르스로 인해 180여 명의 감염자와 39명의 사망자가 발생했다. 전 국민이 거대한 충격과 공포에 빠졌고, 휴교령이 내려졌다. 그러나 한국 사회에서 가장 많은 사망자를 발생시키고 있는 감염성 질환은 결핵이다. 한국전쟁 이후 국내 결핵 환자는 연간 수백만 명에 달했고, 앞서 말했듯 아직도 매년 3만여 명이 걸리는 감염성 질병이다. 감염자와 사망자 숫자만으로 질병의 위중을 모두 설명할 수는 없다. 하지만 시민들이 느끼는 공포가 감염과 죽음에 근거한다고 할 때, 공포가 질병의 위협 정도에 비례하는 것은 아님을 확인할 수 있다.

그렇다면 결핵이 에이즈나 메르스를 능가하는 가장 위협적인 질병일까? 결핵은 재채기, 기침, 대화 등을 통해 공기 중의 결핵균이 폐 속에 들어갔을 때 감염되는 호흡기 감염성 질환이다. 그러나 결핵균에 감염된 모든 사람에게서 결핵이 발병하는 것은 아니다. 결핵균 감염자 중 약 5~10퍼센트만 발병하고, 대부분은 잠복결핵 감염상태를 유지한다. 잠복결핵 감염상태에서는 타인에게 결핵균을 감염시키지 않는다. 발병한 5~10퍼센트의 환자 또한 약물을 복용하면 빠른 시일 내에 전염기가 사라지고 증상이 완화된다. 하지만 가난하고 게으른 사람의 질병, 다른 사람을 무조건 감염시키는 질병이라는 낙인 때문에 결핵을 숨기

아파도 미안하지 않습니다

고 치료받지 못하는 경우도 생긴다.

　실제로 결핵 환자임이 밝혀진 뒤 원치 않는 퇴사를 하는 경우도 드물지 않다. 의사가 감염성이 없다고 해서 직장 생활을 계속하려 했지만, 함께 식사하는 것은 물론 짧은 대화도 꺼리는 사람들 속에서 자신이 곧 '결핵균'으로 취급당하는 것 같다. 물론 직접적으로 취업이 안 되거나, 해고당하는 경우도 있다. 오죽하면 결핵예방법에 "사업주 또는 고용주는 비전염성 결핵 환자에 대하여 결핵 환자라는 이유만으로 취업을 제한할 수 없다"고 규정해두었을까. 그럼에도 환자들은 해고당할까 봐, 혹은 취업을 못할까 봐, 여러 사회생활에서 소외될까 봐 질병을 숨긴다. 그렇게 낙인으로부터 질병을 숨기느라 치료 시기를 놓치게 되고 질병은 심각해진다.

　에이즈도 마찬가지다. HIV 감염은 잠복기를 동반하며, 에이즈는 HIV 바이러스 감염 이후 질병의 진행에 따라 여타의 증상이 나타나는 경우를 지칭한다. 모든 HIV 감염인이 AIDS 환자가 되는 것은 아니라는 뜻이다. 일반적으로 아무런 치료를 받지 않는 성인의 경우 바이러스 감염에 따른 면역력 약화로 심각한 질병이 발병하기까지는 평균 10년 정도의 시간이 걸린다. 지난 30년간 HIV/AIDS 치료는 비약적으로 발전해왔다. 1995년에 처음으로 여러 약제를 병용해 바이러스의 증식을 억제하고 내성을 방지하는 항바이러스 치료가 도입되었으며, 이로써 질병의 진행 속도를 획기적으로 늦출 수 있게 되었다. 또한 한국처럼 항바이러스 치료가 일반화된 국가에서는 20세의 HIV 감염인이 지속적인 항바이러스 치료를 받으면 약 70대 초반까지 생존하는 것으로 추정된다고 한다. 의학적으로 HIV는 만성질환, 즉 쉽사리 낫지도 않지만 급속히 심해지지도 않는 병이다.[3] 대한에이즈학회에 따르면, HIV 감염인은 고혈압 환자나 당뇨 환자처럼 일상적으로 약을 복용하고 잘 관리하면 삶에 큰 지장을 유발하지 않는 만성질환자라고 한다.

그러나 알다시피 실제 일상에서 이러한 과학적 근거나 통계는 거의 작동하지 않는다. 여전히 상당수의 사람들은 '불치병', '게이 암'과 같은 편견에 기초해서 거짓된 정보를 신뢰한다. HIV 감염인이라며 치료를 거부하는 병원, 혐오의 시선으로 바라보는 가족이나 지인, 극심한 차별과 낙인은 HIV 감염인의 치료를 방해한다. 그리고 불행히도 이런 낙인은 감염인 자신에게도 내재되어 있을 수밖에 없다. 따라서 여전히 어떤 이들은 HIV 감염 사실을 알았을 때 좌절감으로 인해 치료를 시작할 의지를 갖지 못하거나, 자살을 시도하는 것으로 알려져 있다. 치료제가 있음에도 불구하고 사회적 낙인이 치료를 어렵게 만들고 있는 것이다.

이뿐만이 아니다. '남성 동성애자의 병'이라는 낙인은 에이즈의 의학적 연구와 사회적 위험성을 예방하는 데도 매우 나쁜 영향을 미친다. 앞서 말했듯 에이즈는 HIV라는 바이러스에 의한 질병이다. 그런데 바이러스가 남성 동성애자를 선별해서 움직일 리 없다. 만약 에이즈가 남성 동성애자의 질병이라는 '오해'

가 풀리지 않았다면, 인류는 에이즈 앞에서 더욱 취약해졌을 것이다. 이를테면 이성애자나 여성 동성애자들은 방심하고 안전한 섹스를 등한시함으로써 HIV 바이러스 감염에 더 쉽게 노출되었을 수도 있다. 또한 여성 환자가 존재하는데도 검사 자체를 시행하지 않아서 진단을 받지 못해 치료가 불가능한 상황이 되었을 것이다. 다행히 남성 동성애자의 질병이라는 오해가 의학적으로 풀렸고, 이후 HIV 감염에 여성이 더욱 취약하다는 사실도 밝혀졌다. 또 동일한 치료제를 복용해도 여성 환자와 남성 환자의 반응에는 차이가 있으며, 이에 대한 연구도 진행 중이다.

아픈 몸에 대해 차별과 낙인을 일삼는 것, 심지어 수많은 과학자나 의사의 말보다 자신의 편견을 굳건히 신뢰한다는 것은 어떤 의미일까? 아픈 몸들을 차별하지 않는 것은 윤리의 문제이며, 인권의 문제다. 또한 의료적으로는 질병 예방의 문제이기도 하다. 아픈 몸들이 질병으로 인한 차별과 낙인을 겪지 않을 것이라는 신뢰를 가질 수 있을 때, 비로소 사회적 예방이 가능해진다. 더 이상 낙인으로 인한 좌절감 때문에 치료를 포기하지 않을 것이고, 두려움으로 인해 질병을 숨기지도 않을 것이다. 즉, 질병 때문에 사회가 위험해지는 게 아니라 낙인과 차별 때문에 사회가 위험해지는 것임을 분명히 해야 한다.

사회적 소수자는 질병을 근거로 한 차별과 배제에 더 쉽게 노출된다. 게다가 불평등과 분노가 누적된 사회일수록 소수자에 대한 차별과 혐오는 강화된다. 분노가 용암처럼 흐르는 이 사회는 단지 질병일 뿐인 유방암, 자궁암, 결핵, 에이즈에서 그랬던 것처럼 언제든 특정 질병과 사회적 차별을 결합시켜 새로운 '질병 이미지'를 생산해낼 수 있다. 여성을 비롯한 여러 소수자들에 대한 차별이 완화되지 않고 혐오가 지금처럼 심화된다면, 앞으로 다른 질병에서도 에이즈만큼 극도로 부정적인 질병 이미지가 생산되지 않으리라는 보장이 있을까? 방향을 제대로 설정하지 못한 분노가 여성과 사회적 소수자를 향해 또 어떤 식의 엽기적인 차별과 혐오를 개발해낼지 문득문득 두려워진다.

아픈 몸들은 질병이 주는 생물학적 통증 때문이 아니라, 질병 이미지와 낙인 때문에 치료제도 없는 고통을 겪는다. 질병에 들러붙은 막연하면서도 익숙한 낙인의 내용에 대해 생선가시를 발라내듯 허구성을 발라내는 작업이 필요하다. 낙인이 사실이 아님을 선언하고 사라지게 하지 않는 한 낙인은 환자의 삶을 더욱 아프게, 질병을 더욱 무겁게 만든다. 우리는 사회의 거대한 구조가 당장 변화하지 않더라도 환자의 고통이 줄어드는 데 기여할 수 있다. 약자를 향한 낙인은 그 자체로 언제나 약자화를 다시 한번 강화하고, 차별적인 현실을 더욱 고착화한다.

차별의 말들

갑자기 떨어지는 소나기에 교복을 입은 한 무더기의 아이들이 달리기 시작한다. 그런데 그중 유난히 작고 뒤처진 아이가 보인다. 아이가 깔깔거리며 "현기증 때문에 빨리 못 뛰어"라고 말하자, 앞선 아이들도 깔깔거리며 "병신같이 왜 못 따라와"라고 말한다. 다들 유쾌해 보인다. '병신'이라는 말을 들은 아이의 실제 마음도 그런지 모르겠지만.

병신病身. 단어의 원래 의미는 '병든 몸'이다. 현기증이 있다는 그 아이도 나도 '병신'이다. 그리고 현대인의 상당수는 '병신'이다. 하지만 원뜻은 사실상 사라졌고, 질병이 있는 몸을 비하하는 의미로 쓰이거나, 좀 더 직접적으로는 장애가 있는 몸을 차별하고 혐오하는 말로 사용된다.

현재 '병신'은 아이부터 어른까지 웃으면서도 화내면서도 사용할 수 있는 보편적인 멸시의 표현이다. 아울러 '병신'만큼 강력하고 배타적이지는 않더라도, 아픈 몸을 차별하는 말들이 일상에서 흔하게 돌아다닌다.

아픈 사람을 차별하는 표현 유형

표현	유형
긍정적이네, 아픈 사람 같지 않아.	정체성에 대한 부정
열등감이 없네, 장애인 등록자 같지 않아.	
유쾌하네, 암 환자라고 믿을 수 없어.	
난독증 있냐?	질병의 희화화
암 걸리겠네!	
지랄병 도졌네!	
건강이 최고지, 건강을 잃는 건 모든 걸 잃는 거야.	건강 중심성
건강이 없으면 행복도 없어.	
건강하지 않으면 억만금이 다 무슨 소용이야?	
저러니까 병 걸렸지.	질병의 개인화
조심했어야지, 젊은 사람이 왜 병에 걸려.	
어떻게 살았기에 저 집은 암 환자가 여럿이야.	

첫 번째 유형은 정체성에 대한 부정적 수용이다. '긍정적이네, 아픈 사람 같지 않아'라는 식의 말이 여기에 속한다. 이런 표현을 칭찬으로 수용하려면 아픈 사람은 부정적 태도를 보인다는 전제를 수용해야 한다. 이때 아픈 사람은 자신의 정체성을 부정적으로 수용해야 '칭찬'을 긍정할 수 있게 된다. 마치 "의리 있네, 여자 같지 않아"라는 말을 칭찬으로 수용하기 위해서 여자는 의리 없는 존재라는 전제를 수용해야 하는 것과 같은 이치다. 아

아파도 미안하지 않습니다

픈 몸 정체성과 계속 함께 살아야 하는 이들에게 아픈 몸을 부정하는 것은 질병과 함께 사는 삶에 대해 계속 한탄해야 한다는 뜻이다. 또한 아픈 몸 상태 그대로는 인정받기 어려우며, 아픈 몸을 극복하고 건강한 몸으로 갱신하려고 부단히 노력할 때만 존중받을 수 있다는 의미다.

본디 차별이란 명시적으로 차별을 의도하거나 목표로 삼지 않아도 발생한다. 그리고 차별 표현의 수위가 낮다고 해악이 낮은 것도 아니다. 장기적으로 혹은 평생을 아픈 몸으로 살아야 하는 사람에게 아픈 몸 정체성을 비하하는 표현은 우울과 소외, 자존감 저하를 불러온다. 결국 질병을 삶의 일부로 통합하지 못하도록 방해한다. 질병을 삶 속으로 통합해낼 수 있느냐 없느냐는 아픈 사람의 삶의 질에 절대적인 영향을 미친다.

두 번째 유형은 질병에 대한 희화화다. '난독증 있냐?', '암 걸리겠네!' 같은 말들이 이에 속한다. 자신의 고통이 인터넷을 돌아다니는 '농담'이나 한없이 가벼운 비유가 되었을 때 당사자는 어떻게 반응해야 할까. 모두가 웃음으로 받아치는데 당사자가 당혹스러움과 불쾌감을 표하면 비웃음을 사거나 고립되기 쉽다. 그런데 인터넷뿐만 아니라 실제 세계에서도 이런 경우가 흔하다. 우리는 예컨대 난독증을 겪는 이들이 놀림과 소외의 대상이 되는 현실, 암 환자들이 완치 판정을 받은 후에도 병력medical history이 있다는 이유로 취업과 교육에서 배제되기도 하는 사회에서 살고 있다. 비상식적으로 화를 내는 사람을 비꼬는 의미로 자주 쓰이는 '지랄병 도졌네!'라는 식의 말도 마찬가지다. '지랄병'은 뇌전증(과거에 '간질')을 비하하는 표현이다. 뇌전증의 증세인 발작을 희화화하는 사회에서 그 환자들의 인권은 요원하다.

질병을 겪는 건 누구에게나 어려운 일이다. 생명체로서 질병에 대해 느끼는 생래적 두려움도 있지만, 질병에 관한 사회적 안전망이 절대적으로 부족한 현실은 불안을 크게 가중시킨다. 결국 박탈감이 가득한 광폭한 신자유주의 사회에서 질병은 삶의 안전을 위협하는, 외면하고 싶은 위험 중 하나일 뿐이다. 그리고 어떤 이들은 아픈 몸이나 질병을 희화화함으로써 질병에 대한 깊은 불안을 잠시나마 해소하려 든다.

세 번째 유형은 건강에 기준을 둔 차별이다. '건강을 잃으면 모든 것을 잃는 거야'라는 식의 표현이 여기에 속한다. 건강의 중요성을 강조하기 위한 협박성 예방 표현을 말한다. 그런데 건강이 삶의 모든 전제 조건이며, 건강하지 않으면 다른 것은 무의미하다는 사고는 위험하다. 건강하지 않아도 삶은 계속되고, 그 안에서 행복을 누리기도 하며, 계속 꿈을 꾼다. 그리고 그래야만 한다. 만약 아픈 사람도 아픈 대로 공동체 안에서 돌봄을 주고받으며 나름의 역할을 해내고 존중받으며 살 수 있는 사회라면, 이러한 예방 표현은 그저 건강의 중요성을 주장하는 표현이 될 수도 있다. 하지만 지금처럼 질병에 차별과 낙인이 붙어 다니는 사회에서는 위험해 보인다. 건강하지 않으면 모든 걸 잃는 사회가 되어서는 안 된다. 건강하지 않아도 함께 살 수 있는 사회를 만

아파도 미안하지 않습니다

들어야 한다. 그런 사회를 만들기 위해 무엇이 필요한지 고민하는 것은 우리 몫이다.

　설령 건강 격차가 해소되어서 소득이나 성별과 상관없이 모두에게 건강할 권리가 보장된다고 해도 아픈 몸은 늘 존재한다. 그게 생의 법칙이다. 건강이 선善이고 질병이 악惡인 건 아니다. 생로병사는 생명의 순환과정이다. 태어남만이 축복이고 죽음은 언제나 좌절인 것도 아니다. 이러한 순환을 분절하고 위계화하기 때문에 태어남만 기쁨이 되고 노화와 질병은 불행으로만 여겨지는 것이다. 이때 죽음은 삶의 완성이 아니라 의학적 실패가 된다.

　따라서 건강만을 중심에 두는 것은 아픈 몸이 평등하게 함께 사는 과정을 방해한다. 아픈 몸이 동정과 시혜에 의존하지 않고 하나의 주체로 온전히 살아가려면 건강한 몸이 중심이고, 아픈 몸이 주변이어서는 안 된다. 건강을 선으로 규정하고, 질병을 절망과 악으로 규정해서도 안 된다. 건강한 몸과 아픈 몸 사이에 발생하는 위계가 해체될 때, 아픈 몸도 차별과 배제 없는 삶을 누릴 수 있다.

　네 번째 유형은 질병의 개인화다. '저렇게 살았으니 아프지'라는 식의 말이 여기에 속한다. 질병의 원인을 개인의 성격이나 생활습관에서 찾고 자기 관리의 실패로 보는 것이다. 이런 태도는 앞에서도 지적했듯 질병의 귀책을 철저히 개인에게 돌린다. 과거에는 질병을 신이 내린 형벌로 여겼으며, 요즘은 생활습관이 나빠 질병이 왔다는 믿음이 강력하다. 실제로 중증 질병을 진단받을 때 노년층은 '내가 무슨 죄를 지어서?'라고 반응하며, 청년층은 '어떤 습관이 문제였을까?'를 고민하는 경우가 많다. 어쨌거나 양쪽 모두 아픈 사람이 자책감을 갖는다는 공통점이 있다.

건강은 사회적 권력이나 차별과도 밀접하게 연결되어 있다. 따라서 빈곤층일수록, 다양한 차별을 겪는 소수자일수록 더욱 아프기 쉽다. 사람들도 그것을 모르지 않는다. 그런데도 질병을 개인의 책임으로 돌리는 문화에 너무나 익숙하다. 때로는 아픈 이들에게 적극적으로 선을 긋고 자신은 그들과 다르다는 우월감이나 안전감을 느끼고 싶어 한다.

그렇다면 누가 그런 문화를 더욱 조장할까? 종편 채널을 중심으로 한 방송뿐 아니라 정부에서 만든 질병 관련 사이트에서도 개인의 생활습관만 강조할 뿐, 건강에 위해한 사회적 요소 때문에 질병의 위험이 높아진다는 내용은 찾아보기 어렵다. 이를테면 대사증후군의 경우, 정부가 운영하는 질병관리본부 사이트에서 '생활습관병'이라고 지칭되며, '생활습관의 서구화' 등만이 원인으로 지목된다. 그 외의 사회적 요소는 전혀 언급되지 않는다. 질병을 개인의 책임으로 몰아갈 때 건강 불평등을 만드는 사회구조는 휘발되기 쉽다. 정부가 산재, 야근, 성폭력, 가정폭력, 소수자 차별 같은 사회적 건강위해요소를 제거하기 위해 어떤 노력을 하고 있는지 새삼 또 생각하게 된다.

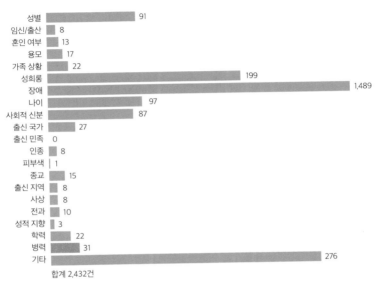

차별행위 진정사건 접수 현황

성별	91
임신/출산	8
혼인 여부	13
용모	17
가족 상황	22
성희롱	199
장애	1,489
나이	97
사회적 신분	87
출신 국가	27
출신 민족	0
인종	8
피부색	1
종교	15
출신 지역	8
사상	8
전과	10
성적 지향	3
학력	22
병력	31
기타	276

합계 2,432건

자료: 국가인권위원회(2016)

이처럼 우리 사회에는 아픈 몸들을 위축시키고 차별하는 태도가 만연하다. 그럼에도 어떤 이들은 에이즈처럼 극단적 낙인이 찍히는 질병이 아닌 한 일반적으로 질병에 대한 차별은 미미하다고 주장한다. 실제 국가인권위원회 자료에서도 질병에 의한 차별 진정은 다른 영역에 비해 적은 편이다(2016년 국가인권위원회 차별행위 진정 현황 중 '병력'에 따른 차별은 1.2퍼센트다).

이는 지금과 같은 고실업 사회에서 병력 없는 '깨끗한' 사람만 고용하려는 것은 당연하다는 태도, 너나없이 고통받는 사회에서 '아프니까' 그런 대우를 받는 건 어쩔 수 없는 일이라는 태도에서 연유하는 것 같다. 즉, 당사자에게 차별이 내면화되어 차별을 차별로 명명하지 못하기 때문일 수 있다는 의미다. 실제로 차별이 적어서가 아니라, 질병과 인권을 둘러싼 사회적 논의 수위가 낮고, 오히려 아픈 사람의 인권이 취약한 현실이 반영된 것으로 보인다.

질문하는 몸

질병을 둘러싼 차별적 말과 태도는 아픈 몸들이 사회에 평등하게 참여하며 존중받을 권리를 제약한다. 무엇보다 안타까운 점은 질병을 개인의 불행, 수치, 책임으로 귀속시켜 열등감을 갖게 한다는 것이다. 이는 결국 질병을 숨기기 위한 긴장을 유발시킨다. 혹은 반대로, 몸은 아프지만 쓸모 있다는 것을 보여주기 위해 인정투쟁을 하게 만든다. 즉, 질병을 극복했거나, 질병으로 대단한 깨달음을 얻었거나, 질병이 있어도 뛰어난 삶을 살았음을 입증하고자 노력한다.

나를 포함해 질병과 함께 사는 이들이 양쪽 모두를 그만둘 수 있길 간절히 바란다. 문제는 우리의 아픈 몸이 아니다. 질병을 삶의 일부가 아닌 배타적 대상으로 만든 사회다. 지배 권력의 필요에 맞춘 정상과 효율의 기준을 만들고, 거기서 벗어난 몸들을 모조리 차별하는 몹쓸 사회다.

아파도 미안하지 않습니다

오히려 자신의 쓸모를 입증하려는 노력을 그만둘 때, 아픈 몸을 극복해서 정상이나 표준이 되려는 흉내를 그만둘 때, 그리고 아픈 몸과 불협화음을 만드는 이 사회를 자책 없이 성찰할 때, 바로 그때 아픈 몸의 '쓸모'가 빛을 발한다. 건강과 효율이 정의justice가 된 사회에서 아픈 몸은 질문을 발생시킬 수밖에 없다. 중심과 정상에서 밀려난 아픈 사람은 이러한 현실을 조망하며 새로운 정의를 질문할 수 있는 더없이 좋은 위치에 있다. 나는 계속 질문을 쏟아내는 내 몸을 조금씩 긍정해가는 중이다.

사실 아픈 몸을 긍정한다는 것은, 아픈 몸을 거부하는 사회의 문화와 태도를 거부한다는 뜻이기도 하다. 그리고 '병신'의 사전적 의미 중 하나는 모자란 행동을 하는 사람이다. 아픈 몸을 정상으로 복구하는 데 전력투구하지 않고, 이렇듯 사회의 태도를 거부하며 질문을 던지고 사유하는 내 행동은 그들 기준에서 한참 모자라는, 그야말로 '병신 짓'이다.

질병과 함께 사는 이들이 아픈 몸에 대한 사회의 시선과 규정에 갇히지 않길 바란다. 정상성에 대한 균열, 지배 권력에 대한 저항, 다른 상상력을 생성시키는 '질문하는 몸'으로 우리가 함께 '트랜스trans'할 수 있기를 바란다.

병명의 의미

대화는 방향을 달리하며, 미끄러졌다. 나는 자주 독백을 하고 있는 느낌이었다. 한참 치료에 집중하던 시기, 사람들을 만나면 대화 주제는 언제나 나의 건강으로 모이곤 했다. 사람들은 갑상선암에 대해 말하는 경우가 많았다. 그래도 가벼운 암이라서 다행이라거나, 많이 진행되지 않았으니 운이 좋다고 말했다. 그리고 수술만 하면 다 괜찮다는 말로 위로를 건네왔다.

나는 갑상선암보다는 현기증 때문에 무엇에도 집중하기 쉽지 않다거나, 등에 쇠못을 박아놓은 것 같은 통증으로 잠들기 어려운 날이 많다고 말했다. 그리고 가장 두려운 것은 때 아닌 때의 출혈이라는 말도 했다. 하지만 이야기는 깔때기처럼 암으로 모아졌다. 그리고 다시 갑상선암과 관련한 위로를 전해왔다.

암이라는 단어가 주는 무게를 모르는 건 아니다. 하지만 내가 느끼는 불편함과 불안은 갑상선암에 있지 않았다. 현기증, 통증, 출혈과 같은 명백한 증세들이 일상을 어렵게 만들었고, 삶을 불안으로 몰아갔다. 의사들은 매번 원인을 알 수 없다고 했고,

원인을 모르니 치료법을 제시해주지 못했다. 혼돈과 고통이 깊어졌다. 위로를 받고 싶었다면 바로 그런 증세와 현실에 대해서였다. 하지만 나의 고통과 사람들이 건네는 위로는 종종 불일치했다.

일터에 휴직계를 내고 본격적으로 투병에 들어간 지 3년째 되던 해, 일시적으로 빈혈과 근종 진단을 받은 적 있었다. 그때 참 좋았다. 치료법을 찾은 것 같아서, 사람들과 소통할 언어를 찾은 것 같아서 좋았다. 그제야 내가 겪는 경험과 사람들이 건네는 위로의 불일치는 사라졌다. 많은 이들이 증세가 없는 갑상선 암이 아니라 현기증, 통증, 출혈에 대해 고개를 끄덕이기 시작했다. 빈혈과 근종에 대해 이야기했고, "그래서 그랬구나"라며 이해와 공감을 건네왔다.

하지만 빈혈 수치가 올라가고 근종이 사라졌는데도 증세는 여전히 지속되었다. 의사가 증세의 근본 원인은 빈혈과 근종이 아니라고 다시 말했을 때, 아쉬웠다. 사실은 나도 알고 있었다. 이미 투병 초기에 빈혈과 근종 검사를 했고, 그때는 모든 게 정상이었기 때문이다. 그래서 그게 근본 원인은 아닐 거라고 짐작은 했다. 하지만 당시 의사가 확신에 차서 말했기 때문에 조금 기대감을 품었을 뿐이다. 아쉬움을 접는 것도 익숙했다.

절망감까지 가지 않고 아쉬움을 느끼는 데 그쳤던 것은 앞선 경험들 덕분이다. 이전에 방문했던 병원에서 "원인을 못 찾으면 그냥 아픈 대로 사는 법을 익히는 것도 방법일 것"이라는 말을 들은 적이 있다. 그리고 여러 지인의 추천으로 용하다는 한의원을 찾았을 때, 머리 희끗한 한의사가 한 시간 가까이 진단하더니 나에게 "그냥 집으로 돌아가라"고 했다. 너무 늦게 왔다며, 자신이 해줄 수 있는 게 없다는 말도 했다. 그 한의원을 나설 때 많이 절망스러웠다. 체념이나 절망을 느끼는 순간은 좀 힘들었지만, 그것도 경험인지라 내성이 쌓인다.

그래서 이번에도 의사가 다시 근본 원인을 잘 모르겠다고 말했을 때, 절망의 감정에 휩쓸려가지 않고 아쉬운 감정에 머무를 수 있었다. 또다시 병명을 모르는 혼돈 속의 원점으로 돌아왔을 뿐이라고 스스로에게 읊조렸다.

질병 경험자들이 모이는 자리에 나간 적 있다. 나는 병명을 찾지 못하는 막막함에 대해 이야기했다. 내 이야기에 어떤 분이 자신의 경험을 들려주었다. 아파서 병원에 가면 의사는 늘 병명이 없다고 하고, 남편은 병원에서 괜찮다는데 왜 맨날 아프다고 하냐며 자주 윽박질렀다고 했다. 어떤 의사가 심인성心因性이라고 해서 실제로 정신과를 다녀봤고, 정신과 의사의 조언에 따라 운동도 몇 달간 열심히 해봤지만, 몸은 더 피곤해지기만 했고 나아지는 건 없었다고 했다.

그래서 참고 지내보려 했지만, 몸은 '정말' 아팠고 여러 병원을 전전했다고 한다. 그러다 5년 만에 간암 진단을 받았고, 몇 가지 난치성 질환도 추가로 진단을 받았다고 했다. 간암이라는 이야기를 듣는 순간, 마음이 시원했단다.

그는 몸이 아픈데 원인을 찾지 못했던 긴 시간 동안 느낀 초조함과 혼돈에 대해 말을 쏟았다. 자신은 아픈데 남편과 자식 누구도 고통에 제대로 공감해준 적이 없다고 했다. 꾀병이라거나 성격을 고치라는 말이 아프게 박혔고, 사소한 통증에 자신이 너무 예민하게 반응하는 건 아닌지 수없이 자기 검열을 했다고 한다. 그런 그에게 간암이라는 병명은 두려움이나 슬픔이 아니라, 오랫동안 느껴온 서러움과 혼란을 일순간에 해소해주는 시원한 '답'이었다.

'심인성'에 대하여

우리는 자신의 경험을 존중받고 이해받고 싶어 한다. 지하철에서 불쾌한 일을 겪거나 직장에서 속상한 일이 생기면 가까운 사람에게 공감이나 위로를 받고 싶어 하듯이 말이다. 몸이 아플 때는 그런 욕구가 더 증폭된다. 몸이 아프다는 건 모든 생명체에게 불안한 사건이고, 그 불안과 낯섦을 이해받고 공감받고 싶은 욕구는 인간의 본능에 가깝다. 따라서 자신이 겪는 통증과 불편한 증세가 의구심의 대상이 될 때, 상처를 받는다.

몸이 아픈 것에 대한 의학적 진단명, 즉 '병명' 앞에서는 여러 감정이 교차하게 된다. 병명을 부여받을 때는 혼란이 정리되는 것 같은 선명한 느낌이 좋다. 원인을 찾았으니 치료법과 대안을 찾을 수 있으리라는 기대감이 생긴다. '그래서 그런 증세가 있었구나' 하고 자신의 경험을 이해할 수 있게 된다. 자신이 과민하지 않았음을 확인받고, 자신의 감각과 경험을 다시 신뢰할 수 있게 된다. 타인이 보내는 의구심을 간단히 해갈할 인증서를 손에 쥐게 되며, 비로소 자신의 고통에 대해 사람들과 나누고 교감할 수 있는 의학적 언어가 생겼다는 마음에 든든해진다.

하지만 다른 한편으로는 병명이란 그저 의학의 임의적인 명명은 아닐까 하는 뾰족한 마음도 든다. 병명은 의사가 질병을 치료하기 위해 오랫동안 환자들의 증세를 관찰하고 연구한 결과에 따라 원인을 분류한 뒤 붙인 이름이다. 어떤 병명 하나가 몸의 모든 것을 설명해줄 수 없음에도 불구하고 병명을 부여받는 순간, 해당 병명과 상관없는 증세는 존중받지 못한다.

인간의 몸은 유기체이므로 어느 장기에 질병이 있다는 것은 다른 장기 또한 건강하지 못한 상태라는 뜻일 수 있다. 질병으로 진단할 만큼 심각하진 않더라도 말이다. 하지만 그렇게 발생했을 가능성이 있는 증세는 무시되고, 병명을 부여받은 것에 한해서만 고통을 인정받는다. 마치 내 사진을 보며, 내 얼굴을 사진에 끼워맞추는 느낌이다. 움직이고 변화하는 몸을 박제해 고정시킨다는 느낌이 들기도 한다.

무엇보다 병명을 진단받기 전에는 허상일지 모르는 증세에 불과했는데, 의사에게 병명을 부여받자 실재하는 질병이 되면서 비로소 환자의 경험(증세)이 사회적으로 존중받는 느낌은 개운치 않다. 이는 자신의 몸에서 벌어지는 일로부터 소외되는 것이다. 내 몸은 어제와 똑같은데, 오늘 의사가 어떤 의학적 명명을 붙이느냐에 따라 그 순간부터 완전히 다른 몸이 된다. 환자의 경험이 의학적 언어로 설명될 때만 실재하는 것으로 존중받을 수 있다니, 얼마나 불행한 일인가?

게다가 병명을 찾지 못할 때 의사가 흔히 내리는 '심인성'이라는 진단은 또 어떤가? 자신의 증세가 의학적 병명을 부여받지 못할 때, 환자는 스스로 감각과 경험을 의심하게 된다. 이 정도 통증은 다들 견디며 사는데, 자신이 너무 나약하고 까다로운 건 아닌지 자책한다. 자기 몸의 통증이 '정당'한 것인지 자문하기도 한다. 사실 통증이란 감각이므로 옳고 그름이 아니라 그 자체로 존재하는 것이다. 그럼에도 통증을 느끼는 자신이 정당한지에 대한 검열을 반복하고, 자기 몸의 소리와 감각이 부적절하다고 느낀다. 이는 자기 부정의 경험으로 이어지기도 한다.

물론 다양한 정서적 원인에서 비롯된 심인성도 실제로 존재한다. 환자가 호소하는 증세는 이해하지만, 의학적으로 봤을 때는 이상이 드러나지 않으니 의사는 심인성이라고 진단할 수밖에 없었을 것이다. 그리고 때로 어떤 환자는 마음을 치료함으로써 육체적 증세가 완화되기도 한다.

그러나 질병 경험자들이 모인 자리에 가면, 희귀질환뿐 아니라 암처럼 흔한 병을 진단받기 전에도 의사가 심인성으로 오진했다는 이야기를 어렵지 않게 만난다. 한국에서 오진율이 낮지 않다는 자료[4]들을 볼 때, 그들의 이야기를 매우 특수한 일부 사례로 치부하긴 어려워 보인다. 게다가 남성보다 여성이 심인성으로 진단받을 때가 많고, 그런 진단 때문에 진짜 병명을 알아내 치료를 받기까지 더 오랜 시간이 걸리는 경우가 많다는 보고들도 있다. 심인성이라는 말이 얼마나 조심스럽게 사용되어야 하는 말인지 다시금 생각하게 된다.

의학은 환자 앞에서 완벽하지 못한 모습을 보이는 것을 극도로 싫어하는 것 같다. 그래서 해당 증세에 대한 진단명을 아직 찾지 못했다거나, 증세에 대한 연구가 아직 충분히 이루어지지 않았다거나, 진단명을 부여하지 못하는 증세가 있을 수 있다는 사실을 쉽게 지우는 것 같다. 그렇기에 '심인성'이라고 진단함으로써 의학이 아니라 환자에게 문제가 있다고 말하는 방식을 선택하는 건 아닐까? 병명을 알아내지 못한 것이 곧 환자의 마음이 병을 만들었다는 의미는 아닐 텐데 말이다.

환자가 병명에 맞게 치료받는 일도 쉽지 않을 때가 많지만, 병명이 정의되지 않는 건강 상태로 살아갈 때의 혼돈과 불안도 무척 깊다. 심지어 그 증세들이 환자 자신의 마음이 만든 결과라고 한다면, 참으로 가혹한 말이 될 수밖에 없다. 병명을 진단받지 못했어도 증세를 호소하는 것에 대해 섣불리 심인성으로 판단하거나, 예민함에서 비롯된 과도함으로 치부해서는 안 되는 이유다.

현대의학은 눈부시게 발전했지만, 여전히 한계를 가지고 있다. 당대에는 언제나 최신 의학이지만 불과 몇십 년 만에 낡은 의학이 되고 오류와 한계를 지적받는다. 그러니 의학에 손쉽게 우리 몸을 꿰맞추지 않았으면 한다. 의사로부터 병명을 부여받지 않았다고 해서 고통이 실재하지 않는 게 아니다. 병명을 부여받지 않았다고 통증이 없다는 뜻이 아니고, 병명이 없다고 질병이 없다는 뜻은 더더욱 아니다.

질병의 개인화

질문을 멈출 수 없었다. 몸이 아프다는 것은 반복적으로 소외를 경험하는 일이었다. 내 몸이 어느새 낯선 몸으로 바뀐 것을 깨달았을 때, 낯선 몸을 원래의 몸으로 돌리기 위해 무엇을 할수 있는지 제대로 알 수 없었을 때, 그리고 진료 과정에서 인격체로 존중받지 못한다고 느꼈을 때 나는 소외감에 무력했다. 그소외를 극복하기 위해서라도 질병 앞에서 지속적으로 질문할수밖에 없었다. 왜 아플까? 뭐가 문제였지? 내가 뭔가 잘못한 걸까? 반복적으로 삶을 돌아보고 생활습관을 짚어보게 되었다.

질병이 잘못된 삶의 방식에서 온다거나 생활습관을 바꿔야병이 낫는다는 주장은 양방과 한방을 떠나 많은 의사들이 내세우는 주장이다. 나는 여기에 상당 부분 동의한다. 투병 기간은생활습관을 포함해 내 삶의 전반을 성찰하는 시간이기도 했다. 실제로 나는 몸이 아프고 난 뒤 생활습관을 많이 바꿨다. 밤새일하는 습관을 버렸고, 수면 시간을 8시간으로 늘렸으며, 담배를 끊었다. 몸에 열이 없는 체질이라고 해서 아침 운동은 수영

아파도 미안하지 않습니다

대신 산길 걷기로 바꿨고, 몸을 반듯하게 하는 데 푹신한 침대가 방해된다고 해서 침대도 버렸다.

사실 잘못된 생활습관 때문에 아프다는 관점은 실효성을 떠나 잡고 싶은 끈이기도 하다. 질병의 원인이 생활습관이라는 것은 질병의 치료, 예방, 재발 방지 등이 모두 '자기 하기 나름'이라는 뜻이다. 즉, 노력하면 모든 것을 제자리로 돌릴 수 있다는 의미가 된다. 질병으로 몸의 제어력을 잃고 당황하는 현실에서 생활습관을 바꾸면 몸에 대한 통제권을 되찾을 수 있다는 말이니 반가울 수밖에 없다.

하지만 생활습관을 바꿔 몸을 건강하게 만들겠다는 생각은 사실 한계가 명백하다. 주기적으로 대기를 가득 채우는 미세먼지, 방사능에 오염되었을지 모를 해산물의 유통, 하루에도 수없이 만나는 환경호르몬, '몰카' 때문에 마음 편히 갈수 없는 화장실, 불안정 고용으로 인한 해고 위협, 유해 물질 논란이 끊이지 않는 생리대 등은 모두 시민의 건강을 해치는 위험 요소다. 이런 위험을 개인의 노력으로 벗어나기란 불가능에 가깝다. 질병은 사회적 환경, 유전적 요소, 생활습관 등이 복합적으로 작동해 나타나는 결과다. 질병의 발생 원인을 명확히 구분해내는 것은 쉽지 않고, 그 원인을 하나로 지목하기도 어렵다.

좀 더 구체적으로 살펴보기 위해 다음과 같이 가정해보자. 정리해고로 생활난을 겪던 노동자가 지하 원룸에서 생활하고, 편의점 도시락으로 불규칙한 식사를 하며, 흡연이 증가하던 중 폐암에 걸렸다. 이 경우 흡연이라는 개인의 나쁜 습관이 질병의 원인이라고 단순하게 말하기 어렵다.

정리해고로 인한 극도의 스트레스, 빈곤이 만든 나쁜 주거환경과 음식, 하루 기준치를 초과하는 나트륨과 설탕이 함유된 음식이 사회적으로 제대로 관리되지 않은 채 유통되는 것, 여성에게 더욱 어려운 재취업 환경 등은 모두 건강을 해치는 요소다. 이러한 요소들이 모여서 흡연이 증가하는 데 기여했을 것이다. 이 노동자에게 "흡연이라는 나쁜 습관 때문에 폐암 걸렸다", "생활습관을 고쳐라", "네 책임이다"라고만 할 수 없으며, 그렇게 말해서는 안 된다는 뜻이다.

하지만 우리는 질병의 원인을 개인의 생활습관에서 찾는 것에 너무나 익숙하다. 아픈 이들을 향해 나쁜 생활습관 때문에 병이 왔다고 손쉽게 비난한다. 어쩌다 이렇게 된 것일까? TV에는 건강과 질병을 말하는 프로그램이 넘친다. 의사들은 하나같이 질병을 유발하는 나쁜 습관에 대해 설명하고, 현대인의 질병은 상당 부분 생활습관에서 오기 때문에 좋은 습관을 갖는 게 중요하다고 말한다. 이어서 건강에 가장 좋은 습관은 운동이라며 적절한 운동이 소개되고, 운동할 시간도 부족하고 귀찮은 이들이 채널을 돌리고 싶어질 때쯤 질병을 예방할 수 있는 음식이 등장한다. 음식의 효능에 대해 아나운서와 의사가 하는 말을 듣고 있으니, 그 음식만 먹으면 질병도 낫고 무병장수할 것 같다. 그래서 특정 질병이나 건강에 좋다는 음식들이 TV에 소개되고 나면,

84

해당 음식은 가격이 폭등하거나 품절되는 현상이 오래전부터 이어져왔다.

이런 프로그램은 언제 TV를 켜도 어떤 채널에서건 꼭 방송되고 있다. 반복적으로 이런 프로그램을 보다 보면, 건강은 오롯이 개인의 노력으로 성취될 수 있는 무엇처럼 생각된다. 질병에 걸린 건 그런 음식을 챙겨 먹지 않고, 나쁜 생활습관을 교정하지 못한 개인의 책임인 것 같다. 하지만 그런 사고방식은 심각한 문제가 있다. 앞에서 말한 것처럼 질병은 개별적인 노력만으로 예방할 수 있는 게 아니고, 질병을 개인 탓으로 돌리는 사고방식은 사회적으로 위험한 결과를 불러올 수 있기 때문이다.

'내 탓'이 된 이유

내가 처음으로 질병의 개인화가 위험하다고 생각했던 건, 늘어나는 병원 영수증과 통장 잔액을 보며 고민하던 순간이다. 특진비와 비급여 항목들은 통장 잔액을 더욱 빠르게 비워냈다. 당장 다음 달 생계비도 불안한 터라 병원비 압박이 무척 컸다. 언제까지 아플지 모르고, 어쩌면 평생 병원을 달고 살아야 할지도 모르는 상태에서 '의료 민영화' 이야기가 들릴 때마다 한숨이 나왔다. 이는 질병의 개인화 논리가 공공 의료 자원을 취약하게 만들고, 의료 민영화를 주장하는 사람들에게 이용될 수도 있겠다는 생각으로 이어졌다.

현재 의료 민영화는 '영리의료법인'이나 '원격의료' 같은 단어로 회자되면서, 더 합리적이고 효율적인 제도인 것처럼 주장되기도 한다. 그러나 본질은 단순해 보인다. 의료 민영화를 선도하는 대기업 자본은 의료 산업을 통해 돈을 벌겠다는 목적을 품고 있다. 여기서 '의료 공공성'은 의료라는 '시장'에서 돈을 버는 데 거대한 걸림돌로 작용한다.

이를테면 의료 공공성을 중시하는 이들은 국민의료보험 보장성을 지금보다 더 강화하고 사실상 무상의료에 가깝게 만들어서, 아픈 사람은 누구나 치료받을 권리를 보장받아야 한다고 말한다. 반면 의료 민영화를 주도하는 이들은 국민의료보험 보장성이 더 약화되거나 폐기되어 국민들이 실손보험을 비롯한 민간보험에 많이 가입해야 이익이다. 이들이 의료 공공성을 축소하거나 파괴시키려면 명분과 논리가 필요하다. 그들은 어떤 논리를 끌어올까?

의료 민영화를 주장하는 이들은 개인의 잘못으로 병에 걸렸으니 그 비용을 사회가 함께 책임지는 게 부당하다고 말할 수 있다. 질병 예방 차원에서도 바람직하지 않고, 재원의 낭비이며, 자본주의 원리에도 맞지 않는다고 항변할 수도 있다. 결국 필요한 이들이 필요한 만큼 소비하는 자본주의 시장에 의료를 내맡기는 게 합리적인 방법이라고 근엄하게 말할지도 모른다. 아프기 싫고 높은 의료비를 지출하기 싫으면, 좋은 생활습관을 가지고 건강관리를 잘하면 되는 것이며, 그게 곧 질병 예방에 순기능

아파도 미안하지 않습니다

으로 작용할 것이라고 태연하게 외칠지도 모른다.

그렇다면 정부의 입장에서는 질병의 개인화가 어떻게 다가올까? 관리되지 않은 위험물질로 시민 건강이 위협받는다거나, 중산층이 빈곤층으로 이동하게 되는 주요 원인이 병원비라는 뉴스가 나올 때, 사실 정부는 가시방석이다. 건강권은 기본권이니 의료 공공성을 강화하라는 주장을 마주칠 때마다 정부는 대기업이나 의료자본, 그리고 복지 예산의 관점을 오가며 눈치를 본다. 따라서 질병의 개인화는, 시민이 건강하게 살아갈 만한 환경과 권리를 보장해야 할 의무가 있는 정부에게도 반가운 주장일 것이다.

사실 시민들 상당수는 이로운 음식들을 알아서 부지런히 챙겨먹는다. 월급을 쪼개서 헬스장에 등록하거나 집에 운동기구도 들인다. 위험물질이 관리되지 않는 사회이니 단식이나 레몬 디톡스 등을 통해 한 번씩 특별 관리를 하는 이들도 적지 않다. 즉, 정부가 시민 건강을 위해 유해 요소를 규제하고 공중보건을 위해 특별한 노력을 기울이지 않아도, 개인들의 상당한 노력으로 일정 수준의 시민 건강이 유지된다.

특히 질병의 개인화 논리에 익숙해진 시민들은 질병을 자기관리의 실패로 여기게 된다. 이 경우 사회적으로 질병을 예방하라거나, 의료 공공성을 확대해 시민 건강을 증진하라는 요구에 관심을 갖기 어렵다. 그 시간에 더 좋은 음식과 더 효율적인 운동에 대한 정보를 찾고 실천하게 된다. 심지어 중증 질환으로 경제적 위험이 닥쳤을 때도 화살의 방향은 엉뚱한 곳을 향한다. 보장성이 적은 국민의료보험을 비판하기보다는 암보험이나 실손보험 같은 민간보험을 하나라도 더 들지 않은 것을 개탄하는 식이다.

다시 말해, 질병의 개인화는 생활습관에 관점을 집중시키고, 건강을 유지하기 위한 사회와 구조의 문제는 희미하게 보이도록 만드는 효과를 낳는다. 심지어 아픈 이들은 자기 관리에 실패해서 자신과 가까운 이들을 힘들게 만들었다는 자책감에 빠진다. 이는 질병의 사회적 책임을 직접적으로 요구할 수 있는 주체적 힘이 사라지게 된다는 의미이기도 하다. 개인의 습관은 발병 요소 중 일부에 불과하다. 그럼에도 절대적 요소인 것처럼 보이게 만들고 싶어 하는 사람들, 질병의 개인화 논리를 더욱 강화하고 싶어 하는 사람들은 누구이며, 그 효과는 무엇일까? 이러한 질문을 우리가 함께 던질 수 있을 때, 아픈 몸도 함께 살 수 있는 사회에 더 가까워질 수 있다.

2장

같은 질병, 다른 아픔

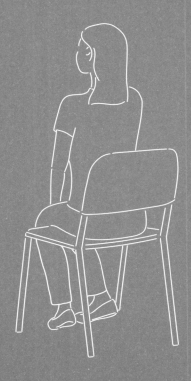

나약함이 여성적이라니

"아니, 괜찮아."

몸이 아프던 초기에 사람들이 종종 물었다. 많이 아픈지, 도움이 필요한지에 대해서. 그럴 때마다 나는 저렇게 답변했다. 물론 어떤 일을 할 수 있는지 물을 때도 대부분 "문제없다, 할 수 있다"고 답했다. 실제 문제가 없는지, 할 수 있는지 잘 모르는 경우도 있었다. 그렇지만 아파서 무언가를 할 수 없다고 말하고 싶지 않았다. 그게 왠지 싫었다.

나는 아프다고 말하는 걸 무척 조심스러워하고, 싫어하는 편이었다. 언제부터였는지는 잘 모르겠다. 어릴 적 사소한 배탈은 물론 독감으로 숨 쉬는 게 힘들어질 때까지 부모님께 아프다는 말을 하지 않으려고 참았던 기억이 난다. 늘 바쁜 부모님을 귀찮게 해드리는 것 같아서, 아프다는 말을 하지 않으려고 조심했던 기억이 있다.

또 다른 기억은 대학 때인데, 한 남자 선배가 "여자애들은 집회 나가기 싫으면 아프다는 핑계를 대더라"라고 말하는 걸 우연히 들었다. 그 순간, 불쾌감과 함께 복잡한 감정에 시달렸다. 아파서 무언가를 할 수 없다고 말하는 게 이토록 싫은 건, 사회적으로 규정된 '여성성'에 대한 자기 검열 때문일까?

발명된 여성성

"여성이기 때문에 아픈 경험이 더 힘든가요?"라는 질문을 받은 적이 있다. 그제야 내가 성별과 질병을 그다지 연결해본 적이 없었다는 걸 깨달았다. 질문에 답하려고 찬찬히 생각해보니, 오히려 여성이라서 다행이라면 다행이라는 생각이 들었다. '한창 일할 나이'에 돈도 벌지 못하고 집에 머무는 삶에 대해, 내가 여성으로 호명되는 사람이라 사회적 '루저'로 그나마 덜 취급당한 것은 아닐까?

몸이 아프다는 건 이른바 '여성성'과 더 가깝다. 남성성과 여성성을 설명하는 단어에는 강인함과 나약함, 문명과 자연, 정신과 육체, 공적 영역과 사적 영역 등이 있다. 이러한 대비 구도는 '질병을 겪는 과정'을 설명할 때도 그대로 적용된다. 질병을 경험한다는 것은 나약함을 경험하는 것이고, 질병인 자연은 의학이라는 문명으로 다스려져야 하며, 아픈 육체는 강인한 정신력으로 극복해야 한다. 또한 아프다는 것은 공적 영역에서 배제되고 사적 영역인 집에 머물게 된다는 의미이기도 하다.

텔레비전에서는 마르고 연약해 보이는 여자 배우를 '보호해

아파도 미안하지 않습니다

주고 싶은 천생 여자'라며 추켜세우고, 그 옆에 앉은 넉넉한 몸무게의 건장한 체격을 지닌 여성을 '여성인 줄 몰랐다'며 희화화한다. 건장한 체격의 여성은 스스로 "어머, 어지러워요" 하고 쓰러져보는 것이 로망이라 말하고, 주변에서는 (비)웃는다. 다부진 체격으로 건강해 보이는 모습보다는 무척 마른 몸에 아픈 듯한 모습이 좀 더 여성다운 몸으로 칭송된다.

그 유명한 황순원의 단편소설 <소나기>를 떠올려본다. 여성 주인공이 아니라 남성 주인공이 질병으로 죽어갔다면 어땠을까? 소년이 가녀리고 창백한 소녀를 업고 개울을 건너는 것이 아니라, 가녀리고 창백한 소년을 건장한 소녀가 업고 개울을 건너갔다면? 그래도 많은 독자에게 동일한 설렘, 아련함, 촉촉함을 줄 수 있었을까? <소나기>가 국민 소설이 될 수 있었을까? 아픈 것, 나약한 것은 어쩌다 여성다움과 가까워졌을까?

고대 그리스 철학자 플라톤Plato은 환생을 믿었다고 한다. 그에 따르면 유난히 용감한 수컷 사자는 인간 남성의 모습으로 환생할 수 있는 반면, 용감하지 못한 남성은 여성의 몸으로 환생할 수 있다. 즉, 여성으로 태어나는 것은 부족한 남성성에 대한 벌이라 여겼다. 심지어 아버지의 정액이 충분히 강하면 남자아이를 낳지만, 약하면 여자아이를 낳는다고 믿었다. 여성의 평등한 정치 참여 가능성을 이야기한 플라톤조차 여성을 남성의 결핍이자 잔여, 나약함의 상징으로 생각했다.

그보다 한참 후인 18~19세기 들어서도 의사들은 여성이 월경 때문에 허약한 존재이며, 교육받는 일처럼 심한 일을 감당할수 없다고 주장했다. 또 교육받은 여성에게 생기는 독립심이 출산 능력을 방해한다고 여기기도 했다. 사실 이런 식으로 사회(남성)의 필요에 따라 여성의 몸을 나약함(열등함)으로 설명하는 주장은 너무나 흔하다.

19세기 미국에서 의사들은 여성에게 "난소에 필요한 정력을 다른 데 쏟으면 안 된다"고 경고했다. 특히 상층계급 여성들에게는 몇 달씩, 심지어 몇 년씩 바깥활동 없이 침대에만 누워 살아가는 삶을 찬미하는 '병약 숭배'가 강요되기도 했다. 그러나 당시는 소녀부터 성인 여성까지 많은 여성들이 공장과 상점, 다른 사람들의 집에서 힘든 노동을 하며 삶을 이어가던 시기였다. 이에 당시 교육학자는 여성 직공이 여학생보다 병치레를 덜 하는 이유가 '뇌를 덜 쓰기 때문'이라고 주장하며 사회적 모순을 봉합하려고 했다.[5]

20세기 들어 1차 세계대전과 2차 세계대전 당시에는 남성들이 전쟁터로 나간 자리를 메우기 위해 여성 노동력이 필요했다. 그러자 월경이 임금노동이나 사회생활에 전혀 불리한 조건이 아님을 밝히는 연구 결과가 속속 발표되었다. 그러나 전쟁이 끝나고, 돌아온 남성들에게 일자리가 필요하자 여성들을 집으로 돌려보낼 필요가 생겼다. 결국 여성은 월경 때문에 몸이 허약할 수밖에 없고, 그런 나약함은 사회생활에 적합하지 않다는 연구 발표가 또다시 이어졌다.

아파도 미안하지 않습니다

제2차 세계대전 당시 여성 노동을 장려한 포스터

　이처럼 역사 속에서 오랫동안 여성의 몸은 나약함으로, 또는 나약하지 않음으로 규정되어 왔다. 이는 여성의 노동권이나 교육권을 통제하는 합당한 근거로 활용되었다. 현대사회에서는 여성의 몸 자체를 이유로 교육이나 노동에 제한을 두는 일이 줄었지만, 나약함은 여전히 여성의 매력 요소로 평가된다. 따라서 여성이 아프다는 것은 남성의 경우에 비하면 사회적으로 더 잘 수용된다.

나약할 수 없는 남성들

반면 남성들은 아프다는 것을 나약함의 표현이자 남성성의 훼손으로 여긴다. 남성이 여성보다 병원을 찾는 경우가 적고 치료에 소극적이라는 여러 보고가 있다.[6] 남성들은 몸에 이상 신호가 왔을 때 참고 참다가 병원에 가는 경우가 많다. 게다가 병원에 가서도 큰 증세만 설명할 뿐 구체적으로 자세하게 불편함을 호소하지 않을 때가 많다. 고혈압이나 당뇨처럼 일상적인 관리와 약물복용이 필요한 질환에서도 남성은 여성보다 치료에 더 소홀한 경향을 보이기도 한다.

또한 현대인에게 높은 유병률을 보이는 우울증은 자살로 이어질 수 있는 치명적인 질병이다. 그럼에도 '정신이 나약'해서 생긴 병으로 인식되고, '여성적 질환'으로 간주되는 경우가 흔하다. 따라서 남성의 경우 실제로 우울증이 발병해도 진단과 치료로 이어지는 경우가 여성보다 더 낮다는 자료도 있다.[7]

남성들은 아프다는 사실, 즉 나약함을 인정하기 어려워한다. 어디가 불편하다고 세세히 말하는 것이나 일상적으로 약을 챙겨 먹고 몸을 돌보는 것이 '남자답지 않다'고 여기는 경향이 있다. 한편으로는 스스로 통제할 수 없는 몸을 상당히 수치스러워한다.

어느 날, 지하철을 탔다가 농구공을 든 한 무리의 남자아이들이 왁자하게 지하철에 오르는 모습을 본 적이 있다. 서로 밀치

아파도 미안하지 않습니다

며 격하게 장난을 치던 중 한 남자아이가 "야, 아파"라고 말했다. 곧이어 다른 남자아이가 "계집애처럼 굴지 마, 이 XX야. 겨우 그 정도로!"라고 말했다. 말이 끝나기 무섭게 아프다고 말한 남자아이는 "아이, 씨"라고 짧게 뱉으며 가방을 바닥으로 격하게 내던지고, 상대 남자아이를 노려봤다. 순간의 침묵이 지나간 뒤, 계집애처럼 굴지 말라고 말한 남자아이는 상대 아이의 등을 가볍게 쳤다. 결국 그 둘을 포함한 남자아이들은 다 같이 웃었다.

내 눈에 그들의 행동은 이렇게 이해되었다. 계집애처럼 굴지 말라는 이야기를 들은 남자아이가 가방을 거칠게 던지고 강하게 노려보며 '계집애가 아님'을 증명한다. 상대는 '그럼 그렇지, 넌 남자야'라고 승인해준다. 남자라는 확인이 마침내 끝나자, '남자들끼리' 호기롭게 웃는다. 그들에게 나약함 혹은 아프다는 표현은 '계집애 같은 것'으로서 반드시 지양해야 할 덕목이다.

한편 반대쪽에는 젊은 커플이 있었다. 남성은 여성의 몸을 뒤에서 반쯤 안고 있었다. 여성이 "나는 피부가 너무 약해서 햇볕이 힘들어"라고 말하자, 남성이 여성의 몸을 움직여 햇볕 반대 방향으로 돌려세웠다. 여성은 힘없이 남성의 몸에 기대어 있었고, 남성은 마리오네트 인형을 조정하듯 여성을 통제하고 있었다. 이어서 여성이 "다음 주에 과 엠티 가도 돼?"라고 묻자 남성은 "안 돼"라고 답했다. 다른 몇 가지 대화도 주로 질문과 승인으로 이어졌는데, 둘 다 그런 '역할'에 흡족해하는 표정이었다.

아마도 커플의 장난스러운 놀이 같은 행위였겠지만, 여성은 나약함을 매력의 자원으로 여기고 남성은 통제하는 행위를 쾌감으로 생각하는 것 같아 씁쓸했다. 여성은 공주처럼 상대에게 보호받는다고 여길지 모르지만, 남성은 왕처럼 상대를 마음대로 통제한다는 느낌을 즐기지 않을까?

나는 여성으로 호명되는 존재라서 아프다는 사실이 사회적으로 더 잘 수용된다. 그 배경에는 여성의 몸이란 원래 나약하고 열등하다는 전제가 깔려 있다. 이 사회에서 나약함은 보호가 필요하며 통제가 가능하다고 본다. 평등이 불가능한 관계를 전제하는 것이다. 우리 삶 구석구석에 젠더가 공기와 물처럼 스며 있음을 새삼 깨닫게 된다.

누구나 나약해지고 아플 수 있다. 나약하고 아파도 괜찮다고 말해줄 수 있는 사회가 되어야 한다. 하지만 지금 사회에서는 약자에게 분노를 투사하고 차별하며, 심지어 약자가 살해당한다. 이런 사회에서 나약해도 괜찮다는 말은 심장이 빠져나간 듯 공허할 뿐이다.

나약함이나 아픈 것은 여성의 특질이 아니다. 모든 생명체의 특질이다. 자신의 나약함을 인정하는 것은 "모든 생명체는 죽는다"는 명제를 인정하는 것과 동일하다. 여성이라서 나약하고 아픈 게 더 잘 수용되고, 남성이라서 나약함이나 아픈 게 남성성의 훼손으로 인식되는 것은 동일한 맥락 위에 있다. 모두 성차별의 연장선일 뿐이다.

아파도 미안하지 않습니다

갇혀버린 통증

"매달 지옥에 다녀와요. 월경통이 사회적으로 인정되어야 해요, 질병으로요!"

그의 목소리가 약간 떨린다. 간절함이 느껴진다. 사실 월경은 여성 대부분의 몸에서 일어나는 자연현상이니 질병은 아니다. 하지만 그로 인한 통증은 질병일까 아닐까? 통증 자체가 질병으로 명명될 수 있을까?

그는 월경 기간 내내 배가 날카로운 송곳에 찔리는 것 같다고 한다. 허리나 골반 통증은 말할 것도 없고, 머리에는 딱따구리가 집을 짓는 느낌이다. 진통제를 안 먹으면 출근은 엄두도 못 낼 뿐 아니라 통증 때문에 방을 굴러다닌다. 초경 이후 월경통은 항상 찾아왔고, 여러 차례 산부인과에서 검사를 받았지만 모두 '정상'이라는 진단을 받았다. 병원에서는 해줄 수 있는 게 없다고 했다. 한의원에 가서 한약을 지어 먹어도 나아지지 않았다. 그가 유일하게 믿을 수 있는 건 진통제뿐이다.

그는 월경이 시작되기 전날부터 진통제를 예방 차원에서 먹기 시작해, 마지막 날까지 빠짐없이 복용한다. 약효가 지속되는 네 시간 단위로 먹고, 잠들기 전에는 알람을 맞춰둔다. 밤 10시에 약을 복용했는데 11시에 잠자리에 든다면, 새벽 2시와 6시에 알람을 맞춘다. 자다 일어나서 약을 먹고 다시 잔다. 진통제 없는 월경은 상상할 수 없다. 진통제를 한 달에 스무 알 넘게 먹는데, 내성이 생겨 언젠가는 이마저도 안 듣게 될까 봐 두렵다. 그가 내성만큼이나 두려워하는 건 고립감이다. 자신의 고통을 설명할 언어가 어디에도 없기 때문이다.

그의 월경통이 '다들 하는 월경' 때문이 아니라 자궁근종이나 자궁선근증 같은 질병 때문이라면 어땠을까? 아마 자신은 물론 다른 사람들도 그 끔찍한 통증을 납득할 수 있었을 것이다. 하지만 그의 월경통에는 원인이 없다. 산부인과 검사에서는 언제나 모든 것이 '정상'으로 나온다. 그는 정상이라는 말에 안심하는 것이 아니라 더욱 속이 상한다. 자신의 끔찍한 고통에는 분명 이유가 있을 듯한데, 원인을 찾지 못하는 것 같아 답답하다. 타인이 보기에는 원인이 없으니 통증을 의심받기도 한다.

이해받지 못하는 월경통

그는 의심이 담긴 시선이 제일 싫다. 중고생 시절, 월경통으로 도저히 앉아 있을 수 없어 양호실에 가겠다고 하면 교사들은 꾀병 아니냐는 눈길을 보냈다. 친하지 않은 친구들은 혼자 편히

아파도 미안하지 않습니다

쉰다고 수군거렸다. 직장인이 되어서도 크게 다르지 않았다. 남성 상사들은 여성 직원에게 연약함은 더 이상 미덕이 아니라며 참을성을 길러보라고 충고했다. 여성 동료 한 명은 때마다 특별 대우를 받으려 한다며 비난의 시선을 보냈다. 월경통은 생물학적 통증 외에도 매달 일상이 무너진다는 점에서 힘들다. 무엇보다 자신의 통증을 이해받지 못한다는 고립감이 큰 괴로움을 준다. 고통의 세계에 혼자 감금당한 기분이 들게 된다.

그는 특히 의사들의 태도를 설명할 때 분노를 비쳤다. 의사들은 검사 결과가 정상임을 확인할 때마다 '평소에 예민한 성격인지', '가족이나 친구관계는 원만한지' 물었다. "월경통은 누구나 겪는 것이니 마음 편히 가져야 한다"고도 말했다. 그는 이런 말을 들을 때마다 화가 치민다. 자신이 '누구나 겪는 월경통'을 과민하게 받아들이는 사람, 혹은 마음 편히 먹으면 그냥 지나갈 일에 유난 떠는 사람으로 취급받는 것 같아서다.

의사들은 그의 극심한 월경통에서 기질적 원인을 찾지 못했으니 심인성이라고 판단했을 것이다. 그래서 마음을 편히 가지라는 이야기밖에 할 수 없었을 것이다. 하지만 그의 귀에는 자신의 성격 때문에 아픈 거라고 들리니 화가 날 수밖에 없다.

나는 월경전증후군이나 월경통이 거의 없는 편이지만, 그의 심정을 이해하기가 어렵지는 않았다. 막냇동생이 극심한 월경통으로 고생하는 걸 오랫동안 지켜봤기 때문이다. 동생은 초경 이후부터 월경 때마다 구토를 하고 극심한 복통을 겪었다. 여러 병원에 가봤지만 이상이 없다는 이야기와 함께 심인성일 수도 있으니 마음을 편히 가지라는 말만 들었다. 그러다가 이십 대 중반에 어느 한의원에서 6개월 가까이 치료를 받았고, 이후 지금까지 10년 넘게 편안히 월경을 맞이하고 있다. 만약 산부인과 의사의 말대로 동생의 월경통이 심인성이었다면 한약이 마음을 치료한 것일까? 아니면 일종의 플라세보 효과placebo effect(심리적 영향으로 약효가 나타나는 것)였을까?

막냇동생이 월경통을 고친 이야기를 들려주자, 그는 사회적 시선 때문에 속상했던 게 그뿐이 아니었다며 열을 올린다. 그가 동생이 갔던 한의원이 어딘지 물을 줄 알았는데 아니었다. 신체적 통증만큼이나 사회적 시선에 의한 통증이 깊었음이 느껴졌다. 그는 자신의 월경통이 저주로 여겨진 적도 있었다며 십 대 시절에 다녔던 교회 이야기를 들려주었다. 지금은 웃으며 말할 수 있지만, 당시에는 꽤 심각하게 고민했다고 한다.

당시 목사님은 그를 비롯해 몇몇 여성 신도가 월경통으로 한 번씩 교회에 빠지는 것을 알게 되었다. 목사님은 여성의 월경통이 '원죄에 의한 것'이라는 설교를 했다. 여성이 임신하기 위해 고통을 겪는 것은 하나님의 뜻이므로, 진통제에 의존하거나 쉬지 말고 교회에 나와 기도로 이겨내야 한다고 했다. 유일한 진통제이자 치료제는 기도라고 했다.

그 목사님의 말을 전해 듣는 것만으로도 당혹스러웠다. 진짜로 하나님의 뜻인지, 그 목사님의 해석일 뿐인지는 알 수 없다.

아파도 미안하지 않습니다

다만 실제 의학사에 나오는 비슷한 일화가 생각났다. 19세기에 에테르 마취제가 개발되면서 드디어 무통분만이 가능한 시대가 열렸다. 하지만 일부 의사들이 반대했다. "수고하고 자식을 낳을 것"(창세기)이라는 성경 구절을 근거로 무통분만이 신의 뜻에 위배되는 행위라고 주장했다. 신이 여성에게 내린 원죄에 대한 처벌을 의학이 감면해주면 안 된다고 생각한 모양이다.[8]

무통분만에 반대한 19세기 의사들이 남성의 원죄에 대해서는 어떻게 생각했을지 궁금하다. 남성의 원죄에 대한 처벌이란 "죽는 날까지 수고해야만 땅에서 나는 것을 먹을 수 있을 것"(창세기)이다. 당시 의사들은 남성이 고된 노동으로 통증이나 질병을 얻었을 때도 의료적 치료가 금지되어야 한다고 주장했을까? 신이 남성에게 내린 원죄에 대한 처벌을 의학이 감면해주면 안 되니 말이다. '남성의 수고로움'을 덜어주는 경운기와 트랙터의 상용화에도 반대했을까? 이는 신의 뜻에 위배되는 것이니 말이다.

기울어진 운동장

어쨌거나 그가 극심한 월경통은 하나의 질병이며 사회적 인정이 필요하다고 주장하는 것은 당연해 보인다. 그의 월경통은 의료의 '공식 인정'이 있어야만 세상과 소통할 언어를 얻을 수 있다. 우리는 의료화된 사회에 살고 있기 때문에 의학적으로 설명되지 않는 통증은 존재하지 않는 것인 양 취급되기 쉽다.

그의 말대로 월경통을 질병으로 인정하려면 발생 원인을 설명할 필요가 있다. 그런데 별도의 원인이 없는 월경통은 월경 자체가 발생기전이 된다. 여성 몸의 자연스러운 현상인 월경이 병리화되는 것이다. 하지만 월경의 병리화는 위험하다. 여성의 몸을 '비정상'으로 규정하게 되고, 의료의 통제 영역으로 만들 수 있기 때문이다.

하지만 그가 느끼는 답답함에는 적극 공감한다. 그는 자신의 고통이 예민함 때문이 아니라, 인내심을 갖고 참으면 되는 것이 아니라 일상을 찢는 생생한 고통임을 인정받고 싶어 한다. 그리고 또 하나, 자신의 고통이 질병으로 인정되면 치료법이 개발될지도 모른다는 기대가 있다. 수많은 여성들이 겪는 원인불명의 월경통을 단지 심인성으로 분류할 경우, 개인이 '마음을 고쳐먹어야 한다'라는 주장으로 귀결될 뿐 의료적 대안이 나올 수 없다.

나는 여성의 몸에 한정된 증세나 질병을 둘러싼 의료적 태도에 항상 의심의 눈초리를 보낸다. 여성의 월경통에 대해서도 그렇다. 의료계에는 여성 환자가 남성 환자보다 더 많이 통증을 호소하고 건강에 대해 더 많이 염려한다는 인식이 퍼져 있다고 한다. 실제로 여성 환자가 통증에 더욱 민감하게 반응한다거나 더 많은 통증 질환을 호소한다는 자료들이 있으니 그런 인식이 터무니없는 것은 아니다.[9]

하지만 진료실에서 여성 환자에 대해 '으레 그런 식'이라는 시선으로 진찰이 이루어진다면 그 결과는 어떨까? 미국의 한 연

아파도 미안하지 않습니다

구에 의하면 환자가 통증을 호소할 때 성별에 따라 치료가 달라진다. 멜러니 선스트럼은 《통증연대기》에서 "남성이 통증을 호소하면 진통제, 수술, 완벽한 검사의 혜택 등을 누릴 가능성이 크지만, 여성이 통증을 호소하면 우울증과 불안을 치료하는 향정신성 의약품을 처방받는다. 같은 진단 결과가 나온 환자에 대해 여성은 항우울제를 처방받을 확률이 남성보다 82퍼센트 높았으며, 항불안제를 처방받을 확률은 37퍼센트 높았다"라고 지적한다. 여성의 통증 호소는 심인성으로 치부되기 쉽고, 적절한 치료를 받지 못할 때도 있다는 의미다.

월경통은 여성만 겪는 통증이므로 심인성으로 취급받을 가능성이 매우 높다. 물론 검사에서 이상 증세가 발견되지 않았기 때문에 산부인과 의사들도 월경통을 심인성이라고 진단했을 것이다. 이 점에 대해서는 믿어 의심치 않는다. 내가 의구심을 갖는 것은, 여성은 원래 통증에 민감하다거나 여성의 통증 호소는 대체로 심인성이라는 인식이 월경통 연구에 미치는 영향이다 (나는 과학이 절대적 객관성을 담보하길 바라지만, 이미 토머스 쿤Thomas Kuhn이 《과학혁명의 구조The Structure of Scientific Revolutions》에서 열심히 설명했듯이 과학은 가치중립적 영역이 아니다).

즉, 여성 환자에 대한 '그런 인식'이 전제되어 있기 때문에 의료가 월경통이라는 증세를 상대적으로 가볍게 수용해버린 것은 아닐까? 다시 말해, 의학은 환자들의 경험을 반영한 여러 가설 속에서 발전하기 마련일 텐데, 여성의 월경통 경험이 진지하게 경청되고 적극적으로 반영되지 않았을 수 있다는 뜻이다. 그 결과, 월경통이 좀 더 깊이 있게 연구되고 치료제가 개발될 기회가 적었던 것은 아닐까 하는 의구심이 든다.

의료에서 여성의 통증 호소가 좀 더 쉽게 심인성으로 취급되는 것은, 여성을 대하는 사회적 태도의 반영이다. 여성의 경험과 말은 사소하고 이성적이지 않다고 여기는 문화가 아직도 팽배해 있다는 뜻이다. 여성은 불완전하고 불안정한 존재라는 규정도 여전히 견고하다. 여성이 불편함을 이야기하는 것에 대해, 그야말로 '히스테리'(이 단어는 자궁을 뜻하는 그리스어 '히스테리아 hystera'에서 유래했다)라고 비하해온 그 뿌리 깊은 규정이 여전히 강력하게 작동하고 있다.

여성에 대한 그런 '규정'에서 비롯된 의료적 현실을 어떻게 뚫고 나갈 수 있을까? 월경 기간에 극심한 통증을 호소하는 이가 있다면, 그 통증은 당사자가 호소하는 만큼의 강도와 크기로 '실재'하는 것이다. 그게 심인성이든 뭐든 간에 그 통증은 사회적으로 존중받아야 한다. '대부분의 여성이 하는 월경'이라고 해서 누군가의 극심한 월경통이 통증으로 덜 존중받을 이유는 어디에도 없다. 수많은 여성들이 월경을 하지만 그 경험은 모두 다르다. 개인마다 통증의 양상과 정도가 다르고, 동일한 통증도 다르게 느낄 수 있다. 통증을 인지하고 조절하는 신체 조건이 저마다 다르기 때문이다.

월경통을 포함한 여성의 경험은 여전히, 더 많은 말하기가

아파도 미안하지 않습니다

필요하다. 경험과 언어를 모으고 연대함으로써 여성의 경험을 일방적으로 재단한 그 권력을 여성의 관점에서 재규정할 수 있다. 사회 전반의 기울어진 운동장이 평평해져야 비로소 의료계에서 여성의 몸도 평등해질 수 있다.

폐암은 여성스럽지 않잖아요

"저런 사진들 볼 때마다 끔찍해요. 저런 지저분한 게 내 몸 속에 있었다고 생각하면 기분이 나빠져. 내 몸에 저런 흉측한 게 있었다는 걸 사람들이 아는 게 너무 싫어, 나는 여잔데."

식당 텔레비전에는 담뱃갑 포장지에 폐암 등 질병 사진을 게재하는 것에 관한 뉴스가 나오고 있었다. 폐암 환자였던 그는 폐암 사진이 나오자 몸서리를 치며, 저런 흉측한 사진을 자꾸 보여주면 어떤 여자가 폐암 환자라는 걸 말할 수 있겠냐고 했다.

그를 처음 알게 된 것은, 몇 년 전 한 종합병원에서 실시한 중증 환자를 위한 무료 치유 프로그램에서였다. 나처럼 병원에 정기 검진을 왔다가 참여한 사람도 있었고, 방사선 치료를 받으러 왔다가 진료를 마치고 들른 사람도 있었다. 프로그램에 참여할 때는 이름도 병명도 묻지 않았고, 서류를 작성할 필요도 없었다. 큰 병원이라 집이 서울이 아닌 환자들도 꽤 있었다. 환자라는 공감대 때문인지, 일상에서 마주칠 일이 없기 때문인지, 아니면 크레파스로 그림을 그리는 작업이 우리를 순하게 만든 건지, 다들

아파도 미안하지 않습니다

폐암에 걸릴 확률 26배 상승.
그래도 피우시겠습니까?

FILTER CIGARETTES
TOBACCO

발기부전의 원인흡연!
그래도 피우시겠습니까?

FILTER CIGARETTES
TOBACCO

2016년 12월부터 담뱃갑 포장지 상단에 흡연 경고 이미지 부착이 의무화되었다.

사적인 이야기를 훌쩍 꺼냈다.

강사가 하루 중 가장 좋아하는 시간에 대해 질문하자, 그는 샤워 후 향기 좋은 바디로션을 온몸 가득 바르는 시간이 제일 행복하다고 했다. 여자니까 몸에서 좋은 냄새가 나야 한다는 말도 덧붙인 것 같다. 질병에 대한 느낌을 물었을 때는 자신의 병이 너무 더럽게 느껴진다며 얼굴이 잔뜩 일그러졌다. 아이가 고등학생인데 다른 엄마들에게는 아프다는 말을 하지 않았다며, 자신이 폐암인 것을 알면 분명 수군덕거릴 거라며 화난 목소리로 약간 핏대를 세웠다. 영혼에 깊은 상처를 입은 자가 갖는 남루한 슬픔, 방향을 찾지 못하고 헤매는 분노 같은 게 느껴졌다.

몇 년 만에 우연히 다시 만난 그는 예전보다 한결 편안해 보였다. 우리는 아픈 사람들이 만나면 으레 그러듯이 서로의 건강 상태를 물었다. 그는 내년 봄이면 수술한 지 5년이 된다며, 드디어 완치 판정을 받을 수 있을 것 같다고 웃었다. 나는 요즘 현기증이 다시 심해져 좀 울적하다고 이야기했다. 그런데 그는 다소 진지한 표정으로 내가 부럽다고 했다. 몇 해 전 치유 프로그램에서 만났을 때 나에게 약간의 질투심 같은 걸 느꼈다고 했다.

"폐암은 여성스럽지 않잖아요. 그런데 자기한테 나타난 출혈이나 갑상선암 같은 병들은 다 여성스러워. 현기증이나 빈혈도 영화 속 여자 주인공 병이잖아. 나는 병에 걸려도 꼭 폐암 같은 남자 병에 걸려. 안 그래도 덩치가 커서 여성스럽기 힘든데 말이야."

질병에도 여성스럽다는 말이 붙을 수 있다는 게 놀라웠다. 자궁이나 전립선 질환이 아니라 폐암, 간암, 위암 같은 질환을 여성스러운 질병과 남성스러운 질병으로 구분하는 상상력이 당혹스러웠다.

"나는 그때 자기 봤을 때, 자그마한 몸에 창백한 얼굴을 하고 있으니 하늘하늘한 원피스만 입으면 딱 영화 속 주인공이겠구나 싶었어. 근데 왜 저렇게 화장도 안하고, 칙칙한 색깔의 옷을 입고 있는지 이해가 안 되더라고. 웃자고 하는 소리지만, 아프기 때문에 더 여성스럽고 예뻐 보일 수도 있는 거잖아. 나는 노력해도 안 되는데, 자기는 타고난 신체 조건도 그렇고 질병도 그렇고

아파도 미안하지 않습니다

다 여성스러워서 좀 질투심 같은 게 생기더라고."

　기가 막혔다. 이 지긋지긋한 질병이 부러움의 대상이 되었다는 게 어이없기도 하고, 여성스럽다는 것에 대한 그의 집착이 애처로울 지경이었다. 나는 예전에 버스 의자에서 일어나다가 현기증 때문에 휘청해서 바닥에 구를 뻔한 적이 있다고 말했다. 지하철에서는 머리를 옆으로 넘기려고 고개를 살짝 흔들다가 현기증이 일어서 허둥지둥 손잡이를 잡아야 했던 적도 있다고 말해주었다. 개그 프로그램의 한 장면처럼 우스꽝스럽고 모양 빠져 보이는 게 현기증이고, '낭만적 현기증'은 어지러워 휘청거릴 때 옆에서 보호해주려는 사람이 있어야만 완성되는 장면이라고 말했다. 그런 보호를 원하지 않을 때 현기증은 그저 불편하고 위험한 증세일 뿐이라고 설명했다.

　하지만 그에게 내 말은 잘 수용되지 않는 것 같았다. 보호를 원하든 원하지 않든 창백한 얼굴과 현기증은 그 자체로 낭만적이고 여성스럽다는 게 그의 주장이었다. 나는 여성스럽다는 것은 실체가 없다고, 그런 건 존재하지 않는다고 말해주고 싶었다. 하지만 이미 그에게 '여성스러움'은 명백한 실체였으며, 반드시가 닿고 싶지만 닿을 수 없는 무엇이었다. 그가 자신의 시원한 키와 다부진 몸매를 여성스럽지 않다고 미워하는 게 안타까웠다. 식당 의자에 앉아 있는 내내 그는 바지 입은 다리를 최대한 모아 붙이고 어깨를 움츠려서 앞으로 숙이고 있었는데, 그 모습이 몸의 면적을 최소화하려는 노력인 것 같아 애처로웠다.

그렇게 여성스러움에 집착하는 그의 모습이 숨 막히게 답답해 보였지만, 조금은 이해되기도 했다. 몇 년 전 치유 프로그램에서 그는 다소 뜬금없이 매우 빠른 목소리로 이런 이야기를 들려준 적이 있다. 남편에게 여자 친구가 생겼었고, 그것 때문에 몇 년간 몹시 마음고생을 한 뒤 폐암 진단을 받았다는 것이다. 당시 남편은 여행 가방을 들고 태연한 표정으로 "집에서 여자 냄새가 나지 않는다"며 현관을 나섰다고 한다. 그는 너무 창피하고 자존심이 상해서 아무에게도, 심지어 친정 엄마에게조차 이야기를 꺼내지 못했다고 한다. 아마 그날은 일상에서 만날 일 없는 낯모르는 사람들 틈에서 눈을 질끈 감고 용기를 낼 수 있었던 것이리라. 그는 아무에게도 말할 수 없었던 상처를 토하는 심경으로 털어놓았을 것이다.

나는 그날 그에게 못한 말을 해주고 싶었다. 여성이 고결한 성녀이면서 섹시한 요부, 일 잘하는 노예이면서 꽃 같은 공주의 모습이 되길 원하는 게 오히려 이상하지 않느냐고. 누구도 그런 '여성'이 될 필요가 없고, 될 수도 없다고 말이다. 키가 크든 작든 여성스러운 것과 아무 상관이 없다고. 만약 '여성스러움'이 실제로 있다면, 자신이 정말 원하는 것을 하는 거라고. 그런데 그와 헤어질 때까지 한마디도 꺼내지 못했다. 그에게 이런 말은 교과서 속 비현실적인 당위로밖에 들리지 않을 것 같았다. 무엇보다 그는 이미 나름의 방식으로 자신의 고통과 상처를 정리해내는 중인데, 거기에 다시 혼란을 주고 싶지 않았다. 문제를 억지로

아파도 미안하지 않습니다

봉합하고 있더라도, 일단 살고 볼 일이니까.

질병보다 위험한 질병 이미지

사실 나도 그가 무엇을 말하는지 전혀 모르는 것은 아니다. 수전 손택Susan Sontag의 책《은유로서의 질병Illness as Metaphor》에 따르면 19세기에는 결핵이 '천재들의 병', '예술가들이 걸리는 병'으로 낭만화되었다. 손택은 한 프랑스 시인이 45킬로그램이 넘는 사람에 대해 서정시인이라는 사실을 인정하지 않았던 것을 지적하며, 결핵으로 인한 창백함, 쇠약함, 무기력, 저체중 등이 숭상되었던 문화를 보여준다. 심지어 오늘날까지도 창백한 혈색과 가냘픈 몸을 여성의 이상적 용모로 인식하는 이들이 많은 것은 19세기 결핵 문화의 영향이라고 설명한다.[10]

생각해보니, 질병 중에 좀 더 여성스러운 질병이 있다는 그의 주장이 꼭 과도한 것은 아니다. 이를테면 낭만적 사랑을 그리는 영화에서 주인공이 병으로 죽어간다고 했을 때, 감독은 촬영에 들어가기 전 주인공의 병명을 고민할 것이다. 질병에 따라 사람들이 떠올리는 이미지가 다르기 때문이다. 또한 우리는 젠더화된 사회에 살고 있으니 감독은 죽는 인물이 여성인지 남성인지도 고려해 질병을 선택할 것이다. 어떤 질병으로 죽음을 맞이해야 더 여성스럽거나 로맨틱하게 보일지 고심하는 것이다.

문득 궁금해졌다. 만약 암 환자들에게 자신의 암을 고르게 한다면 어떤 결과가 나올까? 암에 걸리는 것은 필연이며 암에 따르는 모든 위험과 치료 과정, 비용이 동일하다고 가정할 때 어떤 암을 선택할까? 성별과 그 밖의 사회적 지위에 따라 선호하거나 기피하는 암 종류가 다르게 나올 가능성이 높다.

질병은 생물학적 실체인 동시에 세상의 온갖 편견, 환상, 감정, 이야기가 돌아다니는 장이기도 하다. 만약 더 여성스럽고 더 로맨틱한 질병이 있다고 한다면, 그렇지 않은 질병도 있다는 의미다. 우리 사회는 여성의 몸을 스펙과 자본으로 여기며, 인구 대비 성형수술 건수 세계 1위를 차지한 기록에서 알 수 있듯, 몸을 평가하고 통제하며 서열화하는 데 익숙하다. 따라서 여성들은 몸에 대한 수치심을 더 쉽게 내면화한다. 질병은 성별과 상관없이 몸이 겪는 사건이다. 그러나 여기에 들러붙는 몸 이미지는 여성 환자에게 더 많이 영향을 끼칠 가능성이 높다.

이미 질병에 대한 낙인과 차별이 넘치는 세상이다. 그런데 심지어 병명에 따라 여성스러움을 구분하고 집착하는 현실이라니, 어디서부터 변화를 말해야 할지 아득하다. 알다시피 여성성, 남성성이라는 것은 없다. 여성과 나약함이 '자연스럽게' 연결되어야 하는 논리적·필연적 개연성은 없다는 뜻이다. 여성성이라는 것이 우리 삶에 얼마나 깊숙이, 그리고 잔인하게 머물고 있는지 다시금 생각하게 한다. 질병 앞에서조차 여성스러움을 고민하게 되는 현실이 먹먹하다. 여성성에 의해 포획된 혹은 조각난 우리 몸들은 어디서부터 복원을 시작할 수 있을까.

아파도 미안하지 않습니다

'다른 삶'을 탓하기

"비혼이라서 아픈 것일지도 몰라요. 원래 사람은 음양의 조화를 이루며 살아야 하거든요."

"면생리대 쓰는 게 꼭 좋은 건 아닐 수도 있어요. 적당히 나쁜 것에 노출되어야 오히려 면역력이 생겨요."

"채식주의자라서 아픈 것일 수도 있어요. 고기도 먹고 둥글게 살아야 건강에 좋아요."

"사회운동을 해서 아픈 게 아닐까요. 그런 사람들은 매사 부정적이잖아요."

생각해보면 저런 말들이 시작이었다. 질병을 치료하는 데 힘을 쏟기에도 부족했던 시기, 굳이 질병을 둘러싼 문화에 관심을 갖게 된 이유 말이다. 10년 전에 출혈, 갑상선암, 현기증을 비롯한 몇 가지 질병이 종합선물세트처럼 도착했다. 갑상선암처럼 비교적 흔한 질병은 수술로 해결되었지만, 그 외의 것들은 병원에서 원인을 찾지 못하고 제대로 치료도 되지 않아 혼돈 속에 놓여 있던 시절이었다.

대형 병원을 떠돌다가 결국 유명하다는 의사, 용하다는 한의사, 다양한 대체요법사를 찾아다녔다. 그 과정에서 각양각색의 사람들을 만났고, 진료실에서 긴 상담을 받다가 반쯤은 농담처럼 던지는 '저런 말들'에 놀라곤 했다. 그건 술과 담배를 좋아했던 나의 생활습관이 문제라는 말과는 다른 것이었다. 내가 선택한 삶의 가치나 정치적 실천들이 질병의 원인으로 지목되고 있었다. 그런 반복되는 경험 속에서 깨달았다. 질병이 얼마나 많은 편견과 차별이 작동하는 정치적 영역인지.

물론 저런 말들을 반박하기는 어렵지 않았다. 평등할수록 건강하다는데, 먼저 현재의 불평등한 가족 문화는 개인 건강에 부정적 영향을 미치기 쉽다. 맞벌이 부부인데도 결혼한 여성들이 독박 가사노동과 독박 육아로 과로사 직전까지 몰리는 현실이 건강에 좋을 리 없다. 무엇보다 시집과 친정 등 복잡한 가족 관계 안에서 겪는 일상적 차별과 과도하게 강요되는 역할 등은 정서적 건강을 심각하게 해친다.

또 일회용 생리대의 안전성 문제는, 지난 20여 년간 여성 건강권 운동에서 지속적으로 제기되어온 주제다. 우리는 일회용 생리대 말고도 가습기 살균제 사건을 포함한 미세먼지와 환경호르몬 등에 이미 과도하게 노출되어 있으며, 일상의 유해 물질로 질병과 사망에 이르는 경우가 빈번해지고 있다.

채식에 대해서도 마찬가지다. 나는 16년 전부터 페스코 베지테리언으로 살고 있는데, 채식이 총체적인 건강에 무조건 해롭

아파도 미안하지 않습니다

다는 보고는 드문 것으로 알고 있다. 오히려 많은 의사들이 점점 육식 섭취를 줄이도록 권한다. 심지어 이제는 신념보다는 건강 때문에 채식을 선택하는 사람들이 늘고 있다.

그리고 사회운동을 하는 사람들이 더 부정적인지는 잘 모르겠지만, 이들이 진취적이고 자율적인 경향이 높다는 것은 알고 있다. 사회운동을 하는 이들의 건강이 더 나쁘다면 그건 과도한 노동, 그리고 대부분 최저생계비 수준에도 못 미치는 활동비(임금)의 영향이 클 것이다.

'저런 말들'을 한 이들은 아마 다음과 같이 생각했을 것이다. 비혼주의자들은 자연스러운 사회질서를 거스르고, 면생리대를 사용하는 이는 유난을 떠는 사람이며, 채식의 실천은 좀 과도하다. 그리고 이른바 운동권에 대한 거부감 같은 것들도 있으리라.

사실 저런 태도는 너무나 익숙해서 조금도 새로울 게 없었다. 다만 내가 놀란 점은 이것이 사석이 아니라 진료실에서 의료인이 한 말이라는 점이다. 그들은 음주나 흡연처럼 건강에 해롭다고 의학적으로 입증된 생활습관을 지적한 게 아니었다. 자신의 편견과 차별에 근거한 의견을 질병의 원인으로 지목하며 환자에게 거침없이 말했다. 이러한 상황이 가능한 이 사회의 강고한 편견이 당혹스러웠다. 의료인이 이 정도니 일반인들은 말할 것도 없다. 차별이나 평등이라는 단어에 비교적 민감하게 반응하며 변화를 꾀하는 이들도 때때로 마찬가지였다.

나는 왜 채식주의 페미니스트가 되었나

건강이 나빠졌으니 이제 채식주의를 그만두고 고기를 먹어야 한다는 종용을 지인들에게 여러 차례 들었다. 심지어 그중에는 내가 왜 채식주의자로 지내는지 잘 아는 이들도 있었다. 처음 채식주의에 대한 고민을 시작한 것은 대학생이던 1990년대에 여성운동을 하면서부터다. 아마 채식주의 페미니스트들은 비슷한 경험을 했을 텐데, 성性 불평등이 종種 불평등과 연결되어 있음을 알았을 때 느낀 혼란과 자책감이 그 출발이었다.

'여성이 몸'으로 환원되는 현실과 '동물이 고기'로 환원되는 현실의 연결고리를 발견했을 때 마주한 감정, 더 많은 새끼를 생산하기 위해 평생에 걸쳐 임신하고 그 임신한 새끼를 평생 빼앗기는 암소, 암돼지, 암탉의 현실에 내가 연루되어 있다는 사실은 충격이었다. 여성을 '소유'하는 행위에 대해 '먹었다'라고 표현하는 것의 직접성과, 성폭력과 가정폭력의 피해자들이 "고기가 된 기분이었다"라고 말할 때의 의미를 다시금 확인하게 되었다.

"포르노그래피가 여성을 암컷 고기 덩어리로 묘사한다"고 지적한 미국의 페미니스트 안드레아 드워킨Andrea Dworkin의 말도 머리를 맴돌았다. 그 말이 잊힐 때쯤에는 캐럴 애덤스Carol Adams가 《육식의 성정치The Sexual Politics of Meat》에서 "고기는 포르노와 유사하다. 그것이 누군가에게 즐거움이 되기 이전에 그것은 누군가의 삶이었다"는 말이 다시 떠올랐다(애덤스는 이 책에서 남성 지배와 육식 문화의 상관성을 밝혔다). 밤거리 바닥에 널려 있는 룸살롱 전단지에서 속옷 차림으로 웃고 있는 여성을 보면, 햄 포장지에서 웃고 있는 소의 얼굴이 나도 모르게 떠올랐다. 공장식 축산의 문제, 소의 사료로 쓰이는 식량은 87억 명이 먹을 수 있는 식량과 맞먹는다는 통계, 그리고 고기 가격이 점점 저렴해지고 있지만 그 '비용'이 지구와 제3세계에 전가된다는 현실도 빼놓을 수 없었다.

그건 마치 내가 추구한 변혁에 '여성'이 없었음을 깨달았던 순간처럼 허망했고, 페미니즘을 통해 새로운 눈을 갖게 된 때처럼 눈부신 일이었다. 성 불평등과 종 불평등의 연결성을 알게 된 것은 세상이 다시 한번 재구성되는 경험이었다. 그렇게 언젠가는 채식을 시작하겠다고 결심했다. 그러고도 몇 년을 서성이다가 2000년대 초반부터 미뤄둔 숙제를 시작하는 기분으로 페스코 베지테리언으로 지내기 시작했다.

나와 같은 이들에게 채식이라는 선택은 흡연이나 음주처럼 기호의 문제가 아니다. 그런데 나의 건강과 채식 간에 입증된 사실도 없는 상황에서 어떻게 그토록 쉽게 고기를 먹어야 한다고 말할 수 있을까? 단순히 육식 중심 문화와 채식에 대한 몰이해에서 오는 것일까? 고백하건데 나는 이제 열렬한 실천보다는 거의 관성적으로 채식을 하는 편이다. 그런데도 그런 말들은 나에게 너무 '자극적'이었다.

그 자극적인 말을 천천히 곱씹어보던 중, 10여 년 전 채식을 시작한 초기에 지인과 나눈 대화가 떠올랐다. 나는 채식을 편식으로 이해하거나 채식한다고 세상이 얼마나 달라지겠느냐며 비아냥대는 태도에 대한 불쾌함을 토로했다. 지인은 자신도 어떤 마음인지 알 것 같다며 다음과 같은 이야기를 들려주었다.

그 지인은 양심에 따른 병역거부자였는데, 병역거부를 병역기피라고 비난하거나 군대를 가지 않는 것은 매국이라고 쏘아대는 이들 때문에 속상하다고 했다. 특히 그는 가까운 이들 때문에 힘들어했다. 그들에게는 자신의 삶을 진심으로 염려해주는 마음도 있었지만 다른 태도도 공존하는 것 같다고 했다. 병역을 마친 사람으로서의 억울함, 너만 '양심적'이냐고 비아냥대는 마음, 병역을 거부하지 않은 이를 정치적으로 올바르지 않은 사람으로 평가할까 봐 불안해하는 태도가 느껴진다고 했다. 그래서 군대에 다녀와야 사람대접을 받을 수 있는 사회라고 매우 완곡하게 설득하는 것 같다는 설명이었다.

나는 그의 말에서 연결고리를 발견했다. 이를테면 채식주의자와 함께 밥을 먹을 때마다 자기 접시에 담긴 '고기'가 '동물의 시체'로 보일 거라는 불안감, 그리고 사람들 앞에서는 채식만이 올바른 실천은 아니라고 말하면서도 속으로는 채식이 정치적으로 더 올바른 행위라고 위계를 설정해놓음으로써 겪게 되는 자기 분열 같은 것들 말이다. 채식주의자가 질병을 겪는 '계기'가 생기면 그런 내재된 태도들이 이제 고기를 먹어야 한다고 거침없이 말하게 만드는 것은 아닐까.

아파도 미안하지 않습니다

그러니까 이는 채식만의 문제가 아니다. 아픈 사람에 대한 여러 평가나 종용도 마찬가지다. 우리는 엄청나게 발전한 의학, 나날이 길어지는 평균수명 속에서 살아가는 동시에 질병에 대한 불안이 어느 때보다 강력한 사회에 살고 있다. 생명체로서 질병에 대해 느끼는 생래적 불안 외에도, 질병에 걸린 것은 자기 관리에 실패했기 때문이라는 무의식적 낙인이 흔하다. 특히 자기 관리를 최고의 덕목으로 일반화한 신자유주의 체제는 아픈 사람을 '루저'로 평가받게 하는 최적의 조건이다.

　　즉, 아픈 사람이 지닌 삶의 방식·신념·태도를 의학적 근거도 없이 질병의 원인과 직접적으로 연관 짓고 변화를 종용하는 더 구체적인 배경의 한 자락에는 이런 것들이 존재한다는 뜻이다. 아픈 사람과 건강한 사람 사이에 이분법적 선을 긋고, 위계를 형성하며, 낙인을 찍고, 이를 통해 자신의 불안을 회피하려는 태도 말이다.

　　우리는 모두 다양한 가치와 신념을 추구하며 산다. 다양성을 존중한다는 것의 여러 의미 중 하나는 낯선 것에서 오는 어색함이나 불편한 느낌을 섣불리 상대의 탓으로 돌리지 않는 것이다. 낯설고 불편하게 반응하는 이유를 스스로에게 물으며 그 실체를 조물락거려보는 일이다.

아파도 돌보는 여성들

"학원 끝나면, 밥 꼭 챙겨 먹고 숙제 미루지 마."

"여보, 넥타이랑 와이셔츠는 순서대로 걸어놨어. 아침에 녹즙 먹는 거 잊지 마."

입원실 침대 위에서 그는 내내 휴대폰을 붙들고 있었다. 아이에 이어서 남편, 그리고 아이의 학원 선생에게로 계속 이어지는 통화들. 휴대폰은 쉴 틈이 없었고, 그도 쉴 틈이 없었다.

그는 유방암 초기 환자였고, 다음 날 수술을 앞두고 있었다. 옆 침대에 있는 나에게 통화가 시끄러워 미안했다며, 여자들은 아프면 더 바빠진다고 했다. 그리고 초기 유방암 수술은 가벼워서 수술 직후 거동도 불편하지 않다며, 옆에서 돌봐줄 보호자가 따로 필요하지 않다고 했다. 하지만 내일은 친언니가 월차를 내고 와주기로 했다며, 묻지도 않은 말을 열심히 전했다.

신도시 아파트에 산다는 그는 바쁜 남편이 퇴근해 서울 도심의 병원까지 오려면 시간이 많이 걸리고, 다음 날 출근하기도 피곤할 거라고 설명했다. 간병인을 쓸까도 생각했지만 수술 후 크

아파도 미안하지 않습니다

게 손이 필요한 것도 아닌데 간병인을 쓰기에는 부담된다고 했다. 아무리 돈이 있어도 여자들은 결혼하면 자기를 위해 돈 쓰기 어렵다고, 자신은 사치스러운 여자가 아니라는 말도 했다.

그가 쏟아내는 말들에서 수술을 앞둔 이의 불안한 마음을 짐작할 수 있었다. 묵묵히 들었다. 듣는 데 약간의 피로감을 느꼈지만 침대 사이를 분리하는 커튼을 칠 수 없었다. 나까지 그러면 안 될 것 같은 마음이 들었다. 그리고 궁금해졌다. 만약 그가 아니라 그의 남편이 암 수술을 앞두고 있었다면 어땠을까?

직장에서 퇴근하고 병원까지 오는 길이 멀다는 이유로 암 수술을 앞둔 남편을 혼자 두었을까? 남편의 수술 당일에도 직장일이 바쁘다며 퇴근 후에나 겨우 얼굴을 내밀었을까? 남편의 간병을 시집 식구 누군가에게 맡겼을까? 환자인 남편을 위해 간병인을 쓰는 돈이 아깝다고 여겼을까? 만약 그가 회사일이 바쁘다는 이유로 암 수술을 받는 남편을 간병하지 않는다면 그에 대한 사회적 시선은 어땠을까? 시집 식구를 포함해 친정, 친구, 이웃, 회사 동료는 그에게 뭐라고 말했을까?

답답한 기분을 전환하기 위해 산책이라도 하려고 슬그머니 병실을 나섰다. 복도를 지나며 병실마다 보호자 침대에 앉아 있는 이들을 보았다. 여성 병실은 물론이고, 남성 병실에도 대체로 여성들이 앉아 있다. 엄마, 아내, 언니, 딸, 며느리, 혹은 여성 간병인이다. 병원 건물을 빠져나와 정원에서 스트레칭을 하는데, 환자복을 입은 중년의 여성들이 나누는 대화가 들린다.

돌봄노동을 하던 여성이 아프면, 그 여성은 누구의 돌봄을 받을 수 있을까?

"암 진단을 받은 날 정신이 혼미했는데, 남편이 위로는커녕 혼자 나가서 담배만 피우더라", "항암 기간에도 제사를 빠짐없이 준비했어. 그놈의 제사 때문에 암이 재발한 것 같아", "몸은 아픈데, 남편은 혼자 할 줄 아는 게 없고, 집안 꼴은 엉망이라 제대로 쉴 수가 있어야지", "남편이 간병을 하겠다고 이것저것 해주는데, 도대체 제대로 할 줄 아는 게 없어 그 손이 더 불편하더라", "남편이 오래 누워 있으면 아내가 골병들고, 아내가 오래 누워 있으면 남편이 바람난다", "남편은 큰 아들이고 남자들은 평생 철들기 어렵다" 등으로 이어지는 신세한탄 속에 촌철살인의 말들이 이어졌다.

아파도 미안하지 않습니다

많은 여성들이 일상적으로 돌봄노동을 수행한다. 특히 가족 안에서 어린아이와 노인을 돌보며, 집안 살림을 맡는다. 사람들에게 편안한 일상이 가능한 것은, 보이지 않는 돌봄 덕분이다. 때가 되면 차려지는 밥상, 계절에 따라 정리되는 옷장, 아플 때 머리를 쓰다듬어 주는 손, 아이 교육법을 선택할 때의 고민, 나이 든 부모에게 영양제를 건네는 다정함까지.

그런데 그 돌봄노동을 수행하는 여성도 아플 수 있다. 아프다는 건 누군가의 돌봄이 가장 절실한 시기에 놓인다는 뜻이다. 그런데 돌봄노동을 하던 여성이 아프면, 그 여성은 누구의 돌봄을 받을 수 있을까? 몸이 아픈 와중에도 타인을 돌보는 노동을 멈출 수 없는 여성들은 어떻게 해야 하는 걸까?

그들은 누가 보살필까

인간은 태어나서 죽을 때까지 타인의 돌봄 속에서 살아가고, 돌봄은 감정노동을 동반한 고도의 기술을 요하는 영역이다. 요즘에는 돌봄을 인간이라면 누구나 갖춰야 할 덕목으로 생각하는 이들도 점점 늘어나는 것 같다. 하지만 돌봄노동은 여전히 성별화되어 여성에게만 갇힌 채 순환되지 못하고 있다.

결국 일방적인 돌봄노동 과정에 놓인 여성들은 숨이 턱에 찬다. 핵가족화가 진행되면서 이제 여성의 절대 다수는 돌봄노동을 나눌 수 있는 다른 여성이 없다. 남성 대부분이 돌봄을 잘 수행할 줄 모르는 상태에서 여성은 아플 때 적절한 돌봄을 받지 못하는 경우가 허다하다. 심지어 아픈 와중에도 남성이나 아이 등 다른 가족을 돌보는 노동에서 벗어나지 못한다. 그리고 남성은 돌봄노동에 무능한 존재로서 노인이 되어도 '철들지 않는 아들'로 남아 있게 된다.

사회에는 여전히 돌봄은 남성답지 못한 행위라는 분위기가 퍼져 있다. 남성들은 돌봄을 자신의 역할로 여기지 않는 경향이 다분하다. 여성들은 임금노동시장에 꾸준히 진출해왔지만, 남성들은 여전히 돌봄 영역으로 잘 들어오지 않는다.

그나마 요즘은 돌봄의 가치를 이해하고 노력하는 남성들이 늘어가는 것으로 보인다. 하지만 여성성의 일부로 돌봄을 훈육받은 여성들과 달리, 그럴 기회가 별로 없었던 남성들은 돌봄을 어떻게 수행하는지 모르는 경우가 많다. 그러다 보니 남성들의 돌봄 손길에는 '더 걸리적거릴 뿐'이라는 평가가 붙기 쉽다.

아픈 와중에도 여성들이 돌봄을 받기는커녕 타인에 대한 돌봄노동을 멈출 수 없는 것은 돌봄노동을 할 줄 모르는 대부분의 남성들 때문만은 아니다. 돌봄노동이 여전히 가족의 몫으로만 남아 있고, 충분히 사회화되지 못한 현실도 한몫한다.

근래에 부쩍 돌봄노동 서비스를 제공하는 간병인, 가사도우미, 베이비시터 등의 직업이 늘어났다. 이들 직종은 노동 내용과 강도에 비해 저임금을 받지만, 막상 장기적으로 고용하기에는 이용자 입장에서 부담이 적지 않다.

아파도 미안하지 않습니다

가상의 돌봄노동 보험 광고
ⓒ 조은영

    나는 공적으로 다양한 돌봄노동 서비스를 받을 수 있는 사회가 빨리 오기를 손꼽아 기다린다. 정부와 지자체가 어린이집 보육료를 지원하거나, 노인 장기요양보험으로 요양보호 서비스를 이용할 수 있는 시스템이 만들어지는 것처럼 말이다.

    그리고 또 하나, 느린 사회정책의 변화를 기다리는 사이에 질병 산업의 핵심인 보험 시장에서 새로운 상품이 출시되면 어떨까라는 생각도 해본다. 보험 광고에서는 이른바 '가장'을 타깃으로 한 보험 상품을 어렵지 않게 찾아볼 수 있다. 주된 내용은 가장이 사망할 경우 가족에게 매달 생활비가 제공되고, 자녀가 성인이 될 때까지 교육비를 지급한다는 내용이다.

그럼 집안에서 돌봄노동을 수행하는 사람이 아플 때를 대비한 보험이 있다면 어떨까? 베이비시터, 가사도우미, 간병인 등의 돌봄노동 서비스를 이용할 수 있도록 그 비용을 전액 지급해주는 상품이 개발되어 판매된다면 사회적 반응이 어떨지 궁금하다. 실제 수요가 얼마나 될지는 모르겠으나, 보이지 않는 돌봄노동에 대한 사회적 평가와 인정이 이루어지는 데 상징적인 도움이 될 것이다.

질병을 경험한다는 것은 의료적 치료 외에도 많은 것을 필요로 한다. 치료와 생계를 유지할 수 있는 돈, 질병과 생활 관리에 대한 정보, 다양한 의료를 선택할 수 있는 관점, 정서적·육체적 돌봄을 제공할 사람에 이르기까지 질병 경험은 복합적인 필요가 펼쳐지는 장이다.

특히 일상적 돌봄은 질병을 경험하는 과정에서 의료적 치료와 맞먹을 만큼 절대적이다. 의료 기술이나 정보가 부족해서가 아니라 일상의 적절한 돌봄을 받지 못해 질병이 완화될 수 없는 이들이 적지 않은 현실이다.

아파도 미안하지 않습니다

보호자가 될 수 없는 보호자

수술을 받기 위해 입원했을 때의 일이다. 수술동의서에 본인 서명을 마치고, 동생이 보호자란에 서명하려 하자 담당 간호사가 손사래를 친다. 보호자 서명은 남편이나 부모만 가능하단다. 몇 주 전에 수술 전 검사를 하러 왔을 때 듣긴 했다. 하지만 전신 마취를 하긴 해도 크게 심각한 수술이 아니고, 예전에 다른 병원에서 암 수술을 할 때도 언니가 서명했던 터라 당연히 가능할 줄 알았다. 그런데 담당 간호사는 병원의 규칙이라며 완고했다. 결국 두 시간 뒤 어머니가 병원에 도착해 서명한 뒤에야 수술실에 들어갈 수 있었다.

수술을 마치고 어머니의 근심 어린 눈빛을 마주하는 것이 수술 후 통증만큼이나 불편했다. 나름 내 인생을 잘 살아가고 있는데 이럴 때마다 부모님 앞에서 한없이 작아진다. 부모님은 완연한 노인이 되었고, 이제는 내가 부모님의 보호자가 될 위치에 있다. 그런데 이렇듯 보호자란에 부모님 서명을 받고 입원할 때마다 남편에게 '승계'되지 못해 아직도 부모님 손이 필요한 '미숙

수술 (검사, 마취) 동의서

병명 : _____

수술/검사명 : _____

주치의 (설명 의사) : _____

입회 간호사 : _____

본인 및 가족 친지는 본인(또는 상기 환자)에 대한 수술 및 마취(또는 검사)의
필요성, 주의사항, 치료계획, (장단점 상세 비교) 등 예상되는 합병증과
후유증에 대하여 자세한 설명을 의사로부터 들었으며 (성명 :   ),
의료진의 최선의 노력과 사전 주의 의무를 다했음에도 불구하고 본 수술 및
마취(또는 검사)로써 불가항력적으로 야기될 수 있는 합병증 또는 후유증,
환자의 특이체질로 우발적 사고의 가능성이 있다는 것을 사전 설명 성실,

한' 존재가 되는 것만 같다. '결혼도 안 하고 경제력도 변변치 않은데 아프기까지 한 근심덩어리 자식.' 부모님의 한숨을 만난다.

수술동의서가 뭐기에

주변 사람들이 나름의 이유들로 수술동의서 보호자 서명 앞에서 답답함을 느꼈다는 이야기를 듣는다. 작년에 자궁근종 수술을 앞둔 지인은 보호자 서명 때문에 1년 만에 동생에게 연락했다. 그는 가정폭력이 심각한 환경에서 성장했고, 어머니가 돌아가신 후 아버지와는 연락을 끊었다. 동생과는 몇 년에 한 번 안부를 묻는 게 전부인 관계다. 하지만 수술을 받으려면 보호자 서명이 필요해 어쩔 수 없이 동생에게 연락했다. 시골에 사는 동생은 월차를 내고 네 시간 운전을 해서 병원에 도착했고, 서명을 하고 바로 갔다. 자신에게 가족은 '보호' 관계인 적이 없는데, 왜 가족에게만 보호자 서명 권한을 주는지 답답하다고 했다.

사실 한국에서 두 가족 중 한 가족은 폭력 경험이 있다고 하니, 가족 구성원들의 갈등과 폭력은 특수하기보다는 보편적 상황에 가깝다. 많은 이들이 입 밖으로 잘 내지 못할 뿐 배우자, 부모, 자식에 의해 육체적으로나 정서적으로 폭력을 경험한다. 일회적이든 지속적이든, 가벼운 상처를 남기든 살해 위협이든 가족관계에서 폭력이 흔한 것은 우리의 현실이다. 더욱이 수면 아래에 가라앉아 있는 친족 성폭력의 현실까지 포함하면, 보호와 돌봄의 공간으로서 가족은 더 협소해진다.

　다른 지인은 수술동의서를 계기로 삶의 방향을 우회했다. 그는 이성애자 커플이었고, 둘은 함께 살지만 혼인신고를 하지 않았다. 둘 다 가부장적 결혼 제도와 관습 속으로 들어가고 싶지 않았기 때문이다. 하지만 여자 친구가 입원했을 때 동거인은 수술동의서에 서명할 수 없었고, 임대 아파트에 당첨되었지만 가족관계가 아니면 함께 살 수 없다는 규정 때문에 난감한 현실이 반복되었다. 이 커플은 결국 동거 6년 만에 혼인신고를 했다. 그 친구는 개인의 신념을 지키며 살기에는 이 사회가 너무나 획일적이라며 떨떠름한 표정으로 말했다.

　수술동의서 앞에서 마주한 절망적 상황을 이야기할 때 동성 커플을 빼놓을 수 없다. 몇 해 전 공개 결혼식을 올린 이후 동성 결혼 법제화 투쟁을 이어가는 김조광수 감독이 한 강연에서 들려주었다는 이야기가 기억난다.[11] 그는 결혼 전에 수술할 상황이 생겼는데 오랜 파트너인 김승환 씨가 보호자 서명을 할 수 없었고, 결국 직계가족이 병원에 도착한 후에야 수술실에 들어갈 수 있었다. 그는 이 일이 결혼을 결심하는 계기가 되었다고 한다. 물론 법적으로 인정된 혼인이 아니었기에 이후에도 김조광수 씨가 다시 수술대 위에 눕는 상황이 되었을 때 파트너 김승환 씨는 법적 보호자로서 서명하기 어려웠다. 하지만 담당 의사가 두 사람의 관계를 알고 있어 서명할 수 있게 해주었다고 한다. 수술동의서에서 서명하는 보호자의 자격은 사실상 법보다는 병

　　　　　　　아파도 미안하지 않습니다

원의 재량으로 결정된다.

　이외에도 수술동의서를 둘러싼 불편부당한 이야기가 여러 틈새에서 쏟아져 나온다. 어떤 이는 오랫동안 간병해온 어머니의 수술동의서에 서명하려 했더니, 남자 형제가 있는데 결혼한 딸이 서명할 수 없다며 제지당했다고 했다. 출산을 위해 입원했을 때, 친정 부모는 서명할 권한이 없고 남편과 시부모만 가능했다는 이야기도 들었다. 1인 가구인 친구가 갑자기 입원을 해서 수술동의서에 서명하러 갔더니, 가족이 아니면 입원 보증금 몇 백만 원을 내라고 요구받았다는 경우도 있었다(입원 보증금은 불법이다).

　도대체 수술동의서가 뭐기에 우리는 이렇게 많은 갈등과 서성임을 겪어야 할까? 수술동의서에 관한 규정을 찾아보니, 나로서는 처음 알게 된 사실이 있다. 우선 수술동의서는 법적 의무사항이 아니며, 병원에서 자체적으로 시행하는 '관행'이라는 점이다. 법적으로 의료기관이 환자에게 수술 내용, 합병증, 후유증 등을 사전에 설명하도록 의무화하고 있고, 병원은 해당 내용을 설명했음을 증빙하려 수술동의서를 받는다. 그리고 의료 분쟁이 발생하면 수술동의서를 증거 자료로 활용한다고 한다. 문제는 '관행'적으로 사용하는 수술동의서의 내용이 병원마다 제각각이고, 무엇보다 서명할 권한이 있는 '가족' 범위의 규정도 병원마다 다르다는 사실이다.

　앞서 말했듯, 서명할 수 있는 가족의 범위는 그야말로 가부장적 관습이 고스란히 반영된 경우가 많다. 즉, 환자의 몸을 두고 가족 내 결정권이 누구에게 있는지 규정할 때 여전히 일부 병원들은 남성 중심의 위계를 전제한다. 변화가 필요하지만 여기서 변화는 '겨우' 그 정도에 그쳐서는 안 된다.

수술동의서의 본래 의미를 생각해보자. 수술 내용을 포함해 합병증과 후유증에 대한 설명을 들었으며, 그런 위험에도 불구하고 수술에 동의한다는 뜻이다. 만에 하나 그런 위험이 현실로 닥쳤을 때 환자의 합병증이나 후유증을 함께 돌보고 책임지며 살아갈 존재는 누구일까? 법이 그것을 '정상가족'으로 보고 있기 때문에 병원에서도 그들에게만 보호자 서명을 허용한다.

'정상가족'을 넘어

가족을 애정, 돌봄, 책임, 그리고 어려움을 함께 헤쳐나가는 관계로 정의했을 때, 누군가에게는 결혼·혈연·입양으로 맺어진 '정상가족'이 이러한 정의와 불일치한다. 이때의 '가족'은 오히려 가족이라는 이름 아래 위계적이고 일방통행적 대화만 있는 관계, 한쪽이 끝없는 노동과 보살핌을 요구받는 관계로 이루어지기도 한다. 또한 폭력과 위협 속에 자주 놓여서 더 이상 함께하고 싶지 않은 가족들과 사는 이들도 있다.

그리고 그 속에서 가만히 머물지 않겠다며 숙명으로 받아들이길 거부하는 이들이 있다. 그런 '가족'이 아니라, 자신의 가치

아파도 미안하지 않습니다

와 삶의 방향을 지지해주는 이를 동반자 삼아 삶을 걸어가는 이들이 있다. 애정과 돌봄을 나누는 좋은 '정상가족'이 있지만, 그 가족이 아닌 자신이 선택한 다른 사람과 좀 더 친밀한 관계를 나누며 살아가는 이들도 있다. 즉, 결혼이나 혈연으로 묶이지 않은 채 그러한 관계를 맺어가는 사람들이다. 예컨대 이성 커플이지만 결혼 제도를 가부장적이라 여기고 혼인신고를 하지 않는 이들, 동성 커플이라는 이유로 혼인신고를 거부당하는 이들, 성애적 관계는 아니지만 서로가 삶의 동반자가 되어 살아가는 이들이다. 게다가 요즘은 다양한 주거·생활 공동체가 늘어나고 있으며, 그 안에서 서로를 소중한 가족으로 부르며 함께 살아가기도 한다.

2014년을 기점으로 가장 많은 가구 수를 기록한 1인 가구는 애정·돌봄·책임을 나누는 관계의 형태가 '정상가족'에 포함되지 않을 가능성이 크다. '정상가족'과의 물리적 거리 때문에, 혹은 '정상가족'에 그런 관계를 기대할 수 없어서 가까이 있는 다른 관계를 통해 돌봄과 책임을 나눌 수도 있다. 그들은 질병에 걸렸을 때 '정상가족'이 아닌 바로 '그 관계' 안에서 아픈 몸을 위로받고 돌봄을 받으며 산다. 당연히 수술동의서 서명을 법이 정한 '정상가족'이 아니라 실제 삶의 동반자가 할 수 있기를 원한다. '그 관계'들이 인정받고 수술동의서에 서명할 권리를 지니려면 어떻게 해야 할까?

몇 해 전부터 한국에서도 '생활동반자 관계에 관한 법률'의 제정 논의가 진행되고 있다. 이 법률은 개인 간 자유로운 합의로 맺어지는 계약관계를 상정한다. 즉, 당사자 간 합의에 따라 생활동반자 관계를 형성할 수 있으며, 동반자가 된다고 해서 상대 파트너의 부모나 자매, 형제 등과 친인척 관계로 묶이지 않는다. 관계의 당사자들은 서로 부양하고 협조할 의무가 있으며, 가사 대리권을 지닌다. 관계 형성은 허가제가 아닌 신고제로, 가정법원에 쌍방의 서명이 담긴 서류를 제출하면 된다.

'생활동반자 관계에 관한 법률'이 제정되면 의료에서는 어떤 변화가 일어날까? 우선, 비혈연·비혼인 관계라 해도 실질적으로 삶을 함께하는 동반자가 수술동의서에 서명할 권한이 생긴다. 환자가 의식을 상실했을 때 그 환자가 지닌 삶의 가치와 지향을 가장 잘 아는 동반자가 의료적 결정을 내릴 수 있게 된다. 동반자의 간병을 위해 연차가 아닌 가족 간병 휴가를 사용할 수 있고, 동반자를 국민의료보험의 피부양자로 올릴 수도 있다. 이 법률이 제정되면 얼마나 많은 이들의 한숨과 고통이 줄어들지, 상상만으로도 즐겁다. 하지만 이러한 법이 가족제도를 붕괴시킬 수 있다며 혀를 차는 이들이 있다. 동성애 혐오 세력은 이 법이 동성 결혼 법제화의 길목을 터주는 것이라며 반대한다.

그러나 이는 새로운 가족의 탄생이며, 평등권을 보장해 민주주의에 한 발 더 가까워지는 길이다. 법적 '보호자'를 아직도 혈연과 혼인으로 구성된 가족에 묶어두는 것은 변화하는 개인의 삶과 가치를 전혀 반영하지 못한다. 특히 헌법이 보장하는 행복

추구권, 자기결정권, 평등권을 침해한다. 아픈 이들을 보호하고 안녕을 보장해야 할 제도가 그들의 권리를 제대로 지켜주지 못하고 있다.

어떤 이들은 생활동반자 관계법이 의미 있지만 시기상조라고 말한다. 그렇다면 언제가 적합한 시기일까? 1990년대에 호주제 폐지 운동을 하던 때가 떠오른다. 당시 거리로 호주제 폐지 서명을 받으러 나갈 때마다, 일부 시민들은 시기상조라고 말했다. 심지어 한국의 가족제도를 흔든다며 우리에게 고함을 치고 난동을 부리는 이들도 있었다. 하지만 호주제 폐지 운동이 열정적으로 진행되고 마침내 폐지되자, 바로 그 시기를 즈음해 세계적으로 악명을 떨친 여아 성 감별 낙태가 한국에서 꾸준히 줄어들기 시작했다. 가족 내 여성의 지위와 관련한 직간접 변화도 일어났다. 사회 변화가 제도를 바꾸기도 하지만, 제도 변화가 사회 변화를 추동하기도 한다.

아플 때는 다양한 돌봄과 지원이 필요하다. 변화된 삶을 담아내지 못하는 법 때문에 아픈 와중에도 다른 고민과 절망을 겪게 하는 제도는 시급히 바뀌어야 한다. 어쩔 수 없다고 체념하지 말고, 변화를 요구하며 추동해내는 힘이 우리에게 있다는 점을 잊지 않길 바란다. '정상가족'이 아닌 다양한 삶의 동반자와 치료 계획과 돌봄을 나누는 이들이 다양한 연대를 맺게 되길 기대한다.

혼자 살다가 아플 때

"자기 몸만 돌보면 되니까 얼마나 좋아, 부럽다 부러워."

병원에 입원해 있으면 이름, 나이, 병명이 침대에 붙어 있다. 같은 병실의 환자들은 내가 '이 나이'에도 불구하고 아이가 있기는커녕 결혼도 하지 않았음을 확인하는 순간, 이구동성으로 부러움부터 비쳤다. 그 여성들의 표정과 반복되는 경험 속에서 그 말이 빈말이 아님을 알게 되었다. 본인의 몸이 아픈 와중에도 챙겨야 할 남편이나 아이가 존재하지 않는다는 것을 진심으로 부러워했다.

하지만 그들의 말처럼 비혼非婚 여성은 아플 때 자기 몸만 돌보면 되니 정말 좋은 걸까? 그들의 부러워하는 표정을 보면서 비혼이자 1인 가구인 지인이 들려준 이야기가 떠올랐다. 그는 샤워 후 욕실을 나오다가 욕실 문이 선풍기 바람에 세차게 닫히면서 욕실 문틈에 손가락이 끼었다고 한다. 손톱이 덜렁거리고 피가 줄줄 흐르면서 통증으로 온몸이 다 쭈뼛거리는데, 어떻게 해야 할지 몰라 잠시 멍하게 있다 택시를 타고 응급실에 갔다고

아파도 미안하지 않습니다

한다. 맨몸이었기에 병원에 가려면 옷을 입어야 했는데, 손이 부들부들 떨려 속옷을 입기도 힘들었단다. 결국 폭염주의보가 내려진 날씨에 트렌치코트를 걸치고, 물이 뚝뚝 떨어지는 긴 머리에 삼선 슬리퍼를 신은 채 길을 나섰다고 한다. 그는 동네 사람들이 자신을 반쯤 '정신 나간 여자'로 생각했을 거라며 웃었다.

하지만 그날 옆에서 괜찮냐고 말해줄 사람이 없다는 것, 혼자 겨우 옷을 입고 나왔다는 것, 응급실에서 직접 수납을 해야 하는 것, 그 모든 것이 너무나 쓸쓸했다며 다시 웃었다. 나는 왜 응급실로 친구를 부르지 않았는지, 하다못해 119라도 불러 응급실에 실려 가지 그랬냐고 물었다. 그는 혼자 해결할 수 있는데 일요일 저녁에 쉬고 있는 친구들을 불러낼 필요가 없을 것 같았다고 했다. 또 집이 너무 지저분하고 생사를 오가는 것도 아니어서 119를 부르기에는 갈등이 되었다고 했다.

나는 친구를 부르지 않은 것이 쓸데없는 독립심으로 보인다고 이야기했다. 위급 상황은 상대적인 것이며, 우리 같은 1인 가구는 임대 아파트 우선순위에서 밀리고 여러모로 혜택받지 못하는 부분이 많으니 그럴 때는 119를 이용해도 되지 않겠냐고 말했다.

하지만 나는 이 이야기를 같은 병실 사람들에게 하지 않았다. '간병은 못해주더라도 아프면 물이라도 떠다주고 119라도 불러줄 수 있는 남편이 있는 게 없는 것보다는 낫다'는 식의 이야기를 듣고 싶지 않았다. 더 정확히는, "그래도 결혼은 하는 게 늙어서도 그렇고 …"로 이어지는 이야기를 듣고 싶지 않았다.

'결혼 보험'과 꾀병

"혼자 살다 아프면 어쩔래?"

결혼에 대한 권유 혹은 협박으로 향하는 중간 다리와 같은 말이다. 이따금씩 듣곤 했는데, 정말로 혼자 살다가 몸이 아프게 되었다. 그랬더니 이제는 결혼을 안 해서, 애를 안 낳아서 아픈 거라는 이야기를 한 번씩 듣는다. 물론 사람에 따라 결혼과 혈연 가족 문화를 열렬히 옹호할 수도 있다. 하지만 저런 식의 말로 누군가를 결혼 제도 속으로 밀어 넣으려는 태도를 마주할 때면 결혼에 대한 이 사회의 강박을 보는 듯하다. 결혼 제도 속으로 들어가는 게 질병과 늙음에서 그다지 신통한 '보험'이 되어주지 못한다는 사실을 모르는 사람은 이제 많지 않다.

여성들은 아파도 가족 안에서 질 좋은 돌봄을 받기가 쉽지 않다. 배우자와 도란도란 늙어가면서 자식들의 돌봄을 받는 것 또한, 높은 이혼율과 늘어나는 노인요양원을 고려하면 드문 일에 가까워졌다. 보험 기능으로 따지면 결혼은 사실 보장성도 별로 없고, '보험회사'만 좋은 일 시키는 허술한 보험이라는 점을 이미 많은 여성들은 알고 있다.

나는 질병과 노화에 대한 두려움 때문에 결혼 제도 안으로 들어가고 싶지는 않다. 그렇다고 두려움이 없다는 뜻은 아니다.

　　　　　　　아파도 미안하지 않습니다

1인 가구인 한 지인이 대학병원에서 수술을 받았을 때, 병원에서는 수술 후 4일 만에 퇴원하라고 했다. 담당 의사는 수술이 잘되었다며, 3주 정도 집에서 공주처럼 절대안정을 취한 뒤 출근하라고 했다. 수술 부위를 약으로 잘 관리하고, 염증이 걱정되면 동네 병원에서 한 번씩 관리를 받으라고도 했다. 혹시 고열이 나면 즉시 병원에 오라는 말도 덧붙였다. 그런데 정작 지인은 퇴원을 무척 불안해했다.

그는 피부가 예민해서 쉽게 탈이 나는 편이라 액세서리와 옷을 살 때도 신중했고, 감기에 걸리면 한 번씩 고열로 입원하는 것이 연례행사였으니 그 불안함은 터무니없는 게 아니었다. 혼자 동네 병원을 오가며 염증 관리를 하기에는 아직 거동이 편하지 않았고, 자다가 고열에 시달리면 119를 부를 기력도 없을까봐 무척 걱정했다. 실제로 별일이 없다고 하더라도 아픈 몸으로 혼자서 끼니를 챙기는 것도 간단한 일이 아니다. 간병인을 부를까도 생각했지만 원룸에서 간병인과 생활하는 것은 불편한 일일뿐더러 계약직으로 근근이 사는 처지에 비용 부담이 너무 컸다.

우리가 고심 끝에 찾아낸 방법은 동네 병원에 입원하는 것이었다. 열이 오르거나 응급 상황일 때 바로 조치를 받을 수 있고, 수술 부위의 염증 관리, 끼니를 챙기는 것까지 모조리 해결할 수 있었다. 어림잡아 계산해도 간병인을 고용하는 것보다 입원비가 훨씬 저렴했다. 결국 친구는 동네 병원에 가서 '생존을 위한 꾀병'을 호소했고, 입원에 성공했다. 누군가는 나이롱환자라고 비난할지 모르지만, 그 친구로서는 안전하게 자신을 보호하기 위한 최선의 선택지였다.

돌봄의 재구성

1인 가구가 질병 앞에서 취약해지는 것은 1인 가구라는 삶의 형태 때문이 아니다. 1인 가구를 위한 사회적 제도가 갖춰지지 않아서다. 1인 가구의 증가가 필연적으로 고독사 같은 사회문제를 발생시키는 것이 아니라, 1인 가구에 걸맞은 사회적 제도의 부재가 1인 가구의 사회적 문제를 만든다. 우리에게 필요한 것은 비혼 또는 1인 가구에게 결혼을 하라거나 '정상가족' 속으로 들어가라는 압박이 아니다. 우리 삶의 형태를 반영한 사회적 안전망과 제도다.

그동안 1인 가구는 일부 취약계층인 것처럼 이야기되었지만, 우리나라 1인 가구는 2015년 기준으로 전체의 약 28퍼센트를 차지하며, 이는 가구 유형 중 1위다. 나 같은 비혼주의자뿐 아니라 학업, 직장, 이혼, 사별 등 다양한 이유로 1인 가구가 급증하고 있다. 결혼한 여성도 남성의 평균수명이 더 짧기 때문에 사별 후 평균 6~8년 정도를 1인 가구로 살아간다. 장기적이든 임시적이든, 자발적이든 아니든 우리는 삶의 어떤 시기를 1인 가구로 지낼 가능성이 높은 사회에서 살고 있다. 하지만 정책은 변화하는 삶의 형태를 제대로 반영하지 못하고 있다. 1인 가구의

가구형태 비율

28.6% 26.7% 21.2% 17.7%
1인 가구 2인 가구 3인 가구 4인 가구

1인 가구 증가율

4.8% 9.0% 15.5% 23.9% 29.6%
1980년 1990년 2000년 2010년 2020년

자료: 통계청 인구주택총조사(2015)

압도적인 숫자에도 불구하고 1인 가구 정책은 아직 걸음마 단계에 있다.

1인 가구가 아플 때 보건소 같은 공공 의료기관이 동네 깊숙이 들어와 있다면 어떨까? 간단한 간병을 지속적으로 요하는 사람들이 쉽게 며칠씩 머물며 단기 요양을 할 수 있는 공간이 마련된다면? 수술 후 치료는 끝났지만 일상에서 소소한 간병이 필요할 때, 몸살이 심해 병원을 다니는데 밤에 더 아플까 봐 걱정일 때, 허리를 삐끗해서 치료를 받는 중에 일상생활은 문제가 없지만 아침저녁에 눕고 일어날 때는 적극적 도움이 필요할 경우, 머물 만한 단기 요양원이 집 근처에 있다면 어떨까? 아니면 보건소에서 파견한 간병인이 동네의 아픈 사람들 집을 돌며 건강 상태를 점검하는 서비스가 시행된다면? 치료까지는 아니더라도 간단한 간병과 건강 정도를 점검해주는 서비스가 생기면 '1인

간호사가 간병 서비스도 제공하는 '보호자 없는 병원'
ⓒ 보건복지부

가구라서 아플 때 걱정된다'는 말이 줄어들지 않을까?

우리 사회에도 '보호자 없는 병원', 즉 간호·간병통합서비스 제도(구 '포괄간호서비스')가 시행되기 시작했다. 간호·간병통합서비스란 가족이나 간병인 대신 간호사가 일괄적으로 간호와 간병을 제공하는 서비스다. 돌봄노동인 '간병'을 가족에게 묶어놓는 가족 간병 문화가 제도적으로 해체되기 시작한 것이다. 즉, 가족의 책임으로 여겨진 환자 돌봄이 병원에서 제공하는 의료 서

아파도 미안하지 않습니다

비스의 일환으로 사회화되고 있다. 가족 간병을 전제하는 나라는 한국, 중국, 대만뿐이라는 자료도 있으니 늦어도 한참 늦은 것이기는 하다.

누군가는 "돌봄이 가족 밖으로 사회화되는 게 반드시 좋은 것인가"라고 묻기도 한다. 인간은 혼자 살 수 없고 어떤 식으로든 공동체를 이루어 돌봄을 나누며 산다. 그런데 지금까지는 돌봄을 가족의 역할이자 의무로 묶어놓고 사회적 책임을 방기했다. 심지어 가족 내 돌봄노동은 성별화되어 수행도 수혜도 공평하지 않았다. 더욱이 1인 가구는 가족들과 주거로 묶여 있지 않기 때문에 돌봄에서 더욱 소외된다. 이런 현실에서는 돌봄의 사회화가 매우 중요하다. 돌봄이 가족을 떠나 곳곳에서 일상화되는 사회를 만드는 게 필요하다. 어떤 의미에서 돌봄의 사회화는 '돌봄 공동체의 재구성'과도 깊이 연결된다.

비혼과 1인 가구의 증가는 기존의 가족 안에 묶어둔 돌봄노동을 사회화하는 좋은 촉진제다. 특히 1인 가구를 전제로 보건의료 관련 제도가 만들어지고 시행될 경우, 이는 1인 가구에게만 유용한 것이 아니다. 1인 가구를 전제로 한 정책은 가족을 1차적 복지 담당자로 놓던 문화를 해체시킨다. 비로소 사회의 구성단위가 가족이 아닌 개인으로 '현대화'된다는 의미다. 이로써 혈연가족이나 다인 가구 안에서 '복지 담당자'이기만 했던 여성들도 돌봄을 받을 수 있는 기회가 주어질 것이다.

아프면 떼버리라고요?

> 월경전증후군은 배란성 월경주기에 국한되어 있으며 초경 전, 폐경 후, 무배란성 월경에서는 생기지 않습니다. 난소 호르몬을 나오지 못하게 하거나 난소를 제거하면 좋아집니다.[12]

월경전증후군은 난소를 제거하면 좋아진다니, 이게 도대체 무슨 소리인가? "만성 비염은 코를 제거하면 좋아집니다"라고 말할 것인가? 월경 직전에 너무 기운이 없고 체온도 유독 떨어지는 느낌이 들어 인터넷에서 관련 정보를 찾다가 읽게 된 칼럼이었다. 정말이지 저런 걸 치료법이라고 부를 수 있을까? 단지 칼럼일 뿐인데도 의사가 코앞에서 내 얼굴을 보며 한 말인 양 화가 났다. 엄청난 양의 방사선 치료로 암세포를 다 죽이긴 했는데 환자도 죽어버렸다는 이야기가 떠오른다. 현대의학이 환자의 몸을 기계처럼 다루는 것 같아 불쾌한 기분마저 든다. 컴퓨터 하드디스크가 버벅거리면 빼서 새것으로 갈아 끼우듯, 몸의 유기성을 간과한 채 장기를 쉽게 자르고 버릴 수 있는 대상으로 보는

아파도 미안하지 않습니다

것 같다.

문득 기분이 다운되거나 화가 날 때 빨리 기분 전환을 하라던 요가 선생님의 말이 떠올랐다. 떨어진 체온도 올릴 겸 대중목욕탕에 갔다. 평일 낮 시간이어서 그런지 사우나실에는 대부분 흰머리가 많은 아주머니들이 있었다. 인공관절 수술을 했더니 좋다는 이야기와 후회한다는 이야기가 한창이었다. 그곳에 있던 예닐곱 명 중 무려 세 명의 무릎에 세로선이 그어져 있었다. 무릎 인공관절 수술 자국이다. 수술을 받고 나서 집 앞에 있는 산도 다시 걷기 시작했다며 예찬론을 펼치던 아주머니는, 자궁을 들어낸 것은 후회된다고 말했다. 자궁근종 수술을 두 번 받았는데 다시 근종이 생겼고, 의사는 애도 다 낳았는데 쓸데도 없다며 자궁 적출을 권했단다. 아주머니는 수술하고 싶지 않았지만, 의사가 지금까지는 단순 근종이었어도 다음에는 악성종양인 암이 생길 수도 있다고 해서 결국 적출 수술을 받았다고 한다.

그 아주머니는 10년 전에 받은 자궁 적출 수술 이후 요실금에 빈혈까지 생겼고, 몸에 늘 찬바람이 부는 것 같다고 말했다. 봄마다 한약을 두세 첩은 먹어야 한 해를 날 수 있다며, 다른 아주머니들에게 절대 자궁 적출을 하지 말라고 손사래를 쳤다. 옆에서 누군가 그래도 의사가 시키면 해야지 별수 있냐고 하자 병원이 환자를 돈벌이 수단으로 본다는 이야기, 아는 사람도 적출 수술을 받았는데 그 사람은 별 문제가 없었다는 주장이 이어졌다. 텔레비전에서도 우리나라가 자궁 적출 1위인 것이 문제라고 나왔다며, 사우나 열기만큼이나 뜨겁게 이야기가 쏟아졌다. 아주머니는 낯모르는 나에게도 절대 자궁 적출은 하지 말라며 말을 건넸다. 무릎관절이나 쌍꺼풀 수술 같은 것과는 아예 차원이 다르다고 목소리를 높였다. 장기는 다 자기 몫의 역할을 하고 있으며, 아이를 다 낳았다고 자궁이 필요 없는 것은 아니라고 했다. 자신도 자궁이 '아기집'인 줄만 알았는데, 수술로 떼어버리고 나니 여자들이 집안일 하듯 자궁이 몸 안에서 조용히 하는 일이 많았던 것 같다는 말이 이어졌다.

이야기를 듣다 보니, 병원 칼럼을 읽으며 느꼈던 불쾌함에 물을 한 바가지 뿌린 듯 시원했다. 내가 하고 싶었던 말도 저런 말이었다. 현대의학이 아무리 뛰어나다 해도 아직 다 밝혀내지 못한 장기의 기능이나 질환이 많다. 월경전증후군이나 월경통, 월경불순, 부정출혈, 자궁근종, 다낭성난포증후군 등 자궁과 관련된 불편한 증세나 질환만 봐도 그렇다. 이런 질환으로 병원에 갔을 때 발병 원인이나 치료법을 속 시원히 듣지 못하는 경우가 흔하다. 관련 질환의 환우회 카페에서도 산부인과를 가봤지만 막막할 뿐이라거나, 적당히 아프면서 체념하고 산다거나, 불안한 마음에 주기적으로 새로운 병원을 찾아다닌다는 글이 넘쳐난다. 다수의 여성들이 겪는 자궁 관련 증세나 질환에 정말로 특별한 원인이 없는지, 자궁 관련 연구가 임신과 출산에만 과도하게 맞춰져 있기 때문은 아닌지, 혹은 자궁 자체가 연구가 덜 된 영역인지 확신할 수는 없다.

아파도 미안하지 않습니다

현재 과잉수술과 관련해서 자궁 적출만큼이나 자주 이야기되는 것은 갑상선암이다. 한국은 갑상선암으로 인한 갑상선 제거 비율이 높다. 그런데 갑상선암은 '여성암'이라고 불릴 만큼 여성에게 주로 발생하는 질병이다. 또 갑상선 제거는 자궁 적출과 함께 언론에서 과잉 수술 논란으로 자주 회자되는 대표적 사례다. 혹시 여성들이 겪는 질환이라 그런 것은 아닐지 의구심이 밀려온다. 여성의 몸에서 일어나는 질병이라 더 쉽게 자궁 적출이나 갑상선 제거 수술이 행해지는 것은 아닐까? 제거라는 손쉬운 방식이 아닌 '대안적 치료법'이 제대로 개발되지 않는 것은 아닐까?

홀대받는 여성 질환

글로리아 스타이넘Gloria Steinem의 책《남자가 월경을 한다면 Outrageous acts and everyday rebellions》의 한 구절이 떠오른다.

남자가 월경을 한다면 월경이 부러움의 대상이 되고 자랑거리가 될 것이다. 남자들은 자기가 얼마나 오래 월경을 하며, 생리양이 얼마나 많은지 자랑하며 떠들어댈 것이다. 지체 높은 정치가들의 생리통으로 인한 손실을 막기 위해 의회는 국립 월경불순연구소에 연구비를 지원할 것이다. 의사들은 심장마비보다는 생리통에 대해 더 많이 연구할 것이다.[13]

글로리아 스타이넘의 상상에 나도 한 표를 던진다. 한정된 연구비, 산적한 연구 질환들 속에서 어떤 질환이 우선순위가 될까? 연구비와 자원 분배에 더 많은 영향력과 결정권을 행사하는 집단이 주로 걸리는 질환이다. 즉, 백인 남성 부유층이 주로 걸리는 질환들 말이다.

앞서 월경통 이야기에서도 설명했지만, 의학 연구는 보통 남성 몸을 기준으로 설정된다. 임상실험도 동물은 주로 수컷 쥐, 사람은 백인 남성을 대상으로 하는 경우가 많다고 지적된다. 동물의 경우 암컷이 더 비싸고, 사람의 경우 여성을 대상으로 하면 임신과 출산에 영향을 미칠 수 있기 때문에 '모성 보호' 차원에서 그렇다는 주장도 있다. 중요한 것은 성별에 따라 발병이나 치료가 달라질 수 있는 증세나 질환이 있다는 점이다.

이를테면 남성에게는 심박을 안정시키는 약물이 여성에게는 치명적인 부정맥을 가져오는 경우도 있다고 한다. 뇌졸중의 경우 발병률은 남성이 높지만, 사망률은 여성이 두 배 가까이 높다. 무릎 앞 십자인대 파열은 여성이 남성보다 무려 18배나 더 많이 발생한다고 알려져 있다. 그리고 이런 차이는 여러 질환에서 발견된다고 한다. 현대인들이 흔히 겪는 우울증의 경우, 뇌의 세로토닌이 영향을 미치는 것으로 알려져 있다. 그런데 남성의 세로토닌 생산량이 여성보다 많다거나, 여성이 항우울제를 복용할 경우 월경주기나 피임약 복용에 영향을 준다는 연구도 있다. 이렇듯 성별 차이를 고려한 의학 연구는 충분히 진행되고 있

아파도 미안하지 않습니다

을까?[14] 의사들이 쓴 자료를 찾아봐도 생식기나 임신 이외의 영역, 즉 의학 전반에서 여성과 남성의 차이를 고려해야 한다는 주장이 제기된 것 자체가 불과 몇 십 년밖에 되지 않았다고 하니, 여성 몸에 대한 연구가 충분하지 않다고 막연히 짐작할 뿐이다.

자궁 질환과 갑상선 질환이 둘 다 있는 나로서는 이런 현실 앞에서 더욱 답답함을 느낀다. 여성과 남성 모두 갑상선이 있지만 관련 질환의 발병률은 여성이 절대적으로 높다. 어쩌면 발병 원인이나 치료법은 성별에 따라 다르게 접근되고 발전되어야 하는 영역인지도 모른다. 자궁은 여성의 몸에만 있는 기관이니 말할 것도 없다.

여러 증세로 몸은 아픈데 효과적인 치료가 이뤄지지 않는 상황에서는 작은 실마리라도 찾으려고 노력하기 마련이다. 나는 혹시 자궁 질환과 갑상선암 사이에 연관성이 있나 싶어서 각 과의 담당 의사들에게 질문한 적이 있다. 돌아온 답변은 자궁 질환과 갑상선암에 연관성이 없다는 내용으로 동일했다. 그런데 관련 환우회 카페에 들어가 보면 그 둘을 동시에 앓는 여성들이 적지 않다. 협진을 통해 자궁 적출 수술과 갑상선 제거 수술을 동시에 받은 사례들도 있다. 내가 만났던 담당 의사들에 따르면 그 둘은 서로 관련이 없다는데, 그렇다면 둘 다 발병률이 높은 질환인 탓에 생긴 우연의 일치일까?

질병은 타고난 생물학적 특성과 사회적 조건이 복합적으로 작용해 발생한다. 그렇다면 성별의 생물학적 차이가 충분히 고

려되지 않은 채, 남성 몸을 기준으로 연구된 약물이나 치료법을
여성 몸에 그대로 적용시켜 부작용이 발생하거나 치료 효과가
떨어지는 것은 어떻게 봐야 할까? 여성 질환이라서 연구비 책정
의 우선순위에서 상대적으로 밀리거나, 덜 중요한 연구 결과라
고 인식되는 것은 아닐까? 그래서 몸의 조직 일부를 제거하는
방식이 아닌 더 나은 치료법이 개발되지 못하는 거라면? 물론
이 모두는 여성뿐 아니라 장애나 인종으로 구분되는 '다른 몸들'
이 공통적으로 겪을 수 있는 일이다.

아파도 미안하지 않습니다

성폭력과 건강권

"선생님, 내가 뭘 잘못했소?"

수화기 너머로 따지듯 말하는 그의 지친 목소리가 들려왔다. 억울함과 분노가 점점 더 깊어지는 듯했다. 자신이 왜 이런 일을 겪어야 하는지 알고 싶다고 했다. 억울함을 꾹꾹 눌러 담은 그때의 목소리를 아직 희미하게 기억한다. 2001년에 나는 여성단체에서 상근 중이었고, 그는 직장 내 성폭력 피해로 상담을 요청해 온 내담자였다. 생산직 노동자이고 중년 여성이자 가장이었던 그는 사내에 만연한 성폭력에 대해 피해자들 '대표'로 문제를 제기한 내담자였다. 정말 용기 있고 존경스러운 분이었다.

그는 중견 기업의 공장 생산라인에서 일하고 있었다. 생산라인 노동자는 대부분 중년 여성들이었고, 작업반장을 비롯한 관리직 노동자는 모조리 남성이었다. 작업반장은 생산라인을 '관리'하러 돌아다닐 때마다 여성 노동자들의 몸을 만지고, 성적 모욕감을 주는 말을 뱉었다. 회식 자리에서는 더욱 노골적인 행위가 이어졌다. 하지만 여성 노동자들은 강력하게 문제를 제기하지 못했다. 작업반장 눈 밖에 나면 야근을 못하게 되거나(기본급이 적기 때문에 야근 수당이 있어야 생계를 유지할 수 있었다), 인사고과를 나쁘게 받아 결국 직장을 떠나야 했다. 작업 현장은 엄격하게 성별화되어 있었고, 성폭력은 남성(관리자)이 여성(노동자)을 조롱하고 통제하는 하나의 방식이었다.

몇 년간 참고 참던 그는 마침내 해고를 각오하고 가해자 처벌을 요구하고 나섰지만, 싸움은 지난했다. 그토록 씩씩하던 피해자는 지쳐갔다. 견고한 성차별의 벽을 알아버린 그는 억울해했다. 분노는 점점 가해자보다 가해자를 처벌하지 않는 회사를 향했다. "뒤늦게 피해를 고발한 건 다른 이유가 있는 거 아니냐"며 의심의 눈길을 받았고, "강간도 아닌데" 예민함으로 분란을 만들지 말라는 이들의 말이 고통을 더 확장했다.

그는 해고를 각오하고 고발하면 처벌이 이루어질 거라 믿었던 자신을 한심해했다. 그리고 성폭력 사건이 처음 발생했을 당시에 바로 대응하지 못한 자신을 자책했다. 성폭력 피해자에게 흔히 나타나는 우울, 불안, 불면 등의 증세는 처음에는 미약했지만, 2차 피해를 경험하면서 증세가 악화되었다. 싸움에 승리하면서 건강은 다시 호전되었지만, 한창 싸움이 진행될 당시에는 두통약과 소화제를 달고 산다며 고통스러워했다. 그뿐이 아니었다. 싸움을 함께하던 동료들도 일터에서 성폭력 걱정만 없어도 두통약이나 혈압약을 덜 먹을 것 같다는 말을 자주했다.*

성폭력은 여성의 인권 문제이자 시민권 문제이지만, 성폭력

아파도 미안하지 않습니다

으로 인해 다양한 질병이나 후유증을 경험하게 된다는 점에서 건강권의 문제이기도 하다. 여성에게 우울증이 더 많고 두통 같은 만성통증이 더 많이 나타난다거나, 여성이 평균수명은 더 길지만 건강수명(평균수명에서 질병이나 부상으로 몸이 아픈 기간을 제외한 기간)은 더 나쁘다는 통계를 볼 때마다 생각한다. 성폭력이 구조적으로 만연한 사회에서 성폭력 피해 경험, 그리고 성폭력에 대한 두려움이 건강에 미치는 영향은 얼마나 될까?

외국의 연구 사례를 보면, 데이트 폭력으로 정서적 외상(트라우마)을 입은 이들이 만성통증을 더 많이 호소한다는 보고가 있다. 아동 성폭력 피해 경험이 있는 성인 여성에게 골반통이 더 빈번히 발생하는데, 정서적 외상 때문에 골반 감각을 처리하는 방식이 달라지기 때문이라는 연구 결과도 있다. 정신과 상담을 받는 성인 여성 환자 중 절반이 아동기나 청소년기에 성폭력 피해를 경험했다는 보고도 있다.[15]

한국여성정책연구원에서 발표한 성폭력과 건강에 대한 결과를 보자. 5점에 가까울수록 신체 건강이 나쁘다고 할 때 성폭력 피해 이전이 평균 2.15점인 반면, 피해 이후에는 평균 3.2점으로 나타났다. 특히 정신건강과 관련해 일반인의 우울증 경험은 26퍼센트인 반면, 성폭력 피해 경험자는 69.8퍼센트였다. 자살 생각에 대한 경험도 일반인은 23.9퍼센트이지만, 성폭력 피해 경

---

* 이 사례는 당시 피해자의 동의를 거쳐 한 매체에 기고했던 사례를 재편집한 것이다.

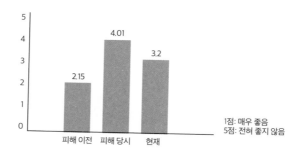

성폭력 피해 경험 전후 신체적 건강 수준

1점: 매우 좋음
5점: 전혀 좋지 않음

피해 이전 2.15
피해 당시 4.01
현재 3.2

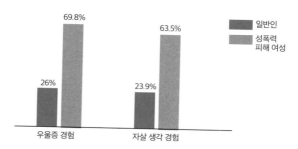

우울증과 자살 생각에 대한 차이

일반인
성폭력 피해 여성

우울증 경험: 26% / 69.8%
자살 생각 경험: 23.9% / 63.5%

자료: 한국여성정책연구원(2012)

험자는 63.5퍼센트에 이른다.

이런 사례들이 의미하는 것은 무엇일까? 성폭력 피해 경험이 남기는 신체적·정서적 외상이 그만큼 크다는 의미로 해석할 수도 있고, 성폭력 피해 이후 온전한 치료와 치유가 부족했던 결과로 해석할 수도 있다. 좀 더 구체적으로 보면 성폭력에 대한

아파도 미안하지 않습니다

잘못된 믿음, 즉 '피해자 유발론'과 같은 태도가 강력히 작동하고 있는 사회가 피해자의 온전한 치유를 끈질기게 방해했을 수도 있다. 어느 쪽이든 성폭력은 여성 건강을 적극적으로 위협하는 요소라는 뜻이다.

그럼에도 성폭력이 여성 건강에 심각한 유해 요소라는 사실에 동의하지 않는 사람도 있다. 우선, 성폭력 피해가 여성에게만 발생하는 것은 아니라고 주장하는 이들이 있다. 맞다. 분명 남성 피해자도 존재한다. 하지만 성폭력 피해자의 절대다수가 여성이고, 가해자의 절대다수가 남성이라는 사실은 성폭력이 명백히 성별 권력의 문제임을 상기시킨다. 이는 여성(성)/남성(성)이 무엇인지에 대해 사회적 질문이 필요하다는 뜻이다. 남성의 성기나 몸은 '무기'가 되어 남성이 옷을 벗는 것만으로도 여성에게 위협이 되고, 여성의 벗은 몸은 '눈요기'가 되는 동시에 사진만으로도 당사자에게 엄청난 협박이 되는 이 문화적 비대칭이 무엇을 의미하는지 사회적 토론이 진행되어야 한다. 어쨌거나 성폭력이 여성에게만 발생해서가 아니라 피해자의 절대 다수가 여성이기 때문에 여성 건강권 문제라고 할 수 있다. 피해를 직접 겪지 않더라도 성폭력에 대한 두려움 자체가 여성 건강권에 지대한 영향을 미치고 있다는 점에서도 그렇다.

또 다른 이들은 성폭력 피해로 인해 건강이 후퇴한다는 데 동의하지만, 성폭력 피해자는 극히 일부에 불과하므로 여성 전반의 건강과 연결짓는 것은 과도하다고 말한다. 그들의 주장을 듣다 보면, 우리가 동시대를 다르게 경험하고 있음을 격하게 실감한다. 한국 사회에서 수많은 성폭력 피해자들은 언제나 자신의 피해를 증언해왔고, 2015년경부터는 '#00계 성폭력'에서 '#미투' 혁명으로 이어졌는데, 이러한 현실을 우리 사회가 다 같이 격렬하게 겪었다는 사실이 무색해진다. 그들에게는 최소한 다음과 같은 두 가지 무지가 있다. 첫 번째는 성폭력 피해자가 극소수라고 판단한다는 점이다. 즉, 성폭력 현실 자체를 전혀 모르고 살아온 사람이 가질 수 있는 특권적 무지다. 두 번째는 성폭력 피해가 직접 발생했을 때만 여성의 건강권이 손상받는다는 인식이다. 이는 성폭력에 대한 두려움이 여성에게 일상적으로 어떠한 영향을 미치는지 알지 못하는 무지, 그리고 건강권에 대한 협소한 이해에서 발생한다.

성폭력의 현실을 간단히 확인해보자. 성폭력은 직장, 학교, 집(친족 성폭력, 아내 강간), 공공장소(지하철, 엘리베이터), 종교 공간(교회, 절), 사이버 공간('몰카', '지인 합성', 성적 촬영물 비동의 유포) 등 어디서나 일어난다. 예외인 곳을 찾기가 어렵다. 또한 성폭력 피해는 아동기부터 노년기까지 전 생애에 걸쳐 어느 시기에나 발생한다. 심지어 다른 폭력 피해와 달리, 성폭력의 경우 피해자에게 책임을 전가해 고통이 가중되는 현상이 광범위하게 일어난다. 그렇다면 어떤 유형이든 생애 단 한 번도 성폭력을 경험하지 않는 것이 오히려 희귀한 일이라 할 수 있다. 거의 모든 여성들이 성폭력으로 인한 신체적·정서적 후유증을 일시적 또는 장기

아파도 미안하지 않습니다

적으로 겪었거나 겪을 수 있다는 뜻이다.

고통을 더하는 말들

이러한 현실이 제대로 인식되지 못한 채 우리 사회의 퍼져 있는 다음과 같은 말들도 건강을 위협하는 요소가 된다.

• 성폭력은 영혼을 살해하는 행위입니다

신문 기사나 공익광고 포스터 등에서 저 문장을 발견할 때마다 섬뜩하다. 몸은 살아 있지만, 영혼은 죽어 있는 상태라니! 이는 성폭력의 심각성을 강조하기 위한 표현이다. 통상 모든 사건이나 범죄에서 피해자의 고통을 강조하는 것은, 피해의 심각성을 알려 피해를 예방하려는 일반적인 전략이다. 그런데 정작 성폭력 피해자에게는 어떤 영향을 미칠까?

영혼이 살해되었다면 수많은 피해자들은 영혼 없이 산다는 말인가. 피해자는 고통으로부터 영원히 회복될 수 없다는 뜻인가. 심리 치유나 트라우마 치료의 주요 전제 중 하나는, 내담자가 자신이 고통에서 회복될 수 있으며 일상을 되찾을 수 있다는 신뢰를 갖는 것이다. 그러나 영혼이 살해되었다는 말은, 피해자가 회복될 수 있다는 신념을 스스로 형성하기 어렵게 한다.

물론 이 말이 피해자에게만 해로운 것은 아니다. 많은 시민들에게 성폭력 피해자가 된다는 것은 회복 불가능한 고통 속에서 사는 일이라는 생각을 심어주고, 피해자가 되면 끝장이라는 강력한 두려움을 품게 만든다. 두려움은 그 자체로 잠재적 피해를 발생시킨다는 점에서 문제적이다. 성폭력 심각성을 강조하는 것은 필요하지만, 심각성을 강조하기 위한 논리가 피해자에게 부메랑으로 돌아올 수 있다면 매우 위험하다.

· 완전히 극복하고 새 삶을 살아야지

이는 피해자에게 건네는 염려의 말이다. 실제로 어떤 피해자들은 빨리 회복하고 새롭게 출발하기도 한다. 그러나 성폭력 피해 경험이 모두에게 동일한 외상을 남기는 것은 아니다. '동일한 성폭력'을 경험했어도 피해자의 정서적 자원이나 주변의 지지에 따라 피해자가 경험하는 트라우마는 다를 수 있다. 또한 회복과 치유의 경험도 각각 다르다. 여성단체의 성폭력 상담자로서, 진보단체 성폭력 대책위 위원으로서 내가 만났던 피해자들은 모두 다른 경험을 말했다. 친구나 지인이기도 했던 피해자들 또한 각자의 피해를 설명하는 언어가 달랐고, 회복의 경험도 달랐다.

어떤 이들은 성폭력의 기억이 더 이상 자기 삶을 갉아먹지 않지만, 매우 긴 시간과 에너지를 들여 어렵게 되찾은 일상이라고 했다. 또 어떤 이들은 여전히 트라우마를 삶의 일부로 안고 산다고 말했다. 다른 이는 완전히 회복되었다고 느끼다가도 몇 년에 한 번씩 가해자가 꿈에 나타나면 치유되었고 편안해졌다는 느낌이 무너져 내릴 때가 있다고 했다. 그리고 또 다른 이는

아파도 미안하지 않습니다

성폭력의 고통을 치유하는 과정에서 자신과 세상을 재해석하게 되었고, 결국 자기 삶의 역사를 한 발 나아가게 하는 힘으로 전환시켰다고 말했다. 그는 자신의 성폭력 피해 경험을 재해석하는 과정에서 여성 인권단체의 회원으로 활발하게 활동했고, 그 과정은 '성장'의 계기가 되었다고 이야기했다.

삶의 여러 고통이나 질병이 그러하듯, 성폭력 피해 또한 온전히 치유되기도 하고 그렇지 않기도 한다. 그리고 치유와 회복 여부의 결과로 개인의 무엇을 결코 평가할 수도 없다. 왜 아직도 피해의 기억으로부터 벗어나지 못했느냐고 말하지 말자. 반드시 극복하라고 말하지도 말자. 모두가 암을 '극복'할 수 있는 것은 아니며, 암을 극복하지 못했다고 패배자는 아닌 것과 같은 이치다. 용기 있게 싸워온, 혹은 싸우지 못하고 웅크리고 있는 모든 피해자는 존경받아 마땅하다. 나를 포함한 모든 성폭력 피해자는 그 생존만으로 투쟁의 증거이기 때문이다. 우리가 성폭력 피해 경험을 '극복'하지 못했다고 하더라도 우리는 그 자체로 온전하다.

• 아무에게도 말하지 말고, 잊고 살라

이 말은 잔인하다. 가해자와 그 지지자들이 피해자에게 협박처럼 던지는 이 말은 별도의 피해를 유발시키는 행위다. 그러나 때로는 피해자를 염려하는 주변 사람들도 안타까운 마음에, 혹은 피해자가 자기 스스로에게 말하기도 한다. 그렇게 수많은 피해자들은 성폭력의 기억에 빗장을 잠근다.

말하지 못하고 공감받지 못한 고통은 마음에 갇힌다. 그 자체로 새로운 통증이 유발된다. 말하지 못하고 봉인된 기억과 함께 갇혀버린 고통은 깊은 우울과 불안이 되어 삶을 잠식한다. 잘못은 가해자가 했다는 이성적 판단과 달리, 피해자는 자책감에 시달린다. '그때 그 자리에 나가지 않았더라면', '평소에 의사 표현을 좀 더 잘하고 강해 보였더라면', '바로 직장에 신고를 했더라면'라는 식으로 가상의 시나리오를 쓰면서 자신을 괴롭힌다. 이런 현상은 모든 피해자에게 흔하지만, 말하지 못하고 갇힌 기억은 더욱 맹렬하게 스스로를 비난하는 새로운 서사를 자기 내면에서 생산하기도 한다. 말하지 못한 고통은 공격의 방향이 왜곡되고, 더 깊이 안으로 파고들며 새로운 내상內傷을 만든다. 그러나 세월이 한참 지난 뒤여도 누군가에게 말하고 나면 나아진다.

말하기는 그 자체로 치유와 회복의 효과가 있다. 심리적 외상에 대해 말하는 것은 자신에게 벌어진 일을 객관화하는 데 중요한 과정이며, 심리적 외상뿐 아니라 자기 자신에 대한 느낌과 생각을 변화시킬 수 있게 된다. 텍사스 대학교의 한 연구에 따르면, 심리적 외상을 말하지 않았을 때 더 높은 수준의 불안증, 우울증, 불면증을 겪게 된다고 한다. 이 연구는 심리적 외상에 대해 털어놓았을 때 자신에 대한 이해가 깊어지는 것은 물론 신체 건강에도 긍정적 영향을 미친다는 사실을 밝혀낸 바 있다. 심리적 외상 경험을 털어놓은 집단은 혈압, 심장박동률 등이 더욱 안

정되었고, 신체의 면역체계도 향상되었다. 결국 의사를 방문하는 횟수도 더 줄어들었다.[16]

'믿음'의 해체가 치료다

성폭력은 여성 건강권을 해치는 고위험군 유해 요소이고, 공중보건을 위협하는 문제다. 그런데 성폭력을 둘러싼 한국 사회의 현실은 어떤가. 여전히 수많은 성폭력 피해자/생존자들은 암흑 같다고 말한다. "여자가 알아서 조심하는 것밖에 방법이 없다", "여지를 줬기 때문에 그런 것이다", "네가 예민해서 심각하게 받아들이는 것이다", "남자의 성적 충동은 통제하기 어렵다", "남자는 그럴 수도 있다"와 같은 성폭력을 둘러싼 잘못된 '믿음'이 아직도 강력하기 때문이다.

사회적으로 꽤 회자된 통계이지만, 다시 한번 살펴보자. 한국여성정책연구원이 2013년 경찰관 182명을 대상으로 성폭력에 대한 의식을 조사한 결과, "여성의 심한 노출로 성폭력이 발생한다"(53.8%), "술 취한 여성이 성폭력 피해자가 됐을 경우 그 책임은 피해 여성에게 있다"(37.4%), "피해 발생 즉시 신고하지 않은 경우 진술에 의심이 든다"(24.2%), "가해자가 사회적으로 존경받는 위치에 있을 경우 피해자보다 가해자 말에 더 신빙성을 느낀다"(12.1%)고 응답했다. 당연히 경찰 직군만의 문제는 아니며, 이 사회의 광범위한 '믿음'을 반영한 결과다.

바로 이런 '믿음'이 성폭력을 발생시키는 토대가 되고, 신고를 더욱 어렵게 만든다. 또한 성폭력 없는 세상을 불가능하게 만드는 주요 동력이다. 성폭력이 발생했을 때 피해자는 자신이 더 조심하지 못한 걸 자책하느라, 또는 동료들이 자신을 피해자가 아닌 '꽃뱀'으로 여길까 봐 두려워 신고를 주저한다. 신고한 후에는 "남자가 그럴 수도 있다"거나 "여지를 줬으니 그런 거 아니겠느냐"는 말을 들으며, 조직에 분란을 만들고 명예를 훼손한다는 이유로 왕따를 당하기도 한다. 가해자는 이런 '믿음' 안에서 보호받고, 사과하기보다는 "예민하게 굴어 남자 앞길 망친다"며 오히려 피해자를 괴롭히거나 무고죄로 고소한다. 이런 '믿음'이 변화하지 않는 한 성폭력 신고는 피해자에게 멀게 느껴지고, 신고해도 가해자가 제대로 처벌받지 않는다. 아직도 그 '믿음'은 성폭력 관련 법이나 제도보다 더욱 강력하게 작동한다. 피해자에게 직접적으로 성폭력을 행한 가해자만 있는 것이 아니라, 성폭력을 둘러싼 이 사회의 뿌리 깊은 '믿음'이라는 공범이 있다.

또한 그런 '믿음'은 피해자에게 우울감, 자책감, 자존감 저하 등을 불러오며, 2차 피해를 발생시킨다. 피해자를 다시 고통 속으로 밀어 넣는 것이다. 무엇보다 피해자 또한, 이런 믿음이 강력한 사회에서 성장한 시민으로서 이런 믿음을 내면화하기 쉽다. 분명 피해자인데도, 자신이 잘못한 것은 아닌지 끝없는 자책의 세월을 보내느라 온전한 치유와 회복의 길에 들어서는 데 어려움을 겪기도 한다. 2018년 미투의 상징이 된 서지현 검사는 자신의 잘못이 아님을 깨닫기까지 8년이 걸렸다고 했다.

성폭력을 우발적이거나 충동적인 사건으로 여기거나 실수로 보는 '믿음'은 또 어떠한가? 이는 가해자의 관점이다. 성폭력 문제를 개인화하고, 성폭력 피해를 사회적 문제로 인식하지 못하도록 방해한다. 이 또한 피해자의 자기비난과 그로 인한 심리적 고통을 가중시킨다. 질병 발생의 사회적 맥락을 지우는 행위와 동일하다. 이런 현실을 질병과 연관 지어보자. 성폭력과 관련된 이 광범위한 '믿음'은 발병의 원인이며, 치료를 방해하는 요소이자, 후유증을 만드는 기제다. 따라서 '믿음'의 해체가 곧 질병의 예방이며 치료인 셈이다.

물론 이런 '믿음'이 조금도 변화하지 않고 굳건하기만 한 것은 아니다. 싸우는 여성이 언제나 있었기 때문이다. 한국 사회에서 '직장 내 성희롱(성폭력)' 개념이 대중화될 수 있었던 것은 1990년대에 서울대 신 교수 사건의 피해자가 용기 있게 나선 결과다. 이후 여성단체가 중심이 되어 노력한 결과 1999년 남녀고용평등법에 '직장 내 성희롱' 개념이 법제화될 수 있었고, 더 이상 남자가 그럴 수도 있다고 말하면 그만인 '짓궂은 짓'이 아니게 되었다. '강간'이든 아니든 성적인 괴롭힘은 성적 자기결정권을 침해하는 행위이며, 처벌 대상임을 분명히 한 것이다.

아울러 1990년대 학생운동 진영에서는 '운동사회 내 성폭력' 고발을 주도했고, 여러 성폭력 대책위 활동과 반反성폭력 내규 제정 등을 이어갔다. 이는 학생운동 진영 바깥으로도 확대되어 다양한 시민사회에서 이러한 대응 모델이 만들어지는 기반이 되었다.

성폭력이 사소하고 별거 아니라는 인식 또한 상당히 변화했다. 대책위를 만들거나 신고 절차를 통해 공적으로 해결해야 하는 일이라는 인식이 더 강화되고 있다. 2011년 직장 내 성폭력이 '최초의 산재 승인'을 받을 수 있었던 것도 피해자가 끈질기게 투쟁한 결과였다. 이런 노력들이 쌓여 '믿음'에 균열을 만들어왔다. 앞서 언급한 2001년 상담 당시만 해도 "강간도 아닌데 분란 만든다"는 목소리가 흔하게 들렸지만, 지금 우리 사회에서 그런 목소리는 일부에 불과하다. 그리고 이 모든 토대 위에서 '#00계 성폭력', '#미투'가 뜨겁게 타오를 수 있었다.

한국 사회에서 페미니스트들은 많은 것을 변화시켜 왔지만, 아직도 갈 길이 멀다. 성폭력은 성차별의 결과다. 아울러 여성 건강권의 고도 위험군이기도 한 성폭력 문제를 해결하려는 제대로 된 노력도 하지 않고 방치하는 현실은 우리 사회가 얼마나 성차별적 사회인지를 보여주는 반증이다. 성폭력에 대한 낮은 처벌률은 물론이고, 사이버 성폭력을 비롯해 성폭력에 대한 수사 자체가 제대로 이뤄지지 않는 현실은 무엇을 의미할까? 성폭력이 사회적 범죄로 제대로 다뤄지지 않고 있으며, 피해자의 고통이 사회적으로 존중받지 못하고 재생산된다는 뜻이다. 사회적으로 해소되지 못한 고통, 차별, 불안은 고스란히 개인의 몸에 스며든다.

성폭력과 건강권 문제를 제기하면, 피해자에 대한 의료적·정서적 지원이 중요하다는 흐름으로 모아지는 경우가 많다. 물론 건강 문제에서 치료도 중요하지만, 예방을 빼놓고 논의되는 치료는 무력하다. 성폭력을 발생시키는 구조를 부수는 과정으로 나아가야 한다. 젠더 불평등, 이분법적 성역할, 폭력을 머금은 이성 연애 각본의 해체와 재구성 등이 필요하다. 이것이 바로 성폭력이 발생시키는 여러 질병에 대한 적극적 예방이다. 성폭력 현실이 변화되지 않는다면 성평등한 건강권은 없다.

WHO에 따르면 건강 불평등은 개인이나 집단 사이에서 나타나는 건강 차이 중 불필요하고 피할 수 있으며 부당하고 불공정한 부분이다. 성폭력은 우리 사회가 변화시킬 수 있는 부당하고 불공정한 부분이다. 성폭력이 바로 성별 건강 불평등을 일으키는 가장 강력한 요소다. 자기 몸에 대한 폭력을 통제할 권리가 부족한 상태에서 건강권을 말하기 어렵다. 성폭력을 발생시키는 구조를 해체하지 않는 한, 여성 건강권은 없다.

해고된 여성들

2017년에는 'IMF 20년'을 조망하는 기사가 쏟아졌다. 나는 'IMF'라는 단어를 볼 때마다 그의 돌 같던 어깨가 떠오른다. 그를 만난 건 아픈 여성들과 함께하는 몸 워크숍에서였다. 몸의 움직임을 통해 마음을 살펴보는 시간으로, 춤과 요가 사이의 움직임 워크숍 같은 형태였다.

워크숍 강사는 "척추는 몸에 새겨진 자서전"이라고 했다. 강사는 양발을 벌리고 나무가 뿌리를 내리듯 발을 바닥에 밀착시켜 단단히 서보라고 요구했다. 그러고는 머리를 천천히 바닥으로 내리며 척추뼈 하나하나를 느껴보라고 했다. 그렇게 여러 차례 반복한 뒤, 다시 한번 내려가며 척추뼈마다 관련된 기억을 떠올려보라고 했다. 잊고 있던 많은 기억이 순간적으로 수면 위로 올라왔다.

관련된 감정을 잠시 느껴보고, 둘씩 파트너가 되어 기억을 나눠보는 시간. 강사의 지시에 파트너는 굉장히 난감한 표정을 지었다. 내가 먼저 느리게 말을 시작했다. 어린 시절 마음이 아

아파도 미안하지 않습니다

플 때마다 몸을 동그랗게 말아 책상 밑에 박혀 있던 습관, 체했을 때 할머니가 손을 따주고 등을 쓸어내려주던 순간, 집회에 참석했다가 부상을 입은 어깨, 힘내라며 등을 토닥이는 남자 선배의 손이 끈적하게 느껴졌을 때의 소름, 중증 장애가 있는 동료의 활동을 보조하다 허리를 삐끗한 기억 등이 떠올랐다고 말했다.

파트너는 무슨 말을 해야 할지 모르겠다며 잠시 눈을 감았다. 그는 나보다 열 살쯤 많은 오십 대 여성이었는데, 거뭇한 혈색과 초췌한 머리카락은 언뜻 보기에도 건강이 좋지 않은 것처럼 보였다. 잠시 뒤 그는 또박또박 말을 시작했다. IMF 외환위기 당시 권고사직을 통보받고도 이를 거부하며 출근할 때마다 등에 꽂히던 동료들의 시선, 마트 계산원으로 일할 때 서 있는 내내 허리와 등이 아팠던 기억, 일당제로 일하던 식당에서 갈비판을 닦다가 허리를 삐끗할 때 느낀 통증, 남편이 '장난으로' 자주 등짝을 때렸던 순간, 아이를 키워야 하는 가장으로서 어깨가 무거웠던 느낌이 기억난다고 했다. 그리고 자신이 계속 살 수 있었던 것은 해고를 수용하고 퇴근한 날 밤, 아이를 업었을 때 등으로 전해진 따뜻함 때문이라고 했다.

잠시 뒤, 강사는 서로의 파트너가 지켜보는 가운데 다시 머리를 바닥으로 내리며 척추뼈를 느껴보라고 했다. 그의 몸은 척추뼈 하나하나가 아니라 통으로 바닥에 내려갔다가 올라왔다. 내가 동작을 하자 유연해 보인다며 부럽다고 했다. 내 척추뼈가 덜 굳을 수 있었던 건, 머리로나마 내 삶의 경험을 젠더 위계와 구조적 모순, 사회적 차별 같은 언어로 정리해낼 수 있었기 때문일까. 해소되지 못한 감정, 해석되지 못한 경험은 우리 몸에 분노와 슬픔이 되어 맺힌다.

뒤이어 서로의 어깨 근육을 손끝으로 섬세하게 만져주던 시간. 그의 척추뼈가 하나씩 구분되지 않고 통으로 된 막대기처럼 움직였듯, 그의 어깨는 탄력이나 근육의 결이 거의 느껴지지 않았고 돌처럼 단단할 뿐이었다. 조금 놀라서 평소 어깨가 아프지 않느냐고 묻자, 그는 희미하게 웃으며 한의원에 가도 침이 잘 들어가지 않는다고 했다. 그가 견뎌야 했던 삶의 무게가 켜켜이 쌓여 어깨를 돌처럼 만들었을까. 혹은 돌처럼 단단해야만 부서지지 않고 삶을 견딜 수 있었던 걸까.

강사는 프로그램을 마치면서 자기 몸과 연결된 단어를 하나씩 말해보라고 했다. 그는 "아이엠에프"라고 답했다. 그 짧은 음절에도 그토록 무거운 감정을 실을 수 있는 인간의 목소리가 새삼 놀라웠다. 프로그램을 마치고 몇몇이 함께 식사를 했다. 서로 전혀 모르는 관계였고, 아무도 먼저 그의 이야기를 듣자고 말하지 않았다. 하지만 모두가 기꺼이 그의 가슴속에 가득 들어찬 이야기의 청자가 되었다.

에어백이 되다

여상을 졸업한 그는 공기업에 취직했다. 하지만 IMF 외환위기가 오면서 여성 우선 해고가 단행되었다. 그는 불복하며 버텼으나 돌아온 것은 '이기적'이라는 힐난이었다. "너 대신 남성 가장들이 해고되어야 하겠느냐"는 말을 들으며 회사에서 왕따를 당했다. 결국 해고를 수용했지만 재취업은 어려웠다. 아이가 있는 서른 살 넘은 여성을 받아주는 곳은 없었다. 남편이 다니던 회사가 부도나고 자신의 퇴직금도 바닥났을 무렵, 작은 회사 경리 일을 시작했다.

그와 달리 재취업을 하지 못한 남편은 술을 마시기 시작했다. 돈 몇 푼 번다고 자신을 무시하느냐며 폭군으로 변해갔다. 그는 아이와 남편을 부양해야 했으므로 주중에는 경리 일을 하고 주말에는 마트에서 계산원 일을 했다. 하지만 경리 일도 회사가 어려워지면서 몇 년 만에 그만둬야 했다. 이후 백화점, 콜센터, 보험 대리점 등을 전전했다.

IMF 외환위기 때 해고당한 이후 우울증이 반복적으로 찾아왔다. 어쨌거나 꾹꾹 참으며 일했고, 한 번도 집에 돈이 떨어지게 한 적은 없었다. 재취업은 매번 어려웠지만, 직장에서의 관계 또한 늘 힘들었고 쉽게 갈등 관계에 놓이곤 했다. 그리고 몇 해 전 아이가 대학에 들어가던 해에 유방암 수술을 받았다. 얼마 뒤 자궁암 수술도 받았는데 지금도 아프지 않은 곳이 없다고 했다. 그는 IMF만 오지 않았어도 인생이 이렇게까지 되지는 않았을 것 같다고 말했다.

헤어지기 전, 그는 누구를 원망해야 하는지 모르겠다고 말했다. 그래서인지 계속 자신을 탓했다. 여성으로 태어난 것, 오빠에게 대학 진학을 양보한 것, 남편과 이혼하지 못한 것, 그 모든 것에서 자신이 싫다고 했다. 해고가 부당하다며 회사에 소리 한 번 크게 지르지 못한 게 한이 되고, 평생 일하면서 자식과 남편만 돌봤지 자기 몸을 돌볼 줄 몰랐던 어리석음이 후회된다고 했다. 질병으로 가득 차버린 몸도 너무 힘들다고 했다.

그의 이야기를 듣는 내내 가슴이 아렸다. 부당한 현실 앞에서 목소리를 내지 못하고 사회적으로 존중받지 못한 그의 분노가 내면으로 흡수된 것처럼 보였다. 그에게 IMF 외환위기는 부당함의 상징이었다. 1997년 11월에 시작된 IMF 구제금융은 당시 왜란倭亂, 호란胡亂보다 무서운 '환란換亂'으로 불렸다. 당시 구조조정은 노동자를 희생양 삼아 자본의 질서를 회복하고 확장하는 과정이었다. 긴박한 경영상의 필요라는 명목으로 대량 해고가 자행되었으며, 가정경제는 파탄 났다. 하지만 그 고통이 모든 이들을 동일하게 찾아간 건 아니었다. 기업은 말했다. "미혼이니까 결혼하면 되지", "기혼'이니까 남편이 벌어오겠지", "사내부부니까 아내가 나가야지", "출산휴가에 다녀왔으니 이제 아이 키워야지". 정리해고의 칼날은 여성을 우선적으로 정조준했다.

1999년에 대통령 직속 여성특별위원회가 발표한 <여성 해고 실태와 정책 과제>에 따르면, IMF 위기로 직장을 잃은 사람은 "300인 이상 사업장에서 일하는 이십 대 사무직 여성"에 집중되었다. 사무직에서 남성은 9.7퍼센트, 여성은 43퍼센트가 해고성

아파도 미안하지 않습니다

IMF 외환위기 당시 여성단체들은 여성 우선 해고 반대운동을 펼쳤다.

비자발적 이직을 경험했고, 여성 사무직 정리해고자도 1997년 하반기 13.4퍼센트에서 1년 뒤 43.7퍼센트로 늘었다.

　그런데도 당시 사회적 분위기는 남성의 해고에만 주목하며 '고개 숙인 아버지'를 위로하기 바빴다. 일상에서 그들을 위로하는 것은 여성의 몫이었다. 여성들에게는 그 남성들을 위로하라는 사회적 의무가 주어졌다. 수많은 언론은 남편 기죽지 않게 잘 보살피라고 주문하면서, 남편이 실직 사실을 말하지 못하는 것을 아내의 잘못으로 돌리기도 했다. "IMF 한파를 뛰어넘는 데는 아내의 역할이 중요"하고, "남편들이 실직 사실을 알릴 용기를 내지 못하는 데는 아내들의 잘못도 크다"면서 "남편을 왕처럼 최고라고 추어올려주라"고 말했다.[17] 여성들은 취업하면 실업자 남편이 기죽을까 봐 걱정했고, 취업을 못하면 무능한 아내로 취급받기도 했다. 직장을 잃은 남편들은 그 고통을 아내에게 퍼부어, IMF 시기에 남편의 아내 폭력이 급증했다는 보고도 있다.

IMF 구제금융 당시 여성은 우선 해고를 통해 경제적 위험을 흡수하는 안전판으로 동원되었다. 가족 안에서는 남편 기를 살리는 아내 역할, 알뜰한 살림과 취업으로 가정경제에 보탬이 되는 능력 있는 엄마 역할을 할당받았다. 절대적 희생을 통해 가정 붕괴의 위험을 막는 에어백 역할을 요구받은 것이다. 물론 이 모든 것은 현재에도 계속되는 일상이지만, 당시 상황은 이를 더 극단화했다.

동일한 고통은 없다

건강은 고용, 임금, 관계, 학력, 주거, 돌봄, 지역 등의 영향에 매우 민감하다. 특히 돈을 벌어야 생존이 가능한 자본주의 사회에서 '해고'는 건강에 매우 직접적으로 영향을 미치는 요소다. 해고 가능성이 높아지는 것만으로도 고혈압이나 심혈관계 질환

유병률이 증가한다는 보고도 있다. 비정규직일수록, 저임금일수록 건강이 나쁘다. 그리고 삶에 대한 통제권이 적을수록, 차별을 받을수록 건강이 나쁘다.

IMF 구제금융 직후 80퍼센트 이상의 가구가 소득 감소를 경험했다고 하니, IMF 위기는 전 국민적으로 힘들고 고통스러운 시간이었음이 분명하다. 질병이환율(질병에 걸리는 비율)을 비교한 조사에서도 IMF 이전인 1995년에 비해 1998년에는 전체적으로 2.8배가 늘었고 급성의 경우 2.2배, 만성은 1.9배 늘었다.[18] 하지만 모두가 힘들었다는 말은 큰 의미가 없다! 모두 힘들었지만, 그중 누가 더 많은 희생과 고통을 강요받았고, 그것이 그들의 삶에 어떤 영향을 미쳤는지에 대한 논의가 필요하다. 그들의 희생과 고통이 사회적으로 논의되고 기록되지 않으면, 이렇듯 희생과 착취의 대상이 되는 역사는 더 쉽게 반복된다.

'IMF 20년'을 주제로 우리 사회에서 수많은 언론과 전문가의 의견이 대대적으로 쏟아진 바 있다. 그러나 맨 앞줄에서 희생을 감당하도록 떠밀려나간 여성 노동자의 이야기가 잘 보이지 않는 것에 의문과 분노가 일렁인다. IMF 구제금융을 한국 사회가 빠르게 극복했다면 그것은 분명 희생자들을 밟고 올라선 결과다. 당시 사회의 위험에 맞서 안전판과 에어백 역할을 하던 여성들은 그 고통을 온몸으로 흡수할 수밖에 없었고, 세월이 쌓이면서 통증과 질병으로 나타나기도 했을 것이다.

부당한 고통의 경험이 사회적으로 수용되지 못했을 때, 그 고통은 몸에 스며들어 질병으로 확장되기 쉽다. 여성을 비롯한 다양한 소수자들의 건강이 더 나쁜 것은 분명한 차별의 결과다. 여성의 평균수명이 더 길다지만, 실제 건강수명은 그다지 나은 게 없다는 보고들은 사회적 차별을 온몸으로 흡수하며 살아야 하는 여성이 많다는 사실과 깊은 연관이 있으리라.

　IMF 구제금융 당시, 여성 우선 해고와 일방적인 희생 분담으로 삶과 몸이 아팠던 이들에게 작은 위로를 보낸다. 당신들의 고통과 질병이 개인의 운명이나 팔자가 아니라, 사회적 차별과 폭력의 결과였음을 분명히 전하고 싶다.

아파도 미안하지 않습니다

3장

건강에 대하여

건강이라는 강박

"올해는 더 건강하세요."

새해 인사로 받은 문자 메시지. 친한 지인들이 보낸 인사에도, 인터넷 쇼핑몰에서 보낸 문자에도 '건강하라'는 말이 자주 등장한다. 어느 쪽에서 보내왔든 꼭 내 마음이다. 올해엔 좀 더 건강해지고 싶다. 예전보다 건강이 많이 좋아지기도 했고, 더 이상 투병하는 삶에 갇히고 싶지 않아 부분적이지만 사회 복귀를 하고 있다. 그랬더니 건강을 염려하는 말을 더 많이 듣는다.

취약한 몸으로 사람들의 배려 속에서 사회 활동을 하다 보니, 미안하다는 말을 입에 달고 산다. "미안하지만, 회의가 너무 길어지는데 좀 쉬었다가 계속하는 게 어떨까요?", "미안하지만, 저녁에 회의를 하는 건 무리일 것 같아요", "미안하지만, 이번 주에 일정을 더 잡긴 어려울 것 같아요." 사람들에게 미안하다는 말을 하지 않아도 되는 건강 상태가 되면 좋겠다. 그런데 그럴 수 있으려면 얼마만큼 건강해야 하는 걸까? 나는 얼마나 건강해져야 이제 건강하다고 말할 수 있는 걸까? 건강하다는 건 어떤 상태를 말하는 걸까?

이상한 나라의 건강

지난 연말, 지인들과의 송년회 자리에서 건강하다는 것이 무엇인지에 대해 갑론을박을 벌였다. 결론은 두 가지 정도로 모아졌는데, 첫 번째는 사회 활동을 하는 데 무리가 없는 상태다. 다들 사회생활에 무리가 없을 만큼 꽤 건강한 줄 알았는데, 막상 이야기를 들어보니 많이 달랐다. 아침에 일어나기 너무 힘들다거나, 주말 내내 자도 피로가 풀리지 않는다는 이야기가 줄을 이었다. 다들 자신의 건강이 부족한 것을 자책하며, 건강을 보충할 방법에 관해 여러 정보를 나누었다.

내 지인들은 대부분 하루에 최소 8시간에서 10시간 혹은 12시간 이상씩 일한다. 일터가 기업이든 사회단체든, 정규직이든 비정규직이든, 어쩔 수 없든 자발적이든 간에 다들 긴 노동시간 속에서 살아간다. 한국이 세계 최장 노동시간을 자랑하는 국가인 점을 떠올리면 이들이 특별하다고 볼 수 없다. 어쨌거나 그런 노동시간을 고려했을 때, 이들의 풀리지 않는 피로감은 체력이 부족해서가 아니라 강도 높은 노동의 필연적 결과다.

오히려 나는 하루 8시간의 기본 노동 외에, 야근이나 회식을 하고도 다음 날 너끈히 일어나 종일 일할 수 있는 건강을 요구하는 사회가 이상해 보인다. 그런 건강 기준에 미치지 못하는 자신

아파도 미안하지 않습니다

OECD 주요국 연간 노동시간

자료: OECD, 한국노동사회연구소(2016)

을 자책하거나 불안해하는 것이 정말 자연스러운 일일까? 건강에 대한 사회적 요구치와 현실적 몸의 간극을 피로회복제와 녹즙 등으로 메우며 살아가는 삶이 언제까지 가능할 수 있을까? 이 사회가 말하는 건강의 기준을 의심하게 된다.

얼마나 건강해야 건강한 걸까

건강하다는 것에 대한 두 번째 결론은 질병이 없는 상태였다. 그런데 질병이 없는 완벽한 몸이라는 게 일반적으로 가능한 상태인지, 그리고 무엇보다 질병의 기준과 경계를 어떻게 나눌 수 있는지 모호했다. 이를테면 감기에 걸려 열이 나는 것은 몸이 감기 바이러스를 퇴치하기 위해 자정작용을 하는 과정이다. 그런 자정작용이 부지런히 일어난다는 것은 그만큼 몸이 건강하다는 반증일 수도 있다. 열이 나는 것 자체를 질병으로 보고 해열제를 먹을 수도 있지만, 몸이 균형을 유지하려는 과정으로 보고 적절히 앓을 수도 있다. 이는 우리가 평균대 위를 걸을 때 몸이 균형을 잡기 위해 조금씩 좌우로 흔들리는 것과 같다. 우리 몸은 태어나서 죽을 때까지 계속 변화하고 흐르는 존재로, 균형을 잡기 위해 끊임없이 아픈 과정, 즉 자정작용을 한다.

그런 관점으로 본다면, 어떤 의미에서 우리는 매 순간 여기저기가 조금씩 아프다. 열이 나거나 뻐근하거나 설사를 하는 등 일시적 증세 또는 질병을 겪으며 살아간다. 게다가 현대인들은 만성질환을 앓는 경우가 많다. 비염, 아토피, 만성 어깨결림 같은 근골격계 질환 등을 '개성'처럼 하나쯤 달고 산다. 이런 현실에서 건강을 '질병이 없는 상태'로 규정하기란 쉽지 않아 보인다.

어쨌거나 우리는 사실상 아플 수밖에 없는 구조에서 살아간다. 그런데도 높은 건강 기준을 요구받는 것을 당연시하거나, 질병이 없는 완벽한 무균질의 몸이 가능하다고 상정하는 것은 아닐까? 그리고 그 기준에 부합하지 못하는 것을 자신의 게으름과 관리 부족 때문이라고 자책하며 살고 있지 않은가? 질문을 한가득 안은 채 송년회 자리를 일어섰다.

아파도 미안하지 않습니다

집으로 돌아오는 길, 스웨덴에서 6시간 근무제가 확산되고 있다는 뉴스를 들었다. 그런 사회라면 강도 높은 노동을 할 수 없는 내 몸을 사람들에게 덜 미안해하며 일할 수 있을 것 같다. 그곳에서 노동자에게 요구되는 건강함의 기준은 한국과 매우 다를지도 모르겠다는 생각도 들었다.

앞서 말했듯 건강하다는 것이 사회 활동에 무리가 없는 상태를 의미한다면, 혈액이나 세포 수치만으로 정의될 수 없을 것이다. 건강하다는 것은 생물학적 실체뿐 아니라 사회적 조건을 포함해 다시 합의되고 정의되어야 하지 않을까?

계단 옆에 휠체어용 경사로가 설치됨으로써 사회적 의식에 변화가 일어났던 것을 떠올려보자. 휠체어를 이용하는 장애인의 삶이 어쩔 수 없는 불운이거나, 활동에 제약받는 것이 필연이 아니라는 사회적 깨달음이 확산되기 시작했다. 즉, 다른 조건을 필요로 하는 특성으로서 인식할 수 있게 된 것이다. 건강 또한 사회적 조건을 어떻게 구성하느냐에 따라 다르게 정의되고 수용될 수 있으리라 본다.

다시 첫 질문으로 돌아가자. 나는 얼마만큼 건강해져야 건강하다고 말할 수 있을까? 나는 얼마큼 건강해야 만족스러울 수 있을까? 만약 사회와 문화에 따라 건강하다는 상태의 규정이 달라질 수 있다면, 내 삶에 필요한 건강은 어느 정도인지 다시 생각해본다. 아프지 않은 건강한 상태를 선호하는 것은 인간을 포함한 모든 생명체의 본능일 것이다. 하지만 더 많은 돈이 있으면 더 행복할 것 같다는 착각처럼, 무조건 더 건강한 몸이 되어야 한다는 강박에 시달린 것은 아니었을까. 나 또한 내 몸이 닿을 수 없고, 어쩌면 닿을 필요도 없는 허구적인 건강 기준을 상정하지 않았는지 돌아보아야 할 것 같다.

　우리는 선천적으로 약한 몸을 가지고 태어났든 중증 질환으로 취약한 몸이 되었든, 각자 다른 몸을 지니고 있다. 그런데도 사회가 구성해놓은 이른바 '표준 건강'이 자신의 건강 상태여야 한다고 강박적으로 생각하지 않나. 끊임없이 건강에 대한 결핍감에 시달리는 게 오히려 이상한 거 아닐까? 의사들 눈에 내 몸은 비정상이고, 이 사회에서 내 몸은 표준에 미치지 못하는 몸이지만, 지금 나에게 이 몸은 가장 정상인지도 모른다.

　　　　　아파도 미안하지 않습니다

'정상'은 없다

2월, 아직까지는 새해 계획을 잘 지키고 있다. 단단히 결심했었다. 새해 계획을 세우지 말 것! 달력에 좋은 점이 있다면, 연초처럼 특정한 시기가 왔을 때 삶을 돌아보고, 내가 원하는 삶을 떠올리며 계획을 세워볼 수 있다는 점이다. 하지만 나는 계획을 세우지 않아야 그나마 인생이 덜 흔들린다. 아침저녁으로 다이어리를 쓰고 확인하는 오랜 습관 때문에 한 번씩 새해 계획 목록을 만들고 싶은 충동이 강하게 일지만, 곧 접는다.

예측할 수 없는 몸 때문이다. 몸은 예전보다 훨씬 호전되었지만, 한 번씩 고꾸라진다. 여러 치료와 노력에도 불구하고 갑자기 나타나는 현기증, 출혈, 통증, 그리고 이따금씩 수직 낙하하는 체력 때문이다. 그럴 때마다 내가 세운 삶의 계획은 쓸모없어져 버렸다. 더 이상 전적으로 치료해야 하는 환자가 아니고, 그렇다고 건강한 몸도 아닌 경계의 몸으로 사는 삶은 여전히 낯설다.

만약 삶의 불안을 잘 헤쳐나가는 단단한 사람이라면, 몸의 불안정함 속에서도 나름의 계획을 세우고 때마다 적절히 수정하면서 살아낼 수 있다. 하지만 나는 그러지 못했다. 계획한 일이 몸 때문에 틀어지면 무력감에 온통 휩쓸렸다. 내 몸이 싫고 질병이 미웠다. 질병이 내 삶을 헤집어놓기 전이 그리웠다. 한 번씩 외치고 싶었다. 나, 다시 돌아갈래!

싸움을 멈추다

몸이 아프던 초반에는 아픈 몸의 상태가 곧 내 인생의 상태 인 것처럼 느껴졌다. '정상적 삶'에서 해고당한 것 같았고, 빨리 '정상적 몸'으로 복귀하기 위해 열심히 질병과 싸웠다. 아픈 몸을 돌보다가 과로사 하는 거 아니냐고 지인들이 농담을 던질 정 도였다. 나는 짜놓은 규칙에 따라 수면 시간을 지키고, 적절한 음식을 섭취했으며, 꾸준히 운동을 하면서 몸을 엄격하게 관리 했다. 하루의 대부분을 몸을 돌보는 일에 집중했다. 그런 삶이 지겨울 때마다 혼자 가만히 되뇌었다. '내 인생에 잠시 정지 버튼이 눌러진 것뿐이야, 곧 모든 게 제자리로 돌아갈 거야.'

그리고 마침내, 몇 년간 진취적으로 나섰던 질병과의 싸움을 멈췄다. 몸이 꽤 호전되기도 했고, 질병을 벗어나기 위한 노력으로 가득 찬 일상이 지긋지긋했기 때문이다. 나의 일을 하는 '진짜 일상'이 그리웠다. 나는 질병 중심의 삶을 이제 그만 살겠다고 선언했다. 삶의 태도와 방식을 완전히 바꾸기로 했다. 몸의 소리에 귀를 기울이고, 질병을 내 삶의 일부로 수용하며, 아픈 몸과 더불어 살기로 결정했다. 드디어, 진짜 내 삶을 다시 살기 시작한 것 같았다.

그렇게 산 지 3년쯤 지났다. 하지만 질병 때문에 삶의 계획이 무산될 때마다 무력감과 좌절감에 무던히도 흔들렸고, 그런 내가 실망스러웠다. 여전히 아픈 몸을 수용하지 못했으며, 질병을 몸의 일부로 받아들이지도 못했음을 인정해야 했다. 심지어 건강한 이들과 나를 한 번씩 동일선상에 놓기도 했다. 그들처럼 열정적인 활동력을 원했고, 그렇지 못한 내 몸을 한탄했다. 나는 건강한 이들의 일상을 불온하게 욕망하고 있었다.

게다가 이미 오래전에 버린 줄 알았던 몸에 대한 낡은 관점이 아직도 내 안에 있음을 확인했다. 여전히 몸을 내 삶의 가치를 실현하기 위한 도구로 여기며 대상화하고 있었다. 심지어 '정상적 몸, 건강한 몸, 표준의 몸'을 설정하고, 그에 가깝지 못한 내 몸에 낙담했다. 나는 아픈 몸을 최대한 통제해서 어떻게든 건강한 몸으로 만들려 했다. 마치 장애인에게 재활을 통해서 최대한 비장애인과 가까운 몸을 만들라고 강요하는 것처럼 말이다. 나는 몸을 소외시켰고, 질병은 나를 소외시켰다. 결국 질병과 몸은 분열할 수밖에 없었다.

건강왕국 시민들은 이게 어떤 느낌인지 이해할 수 있을까? 이를테면 어떤 여성들은 사회가 규정한 '아름다운 S라인 몸'이 되기 위해 끼니를 굶으며 몸을 찢고 부풀리는 등 엄청난 통제를 가한다. 그리고 그 과정에서 몸이 대상화되고 소외되는 경험을 한다. 나는 그 여성들을 안타까운 시선으로 보곤 했는데, 나 또한 형태가 조금 다를 뿐 마찬가지였던 것이다. 물론 건강은 생명체의 본능이며 삶의 전제 조건이겠지만, 그 건강을 추구하는 나의 태도가 그랬다.

아픈 몸을 통제해 정상적 몸을 만들려는 게 뭐가 문제냐고 생각할 수도 있다. 하지만 아픈 몸을 통제하고 극복해서 정상의 몸을 만들려다 보니 나는 계속 실패자가 될 수밖에 없었고, 그런 나를 미워하는 일이 반복되었다. 좀 더 설명하자면, 인간이 몸을 완전히 통제할 수 있다고 믿는 것 자체가 위험한 발상이다. '누구나 노력하면 암을 극복할 수 있다'는 식의 환상을 만든다. 이는 그야말로 필사적으로 노력했지만 계속해서 암과 함께 사는 이들을 실패자로 명명하게 한다. 아픈 사람을 성공한 사람과 실패한 사람으로 나누는 사고가 형성된다.

게다가 인간의 몸은 통제할 수 없는 부분이 명백히 있다. 통제되지 않는 몸을 한탄하는 것은 신기루를 찾을 수 없다며 좌절하는 것만큼 어리석다. 인간이 자연을 통제해야 한다고 믿으며 통제되지 않는 자연 앞에서 좌절감을 느끼는 것과 비슷하다. 일부 의사들이 노화가 결합된 죽음조차 치료의 실패로 인식하는 것과도 약간 닮았다. 생명체가 유지되기 위한 자정 과정에서 자연스럽게 발생하는 질병, 그리고 소멸의 순리인 죽음을 인간 몸에서 분리하려 들고 적대시한다는 점에서 말이다.

아파도 미안하지 않습니다

다양한 표준을 찾아서

'정상적 몸'은 또 어떤가. 정상적 몸, 건강한 몸, 표준적 몸은 과대평가되었고, 어떤 의미에서 허구적이다. 정상이나 표준은 시대와 문화에 따라 다르게 규정되어 왔으며, 몸과 건강에 대해서도 예외는 아니다. 남성의 몸을 표준으로 삼아 여성의 몸을 열등한 몸으로 만들고, 월경은 숨겨야 하는 일로 여겼던 것처럼 말이다.

요즘은 급성이나 중증 질환자를 제외하더라도 만성질환이 없는 몸이 오히려 드물다. 8시간 노동과 야근을 하고 다음 날에 너끈히 출근할 수 있는 '건강한 몸'은 그리 많지 않다. 상당수의 사람들은 사회가 정해놓은 건강한 몸의 기준에 부합하지 못하는 자신을 자책하며, 건강한 몸이 수행할 수 있다고 규정된 양의 일을 꾸역꾸역하면서 살아낸다.

어쩌면 이 사회가 말하는 '건강한 표준의 몸'은 조작된 몸에 가까울지도 모른다. 건강한 몸만큼이나 지겹게 찬양하는 '아름다운 S라인'의 몸도 표준이나 정상이 아님은 말할 것도 없다. 누가 그런 몸을 지속적으로 찬양하고 강조하는가? 건강한 표준의 몸에 대한 기준이 높을수록 자본가와 의료 산업에는 반가운 일이다.

어쨌거나 이런 사고와 가치관을 가지고 살아온 내가, 정작내 몸이 아프게 되자 정상적 몸을 만들기 위해 끝없이 채근하고

8시간 노동과 야근을 하고도 너끈히 출근할 수 있는 '건강한 몸'은 과연 얼마나 될까?

싸우며 통제하려고만 들었다. 조금 부끄러운 일이다. 나에게 너그러운 방식으로 변명하자면, 그만큼 통제 가능한 몸과 정상적 몸에 대한 환상이 사회적으로 강력하기 때문이다.

나는 내년에도, 그 이후에도 새해 계획 같은 것은 세우지 않는 게 더 좋을지 모른다. 한 번씩 고꾸라지는 예측할 수 없는 몸으로 살아가는 이에게, 연 단위로 구체적인 삶의 계획을 세우는 것은 몸에 맞지 않는 방식일 수 있다. 변화된 몸에 걸맞은 삶의 방식과 태도를 아직 더 탐구하고 배워야 한다.

쉽지는 않다. 특히 건강하고 정상적이며 표준적인 몸이 가득하다고 믿는 사회에서, 그리고 모두가 그런 몸이 되어야 한다고

아파도 미안하지 않습니다

서로 강요하는 사회에서 균형을 잡기란 참 어렵다. 나는 앞으로도 한 번씩 몸을 서열과 위계의 시선으로 바라보며 자괴감을 느낄지도 모른다. 노력과 연습이 필요하다.

우선 내 몸을 '건강한 정상의 몸'이라는 거울에 비추는 일을 그만둬야 한다. 거울을 좀 더 깨뜨려야 한다. 그렇지 않으면 몸과의 싸움을 멈출 수 없고, 결국 '몸, 질병, 나'는 분열하는 관계를 벗어나지 못하게 된다. 아울러 '안 아픈 몸'을 기본 값으로 설정하지 말고, 정상이나 표준의 몸을 정해두지 말아야 한다. 아니, 다양한 표준과 다양한 정상을 설정하고, 내 몸은 질병을 통해 적극적으로 흔들리며 생의 균형을 이루어가는 존재임을 인정해야 한다.

시간이 좀 더 걸리겠지만, 지금 내 몸이 나에게 '정상'임을 좀 더 깊이 수용할 수 있기를, 내 몸에서 질병이 삶과 좀 더 사이좋게 흘러갈 수 있기를, 그리고 어느 시절 죽음과 잘 마주할 수 있기를 기도한다. 덧붙여, '정상'이 아닌 몸으로 흔들리는 삶 위에 놓인 이들에게 연대의 마음을 전한다.

질병과 장애 사이

"장애인으로 인정받아야죠",

"안 돼요, 이미 차별은 충분하다구요."

의견은 팽팽했다. 표정은 심각했고, 예민한 분위기가 감지되었다. 정책을 결정하는 자리도 아니고, 그냥 쉬는 시간에 나온 대화일 뿐인데도 그랬다.

지역의 보건소와 여성단체가 주최한 암 환자 캠프. 어느새 참여자들의 시선은 '사람책'으로 초대받은 나에게 쏠렸다. 내게 판관 역할을 요청하는 것은 아니었다. 오히려 묘안이 없는지 묻는 눈빛이었다. 긴 세월 투병해온 중증 질환자들이 모인 자리에서 자주 등장하는 주제다. 장애인 등록이 필요하다는 입장과 반대한다는 입장 사이에 긴장감이 흐른다. 양쪽의 입장 차이는 명확하지만, 사실 욕구는 단일하다. 정부가 장애인에게 부여한 복지는 원하지만, 장애인으로서의 낙인은 원하지 않는다는 것이다.

그들이 이기적이라고 비난할 수 있을까? 실제로 아픈 몸들은 건강상의 이유로 활동을 제약받는다. 이를테면 암치료 5년

아파도 미안하지 않습니다

후 완치 판정을 받았지만, 저하된 체력 때문에 재취업이 어려운 경우가 흔하다. 게다가 한국은 노동 강도가 워낙 높아서 취업에 성공해도 체력적으로 직장 생활을 유지해나가기가 쉽지 않다. 아울러 재발에 대한 우려, 그리고 한번 암에 걸린 사람은 다른 암에 걸릴 확률이 높다는 통계를 떠올려보면 건강관리에 노력을 기울이지 않을 수 없다. 하지만 건강에 중요하게 작용하는 쾌적한 주거환경, 청정한 먹거리, 적당한 운동, 정기 건강 검진 등은 일정한 비용을 필요로 한다. 또한 임금노동이 제한되어 소득은 줄고 의료비와 건강관리 비용은 늘어나는 상황에서 빠르게 줄어드는 통장 잔액을 확인하다 보면, 장애인을 대상으로 한 도시가스 난방비 할인, 의료비 공제 같은 작은 복지라도 적용받고 싶어진다.

하지만 장애인으로 인정받고 싶은 것이 복지 때문만은 아니다. 어떤 이들은 장애인 복지는 필요 없다며 아주 낮은 등급이라도 장애인 등록증만 있으면 된다고 말한다. 왜일까? 아픈 몸을 '게으른 몸'으로 보는 시선에서 벗어나고 싶기 때문이다. "누구는 암 수술을 한 뒤에 등산도 다니고 직장도 다시 다니던데, 왜 너는 만날 늘어져 있냐. 집에만 있으니까 건강이 더 안 좋은 거다." 이런 말이 답답하다. 체력이 안 좋아서 집에 있는 건데, 집에 있어서 건강이 안 좋은 거라며 비난한다. 회사에서도 마찬가지다. "암 환자였다고 너무 몸 사리면, 동료들이 좋아할 리 없습니다. 적당히 합시다." 이런 말을 들을 때마다 당혹스럽고 억울하다. 극심한 실업난에 혹시라도 해고당할까 봐 나름대로 최선을 다해 방전 직전까지 일했는데, 몸을 사린다며 비난받는다. 자신의 몸 상태를 인정받지 못하는 현실이 절망스럽다.

'전직 암 환자'라는 타이틀은 몸을 충분히 설명해주지 못하며, 오히려 온전히 회복한 '건강한 암 환자 출신'들과 비교되도록 만들 뿐이다. "정말 체력이 부족한 게 맞느냐", "잦은 병가는 꾀병 아니냐", "계절마다 자잘한 질병을 달고 사는 건 자기 관리 부족 아니냐"라는 반복되는 의구심에 지쳐간다. 번번이 건강 상태를 열심히 설명해보지만, 대부분 실패한다. 자신의 몸 상태를 입증할 필요가 있는 이들은 설령 '낙인'이 추가된다 하더라도 장애인 등록증이 중요하다. 아픈 몸과 함께 살아가고 있다는 점을 존중받기 위해 더 이상 고군분투하지 않아도 되기 때문이다. 그들에게는 자신이 게으른 게 아니라 몸이 '정상'이 아님을 공식적으로 인정받는 것이 절실하다.

'구별짓기'의 한계

그렇다면 소아마비나 뇌병변 같은 장애가 있는 '기존의 장애인'들은 어떨까? 즉, 아픈 몸들이 장애인 등록증을 둘러싸고 보여주는 태도에 대해 '기존의 장애인'들은 어떻게 생각할까? 통상 장애인들은 질병이 있는 '환자'가 장애인 영역에 들어오는 것에 대해 일정한 긴장감을 보이는 경향이 있다. 온갖 중증 질환을

아파도 미안하지 않습니다

앓는 환자들이 장애인으로 등록하면, 너무나 적은 장애인 복지 예산이 바닥날까 봐 염려하는 측면도 있다. 하지만 장애인 복지의 '파이'가 줄어드는 것에 대한 우려 때문만은 아니다.

소아마비나 뇌병변 같은 전통적 개념의 장애를 지닌 가까운 지인들은 장애는 질병이 아니며 그 둘은 명확히 구분되어야 한다고 강조한다. 이들은 지하철을 탈 때 흔히 겪는 장애인에 대한 차별과 멸시의 시선도 싫지만, '어디가 아픈 거냐'라는 질문이 짜증난다고 한다. 그런 이야기를 들을 때마다 장애가 있으나 건강한 자신이 아픈 몸이 되는 것 같아 우울해진다고 말한다. 게다가 장애를 '치료'하기 위해 가족들 손에 이끌려 전국 방방곡곡 용하다는 곳을 다녔던 기억이 떠올라 끔찍하다는 이야기도 들려준다. 소아마비나 뇌병변 같은 장애는 의학적으로 치료되지 않는다. 그러나 부모는 '장애를 고쳐줘야 한다'는 책임감에, 의학적 사실과 상관없이 무속신앙이나 입증되지 않은 민간요법을 시도하는 경우가 적지 않다. 여러 장애인들이 어린 시절 가족들로부터 "네가 더 노력하지 않아서 장애가 치료되지 않는 것"이라는 종용을 오랫동안 받아왔다고 고백한다. 자신의 장애는 치료될 수 있는 게 아닌데도 끝없이 치료를 시도하는 것은, 자신의 몸을 그대로 인정하고 수용하지 못하는 태도의 반영이라고 말한다.

장애인 인권운동에서도 그동안 장애와 질병은 구분되어야 하며, 장애는 질병이 아니라고 외쳐왔다. 질병은 치료나 죽음을 통해 종료되는 일시적인 것이지만, 장애는 치료되는 영역이 아니라 평생에 걸쳐 지속되는 특성이라고 규정한다. 재활을 통해 약간의 변화가 나타날 수는 있어도 치료되는 영역은 아님을 분명히 한 것이다. 이는 장애가 있는 몸을 '치료와 교정'으로 최대한 '비장애인의 몸에 가깝게' 만들어야 차별을 해소할 수 있다는 태도를 전면적으로 거부한다는 뜻이다.

과거에 장애인 관련 담론이나 정책은 의료인이나 사회복지 정책가들이 주도해왔는데, 이들은 주로 장애인을 차별하는 사회를 변화시키는 게 아니라, 의료적 치료를 통해 장애인의 몸을 비장애인의 몸에 가깝게 만들어 차별을 '극복'해야 한다고 설명해왔다. 이를테면 경사로나 엘리베이터를 설치하는 것보다는 장애가 있는 몸이 계단을 걸을 수 있도록 '치료'하는 것을 더 중시해왔다. 반면 장애인 인권운동은 장애가 있는 몸을 교정하는 방식이 아니라, 계단이 있는 곳 어디든 경사로와 엘리베이터를 설치해 평등한 접근권을 보장해야 한다고 주장한다. 비장애인 중심의 사회구조와 문화를 '교정'함으로써 장애 차별을 해소해야 한다는 것이다.

이처럼 질병과 장애 사이에는 긴장과 갈등이 존재한다. 그리고 기본적으로 무엇이 질병이고 장애인지는 사회적·문화적으로 다르게 형성되거나 개발된다. 흔히 질병은 절대적이고 객관적인 의학적 기준으로만 결정되는 것 같지만, 알다시피 그런 건 없다. 질병에 대한 판단도 사회적 의식과 가치의 영향력을 벗어나

아파도 미안하지 않습니다

진공 상태로 존재할 수 없다. 지금은 동성애가 질병이 아니라는 것이 의학계의 정론이지만, 1980년대만 해도 교정되어야 하는 정신과 질병으로 규정되었다. 이외에도 제약회사의 로비로 혈압이나 콜레스테롤 등의 기준 수치가 낮아져 '정상'의 범위가 좁혀지자 더 많은 사람들이 비정상으로 간주되고, 약 복용과 판매가 증가했다는 주장들을 떠올려보자.[19]

장애 또한 유동적인 개념이다. 시대와 문화에 따라 장애에 대한 규정은 달라졌다. 장애 개념이 얼마나 유동적인지 이야기할 때 빼놓을 수 없는 미국 마서즈 비니어드Martha's Vineyard 섬의 사례를 보자. 한때 오바마 전 대통령의 휴양지로 유명했던 이 섬은 사실 장애인 인권 담론에서 중요한 사례를 간직하고 있는 섬이다. 이곳에서는 여러 이유로 농인으로 태어나는 인구가 많았고, 일반적으로 우리가 사용하는 음성언어 외에도 수어手語가 일반화되어 있었다. 청인(비장애인)들도 자연스럽게 어릴 적부터 수어를 배웠고, 일상적으로 사용했다. 마서즈 비니어드 섬에서는 수어가 또 하나의 표준어였던 셈이다. 따라서 '들리지 않음'이 낙인이나 장애로 규정되지 않았고, 개인의 고유한 특성 중 하나로 존중받았다.[20]

우월감과 불안을 넘어

자, 다시 처음의 질문으로 돌아가보자. 신체에 가시적 손상이 생긴 것은 아니지만, 암과 같은 중증 질병 때문에 일상생활에 명백한 제약을 받는 사람을 장애인으로 규정해야 할까? 장애인 대상의 복지는 원하지만, 장애인이라는 사회적 낙인은 원하지 않는다는 딜레마를 풀려면 무엇이 필요할까?

아픈 몸이 된다는 것은 '정상의 몸'이나 '건강한 몸'에서 비껴나는 위치에 강제적으로 놓이는 것이며, 이는 인식을 확장하는 계기가 된다. 질병은 활동 반경을 제한하지만, 사회를 다른 방식으로 경험하게 만들어 전체적으로 조망할 수 있는 거리감을 형성하기도 한다. (다리에 골절상을 입고 나서야 비로소 지하철 계단 앞에서 막막해지고, 엘리베이터 없는 건물이 자기 몸을 배제하고 있음을 알게된다.) 또한 질병 때문에 바뀐 자신의 정체성을 이해하고 수용하려면, 자기 몸을 스스로 새롭게 규정하는 과정이 필요하다.

질병은 개인의 물질적 몸에 존재한다. 하지만 질병의 의미나 차별은 몸과 상관없이 사회에 독립적으로 존재한다. 똑같이 자궁암에 걸려도, 결혼과 출산을 한 여성에 대한 시선과 비혼 여성에 대한 시선이 '평등'하지 않은 것과 같다. 즉, 자궁암이 '성적 문란함' 때문에 걸렸을 거라는 편견이 비혼 여성에게 더 쉽게 따라붙는 현실을 말한다. 현대사회에서 낙인이 극심한 대표적 질병인 뇌전증(과거 간질)이 고대 사회에서는 정반대의 지위였다는

아파도 미안하지 않습니다

것도 마찬가지다. 고대 그리스에서 뇌전증은 신이 아끼는 특별한 사람에게 내린 병이라는 의미에서 신성병神聖病으로 불리며 칭송되었다. 결국 질병과 관련한 차별을 문제 삼기 위해 필요한 것은 아픈 몸보다는 아픈 몸을 명명·해석·위계화하는 사회에 대한 질문이다.

질병과 장애는 각각 건강과 불건강, 비장애와 장애라는 대립항 속에서 규정된다. 사실상 둘 다 정상/비정상이라는 기준으로 구분된다. 그리고 정상이라는 '우월감'은 비정상이라는 '찌질한' 배경이 존재해야만 빛날 수 있다. 장애가 있지만 건강하다는 우월감, 질병이 있지만 장애인은 아니라는 우월감은 무엇을 의미할까? 우월감과 찌질함을 분열적으로 오가는 상황에서 빠져나와, 자신의 질병이나 장애를 은폐하거나 유배시키지 않고도 온전히 존재할 수 있는 방식은 무엇일까? 아픈 몸들이 장애인 대상의 복지는 적용받고, 사회적 낙인을 피할 수 있는 묘안이 있을까? 이는 질병과 장애를 둘러싼 사회적 차별이 동일한 모습은 아니지만, 분명한 연결점이 있다는 것을 탐색하고 인정해가는 과정 속에 존재할 것이다. 불확실한 몸들에게 작은 파이를 놓고 경쟁시키는 사회를 향해 전선을 긋고, 서로의 낙인으로부터 멀어지기 위해 애쓰는 모습을 성찰하고 질문할 때, 그래서 자기 몸에 대한 불안을 서로에 대한 연대로 바꿔낼 수 있을 때 다른 문이 열릴 수 있다.

원인불명의 통증

"원인을 못 찾는 통증은 어떻게 해야 하죠?"

"네? 글쎄요 …"

내가 답할 수 있는 질문이 아니다. 상대도 그걸 모르지 않았을 것이다. 어쩌면 그저 말할 곳이 필요했을 수도 있다. 자신의 통증을 의심받지 않으면서 그로 인한 어려움을 잠시라도 말하고 싶었던 걸까. 그래서 '질병권疾病權' 강의를 끝낸 뒤 인근 지하철역 플랫폼에서 이어폰을 꽂고 서 있는 나에게 몹시 조심스러워하면서도 굳이 말을 걸어왔는지 모른다.

그의 얼굴을 잠시 바라본다. 강의 때 유난히 열심히 메모하던 참여자다. 진지한 눈빛이다. 나는 강의 후 피로감이 한가득이었고, 피로감이 짙어지면서 왼쪽 등의 통증도 서서히 날개를 펴는 중이었다. 통증이 있을 때 내 얼굴이 더할 나위 없이 구겨진다는 것을 알기 때문에 어설피 미소를 지어본다. 그에게 통증과 지내는 것이 어떠냐고 묻는다. 그가 이야기를 시작한다.

그는 2년 전부터 몸에 이상 증세가 왔단다. 처음에는 방광염

아파도 미안하지 않습니다

과 식도염으로 병원을 들락거렸다. 방광염은 숙면을 방해했고, 식도염은 소화를 방해했다. 치료를 해도 재발이 잦았는데, 그렇게 반년쯤 지나자 목, 어깨, 종아리 통증이 시작되었다. 이따금씩 목이나 어깨가 빠져나갈 듯 아팠고, 종아리는 찌르는 것처럼 아팠다. 내과부터 정형외과까지 가봤지만 '이상 없다'고 했고, 동네 통증클리닉은 다닐 때만 잠깐 효과를 볼 뿐이었다.

그의 통증은 시간이 흐를수록 빈도가 잦아지고 강도도 세졌다. 통증으로 잠을 이루기 어려운 날이 많아졌다. 수면 부족이 이어지자 일상생활이 힘들었다. 업무 시간에도 집중하기 어려웠고 실수가 잦아졌다. 출퇴근 지하철에서 통증이 시작되면 죽을 것 같았다. 만원 지하철이라 사람들과 부딪치지 않을 수 없는데, 옆 사람과 살짝만 부딪쳐도 너무 아팠다. 옆 사람이 잘못한 게 아니라는 걸 알면서도 화가 났다. 그런 자신이 너무 낯설고 싫었다.

그는 종합병원의 내과와 정형외과에서 상담을 받고, 피 검사부터 MRI까지 정밀 검사를 했다. 결과를 듣기 위해 진료실에 들어가면서 메모지에 칸을 나눠 '원인, 치료법, 일상관리'라고 적었다. 셋 중 하나라도 속 시원한 답을 듣고 싶었다. 하지만 의사는 '이상이 없다'고 했다. 텅 빈 메모지만 들고 나왔다. 그는 불안했다. 신문 건강 칼럼에서 통증은 몸이 보내는 신호이니 반드시 원인을 찾아 치료해야 한다는 글을 봤다고 한다. 그리고 텔레비전에 나오는 의사들조차 암처럼 큰 질병은 최소 두 군데 이상의 병원을 가보라고 조언했다고 한다. 암은 아니었지만, 병원에서 진단을 제대로 못하는 게 아닐까 무섭다고 했다. 불안과 답답함이 엉킨 그의 마음이 느껴졌다.

처음에는 그를 걱정하던 지인들도 종합병원 결과가 나온 이후 한마디씩 던졌다고 한다. 원인불명 통증 환자들이 으레 듣는 "건강염려증이다"(혼자 백 살까지 살아라!), "예민해서 그렇다"(성격 고쳐라!), "다들 조금씩 아프면서 산다"(그 정도도 못 참냐!)와 같은 말이었다. 그는 요새 인간관계가 삐거덕거리는 건 물론이고, 직장도 그만두었다고 했다. 삶 전체가 엉망이 된 기분이란다. 불과 2년 전만 해도 인생 계획이 있었고 열정이 있었는데, 지금은 통증과 절망만 있는 것 같다고 했다. 그가 내게 묻는다. "저는 어떻게 살아야 할까요?"

내가 무슨 말을 할 수 있을까. 그는 견디기 힘든 통증으로 잠도 잘 수 없고 일상생활도 어렵다. 출근해서 일하는 것도 힘들어 실직자가 되었다. 그런데 병원에서 치료법은커녕 이상이 없다고 한다. 주변 사람들은 그의 통증에 의구심을 표하거나 무시한다. 통증은 그의 인생을 헤집어놓고 벼랑 근처로 몰아넣었다. 내가 오히려 그에게 물었다. "지금까지 어떻게 견디셨어요?"

그는 한때 자살을 생각한 적이 있다고 했다. 지긋지긋한 통증과 그 통증이 망가트린 삶에서 벗어날 유일한 방법은 자살이라고 여겼다. 하지만 애인, 엄마, 고양이를 떠올리며 자살충동을 견뎌냈다고 한다. 자신의 자살이 그들에게 안길 '통증'을 떠올리

아파도 미안하지 않습니다

만성통증 환자의 어려움
(복수 응답)

자살충동 35%
수면장애 60%
우울감 44%
집중력·기억력 감소 40%

자료: 대한통증학회(2011)

니 죽으면 안 된다는 생각이 명확해졌다고 한다.

삶을 헤집은 만성통증 때문에 자살충동까지 느꼈다는 그가 유난한 걸까? 나는 단호하게 아니라고 말하고 싶다. 그처럼 심각하진 않았지만, 나도 만성통증으로 3~4년 정도 고생한 적이 있다. 지금은 건강이 호전되면서 통증도 가벼워졌지만, 당시에는 내 삶에 질병과 통증만 가득한 것 같아 숨이 막혔다. 특히 그의 경우처럼 원인이 불명확한 만성통증은 기댈 곳이 없다. 고통스러운데 아무 데도 기댈 곳이 없는 사람의 선택지는 많지 않다. 실제로 대한통증학회가 통증 환자를 대상으로 조사한 결과에 따르면 성인의 10퍼센트 정도가 만성통증에 시달리고 있으며, 그중 35퍼센트는 자살충동을 느낀다고 한다.

그에게 무엇이든 도움이 되는 말을 해주고 싶었지만, 건넬 말이 없었다. 내 통증도 현대의학에서 명확한 원인을 밝혀내지 못했다. 하지만 내 경우는 시기적으로 다른 질병과 함께 왔고, 치료 과정에서 통증도 가벼워진 상태라 내 사례가 그에게 도움이 될 수 없었다. 그나마 들려줄 수 있는 이야기는 한창 통증에 시달릴 당시에 읽었던 자료의 내용이나 고민했던 것이 전부였다. 그는 그 이야기라도 듣고 싶어 했다.

고통을 줄이는 방법

몇 가지 질병이 오면서 몸 곳곳에 통증이 많아진 적이 있다. 죽고 싶을 만큼은 아니었다. 다만 통증은 자려고 누울 때 함께 누웠으며, 책상에도 함께 앉아 존재감을 과시했다. 얼굴은 늘 반쯤 찌푸린 상태였고, 기분도 저조했다. 1년, 2년, 통증이 몸에 머무는 기간이 길어지면서 통증 없는 몸에 대한 기억을 잊어갔다. 통증이 몸의 일부가 아니라 몸이 곧 통증인 것 같았다. 그 느낌이 두려웠다. 그래서 통증을 내 몸에서 분리시켜 사고하기 위해 통증을 이해해보려 했다. 통증을 규명하거나 원인을 찾는 게 아니라 통증 자체를 이해해보려는 노력이었다.

우선 통증은 몸을 보호하기 위한 기능임을 잊지 않으려 했다. 이를테면 통증을 느끼지 못한다면 뜨거운 물에 손이 닿았을 때, 살이 녹아내리는 걸 눈으로 확인한 뒤에야 손을 꺼낼 수 있다. 통증을 느끼는 덕분에 화상 위험이 줄어드는 것이다. 그러니 통증은 내 몸을 살리기 위한 끊임없는 노력임을 상기하고, 감사

아파도 미안하지 않습니다

한 마음을 지녀보려 했다. 그러나 한편으로는 몸이 이상 신호를 보내는데 적절한 조치를 취하지 못하고 있는 게 아닌지, 뜨거운 물속에 계속 손을 넣은 채로 화상을 입고 있는 건 아닌지 불안이 밀려왔다.

그래서 통증의 발생기전에 대한 자료를 찾아봤다. 대한통증학회에 따르면 급성통증은 몸의 이상을 알려주는 경고 신호다. 3개월 이내에 사라지며, 자극을 가할 때만 통증이 증가한다. 건강한 통증이라는 의미다. 반면 만성통증은 통증의 원인이 사라져도 지속되며, 자극이 없어도 계속된다. 이 과정에서 뇌와 척수에 병리적 변화를 일으키기도 한다. 통증 전달 체계가 병에 걸렸다는 뜻이다. 이를 한 의학 칼럼에서는 화재경보기에 비유했다. 화재경보기가 울리면 경보기를 끄는 게 아니라 화재가 발생한 부분을 찾아야 한다. 하지만 화재가 해결된 뒤에도 경보기가 계속 울려대면 경보기에 대한 조치가 필요하다.

이 자료를 읽고 나니 다소 안심이 되었다. 몸의 경보기가 오작동 중일 수도 있다고 생각하니, 찾아지지도 않는 원인에 대한 불안이 누그러졌다. 일단 당장 받고 있는 치료에 충분히 집중해도 될 것 같았다. 그런데 통증이 생긴 지 2~3년 정도 되자 통증에 다른 의미가 있는 건 아닐까라는 생각이 들었다. 나는 종교가 없고 질병에 대한 여러 은유에 반대하는 편이지만, 어쨌든 당시에는 그 통증에 의미를 부여할 무언가가 필요했다. 통증으로 인한 고통을 어떤 식으로든 '쓸모 있게' 만들고 싶었던 것 같다.

그즈음 한 여성주의 타로 마스터를 우연한 자리에서 만났는데, 그는 나의 통증을 '차크라'로 설명했다. 내가 풀어야 할 심리적 과제가 몸을 통해 나타나는 것일 수 있다고 말했다. 이를테면 등의 통증은 통합되지 못한 채 소외된 마음을 의미한다고 했다. 현기증과 두통은 낡은 것을 버리고 재탄생이 필요함을 상징한다고 했던 것으로 기억한다. 흥미롭기는 했지만 신비주의적인 것 같아 거부감도 들었다.

결국 통증을 계기로 몸을 좀 더 잘 보살피는 습관을 기르자고 생각을 바꿨다. MBSR Mindfulness Based Stress Reduction program을 배우러 다녔다. MBSR은 미국 매사추세츠 대학병원의 존 카밧진 Jon Kabat-Zinn 박사가 불교 명상법을 이용해 개발한 스트레스 감소 프로그램이다. 환자들의 통증 관리에도 많이 활용되는 것으로 알려져 있다. 실제 적용은 매우 어려웠지만, 마음과 몸을 쉬게 하는 데 다소 도움이 되었다.

내 이야기를 듣던 그는, 이제 병원 치료는 기대할 수 없으니 자신도 MBSR 같은 걸 배워보겠다고 말했다. 나는 염려가 되어서, 내가 그 정도의 극심한 통증과 함께 산다면 먼저 통증전문클리닉이 있는 3차 의료기관에서 다시 한번 검사와 상담을 받아볼 것 같다고 말해주었다. 그가 방문한 종합병원의 내과와 정형외과에서 왜 통증클리닉을 권하지 않았는지 의아했다. 심인성 환자라고 생각해 "이상 없다"는 말로 진료를 끝내버린 것일까. 나는 그가 의료적 치료를 포기하지 않길 바랐다. 여러 보조 요법이

MBSR에서 다소 도움은 받았지만, 1차적으로는 전문 의료가 우선이다.

도움이 될 수도 있지만, 1차적으로는 당연히 전문 의료에 의존하는 게 안전하다.

나는 그에게 환우회 카페 등에서 본 내용을 전했다. 병원에서 적절한 치료법을 찾지 못한 이들, 특히 그처럼 우울이나 자살 충동을 느낀 이들이 여러 대체요법을 찾아 헤매다 사기를 당한 사례를 들려주었다. 그리고 이상한 종교에 유입된 사례도 덧붙였다. 아마 그들은 도무지 세상에 설명할 길 없는 통증이 불러온 고립감과 두려움에서 간절히 벗어나고 싶었을 테다. 그래서 열심히 길을 찾은 것인데, 더 어려운 일을 겪게 된 것이다. 하지만 지푸라기라도 잡고 싶었을 그들을 비난할 수는 없다.

그는 나에게 적극적으로 통증 치료를 하지 않은 이유를 물어왔다. 당시 나는 이미 내분비내과와 혈액과 등에서 받고 있는 치료가 많았다. 무엇보다 나의 통증이 그의 경우처럼 죽고 싶은 만큼은 아니었다. 물론 나의 또 다른 의료 가치관도 작용했을 것이다. 하지만 나는 극심한 통증이 그 자체로 질병일 수 있으며, 의료적 치료가 필요하다는 주장에 적극 공감한다고 강조했다.

아리스토텔레스는 통증이 사람의 본질을 어지럽히며 파괴한다고 했다. 이는 고문과 연결 지어 생각해보면 명확해진다. 고문이란 잠을 못 자게 하거나 몸에 인위적 통증을 가해 정신을 약탈하고 지배하는 행위다. 통증 환자들은 일상에서 잠을 못 자고 종일 통증을 느끼는 '고문'을 겪는다.

최근 들어 더욱 많은 사람들이 원인불명의 만성통증에 시달리며 살아간다. 통증의 정도는 천차만별이겠지만, 강도 높은 노동과 과도한 경쟁, 환경호르몬이나 미세먼지 등 여러 요소가 작용한 것 같다. 또한 사회적 폭력이 개인의 몸에 미치는 영향도 무시할 수 없다. 이를테면 데이트 폭력으로 정서적 외상(트라우마)을 입은 이들이 더 많은 만성통증을 호소한다는 보고가 있다. 또한 아동 성폭력 피해자는 성인이 되었을 때 만성 골반 통증을 느낄 확률이 높다고 한다. 정서적 외상 때문에 골반 감각을 처리하는 방식이 달라지기 때문이다.

우리 삶이 사회와의 상호작용을 통해 구성되듯 우리 몸도 마찬가지다. 질병을 개인의 책임으로만 돌리면 안 되는 것처럼, 질병을 경험하는 자의 고통을 함께 들어줄 수 있는 사회가 필요하다. 질병의 경중은 생명을 위협하는 정도에 있지만, 삶의 질에도 존재한다. 질병 때문에 삶의 질이 심각하게 위협받는다면, 의학적으로 경증이더라도 본인에게는 중증일 수 있다. 고통받는 이는 자신의 고통을 말하고 싶어 한다. 사회가 아픈 이의 고통을 함부로 재단하지만 않아도, 그 고통에 온전히 귀를 기울여주는 단 한 사람만 있어도 아픈 이가 겪는 삶의 통증은 줄어든다.

환자는 통조림이 아니라 인격체예요

각종 정기 검진을 받기 위해 병원을 방문할 시기가 오면, 나는 "병원 순례가 시작되었다"고 말한다. 여러 진료과를 돌아다녀야 해서 그렇기도 하지만, 종교인이 경건한 마음으로 성지순례를 가듯, 건강해지고 싶다는 간절한 소망을 품고 병원에 가기 때문이다. 그리고 또 하나, 순례자처럼 마음을 비우고 수행하는 마음으로 가지 않으면 불쾌감이나 마음의 생채기를 안고 돌아오기 쉬워서다.

몇 년 전, 현기증이 심해지면서 아랫배에 묵직한 느낌이 생기기 시작했다. 병원 예약을 하고 몇 주를 기다린 끝에 손꼽히는 의사에게 진료를 받는 날이 왔다. 한국 최대의 종합병원답게 복잡한 수납을 거쳐 들어간 첫 번째 장소는 '예진실'이었다. 간호사는 나의 증세를 받아 적었고, 자세한 것은 진료 시간에 의사와 이야기하라고 했다. 그리고 아래층 '초음파센터'에서 검사를 먼저 받고 진료실로 이동하라고 했다. 받을 때마다 언제나 싫은 자궁 초음파 검사가 끝난 뒤 담당 의사의 진료실로 갔다.

아파도 미안하지 않습니다

머리가 하얀 의사는 무뚝뚝한 표정으로 모니터를 보고 있었다. 간호사가 말하길, 의사 선생님이 초음파 검사 결과를 받았는데 다시 직접 검사해야 한단다. 나는 또다시 진료실 의자에 누웠다. 눕자마자 아무 안내도 없이 다시 시작되는 자궁 초음파 검사. 잠시 뒤 따끔거리는 불쾌한 느낌에 몸이 움찔했다. 간호사는 움직이면 진료에 방해가 된다며 주의를 줬다.

의사는 누워 있는 내게 손을 달라고 했다. 내 손을 내 아랫배에 대주며 "이런 게 있으니 혈색이 그 모양이야"라고 말했다. 검사가 끝난 뒤 옷을 입고 의사 앞에 앉자, 의사는 차트에 뭔가를 적으며 근종이 있으니 수술을 해야 한다고 했다. 그리고 간호사에게 MRI 검사를 예약하라고 지시했다. 간호사는 내게 진료가 끝났다며 설명간호사실에 가서 결과를 들으라고 했다.

설명간호사실의 간호사는 수술 날짜를 예약해야 한다고 말했다. 나는 오른쪽 아랫배의 묵직한 느낌이 근종 때문인지 물었다. 간호사는 그건 자신도 모른다고 했다. 그리고 자궁경부암 검사도 실시했다고 말했다. 검사를 안내받은 적이 없다고 하자, 진료실에서 두 번째 초음파 검사를 할 때 담당의가 직접 했다고 한다. 간호사는 MRI 검사 비용이 100만 원 정도라는 말도 덧붙였다. 나는 MRI 검사가 왜 필요한지 물었다. 간호사는 그건 의사 선생님이 필요하다고 판단했기 때문이라고 답했다.

의사와 병원 시스템은 시종일관 무례했다. 나는 시종일관 당혹스럽고 불쾌했다. 의사의 반말과 태도가 황당했음은 물론이다. 의사는 차트를 보며 간호사와만 대화했다. 마치 나는 그 자리에 없는 것처럼. 의사에게 증세를 말하거나 질문할 기회가 전혀 없었다. 증세에 대한 구체적인 설명을 듣고 싶었지만, 설명간호사는 내가 던진 대부분의 질문에 잘 모르겠다고 답했다.

자궁 초음파 검사를 할 때, 한마디 안내도 없이 차가운 스틱과 함께 시작되는 무례함은 이미 경험한 적이 있어 새로울 게 없었다. 하지만 환자에게 어떤 안내나 동의 절차도 없이 자궁경부암 검사를 한 것, 그리고 검사비가 무려 100만 원 가까이 드는 MRI를 찍으라면서 그 이유가 의사가 해야 한다고 말해서라니! 이 병원 시스템과 의사는 내가 경험한 병원 중 손꼽히는 최악이었다. 병원 문에 들어서고 수납을 한 이후부터 컨베이어 벨트 위에 놓인 통조림이 된 기분이었다.

그 무력감과 불쾌감이 뒤엉긴 기분. 더욱 화가 나는 건 내가 단 한마디도 이의를 제기하지 않고, 순한 양처럼 듣고만 있었다는 점이다. 질문했다가 여러 번 묵살당한 경험 때문인지 언젠가부터 의사들 앞에 가면 주눅이 들었고, 복도 가득 기다리는 환자들을 위해 빨리 일어서야 할 것만 같았다. 병원에 갈 때마다 다짐한다. 의사에게 궁금한 점은 꼭 묻고, 불쾌한 일이 생겼을 때애서 불쾌감을 감추지 말자고.

그날도 그랬다. 앞서 언급한 담당 의사의 무례한 태도를 포함해 여러 이유로 다른 종합병원 산부인과에 초음파와 MRI 검사 결과지를 들고 방문한 날이었다. 그곳 담당 의사는 "어차피 당장 수술을 할 수도 없는데, 멀리까지 왔으니 주사나 한 대 맞고 가시라"고 경쾌하게 말했다. 나는 어떤 주사고 왜 맞는지 물었다. 의사는 내가 수술을 받을 수 있는 체력이 될 때까지 몇 달의 시간이 필요할 거라며(당시 나는 빈혈 등 여러 수치가 낮아서 수술을 받을 수 없는 상태였다), 그 주사를 맞으면 근종의 성장을 막아준다고 했다. 나는 갑상선암 수술을 앞두고 있는데 영향은 없을지, 그리고 꼭 맞아야 하는 주사인지 다시 조심스럽게 물었다. 의사는 아마 별 상관없을 것이라고, 원하지 않으면 안 맞아도 되지만 근종 상태가 악화될 수 있다고 말하면서 얼굴을 찡그렸다.

나는 당시 체력이 너무 떨어진 상태라 주사가 몸에 미치는 부작용은 없는지 염려되었다. 암과 관련해 '아마' 별 상관이 없을 것이라는 의사의 말도 탐탁지 않았다. 무엇보다 "멀리까지 왔으니 주사나 맞고 가시라"는 말에 신뢰가 느껴지지 않았다. 먼 곳까지 왔으니 오렌지 주스나 한 잔 마시고 가라는 말이 아니지 않은가! 하지만 의사는 모니터 화면으로 시선을 옮긴 채, 주사를 맞으면 3개월간 효과가 지속되므로 3개월 뒤에 다시 보자고 했다. 나는 더 질문하지 못했다. 결국 다시 순한 양이 되어 주사를 맞고 집으로 돌아왔다.

주사를 맞은 몇 주 뒤부터 손마디와 무릎관절이 쑤시고 아팠다. 발뒤꿈치도 아팠고, 체온조절이 잘 되지 않았으며, 얼굴에 열이 나기도 했다. 워낙 여러 통증을 달고 있긴 했지만 기존에 없었던 새로운 종류의 통증과 증세였다. 이후 3개월 만에 다시 병원에 갔을 때 의사에게 조심스럽게 물었다. 내가 새롭게 겪는 증세가 혹시 그때 맞은 주사와 관계가 있는지. 그러자 의사는 예의 그 경쾌한 말투로, 골다공증 증세가 오는 것이며 그 주사의 후유증 때문이라고 설명했다.

나는 왜 그걸 미리 설명해주지 않았냐고 화를 내고 싶었다. 어차피 똑같이 겪을 증세여도 최소한 새로운 질병이 왔을까 봐 두려워하지 않을 수는 있었다고 핀잔을 주고 싶었다. 하지만 한마디도 하지 못했다. 오히려 "아, 네 그렇군요. 그래서 그런 거라니 차라리 다행이네요"라고 말한 뒤 병원을 나왔다. 그런 내가 한심했고 자책감이 들었다. 하지만 다시 돌아간다 한들 다르게 말할 수 있었을까? 당시 나는 그 의사에게 수술 날짜를 예약해둔 상태였다.

쿠마병원 방문기

종합병원에서 겪은 불쾌한 경험을 이야기하다 보면, 여러 지인들이 자신의 경험을 들려준다. 내용은 달라도 불쾌감의 정도는 비슷하다. 그리고 드물지만, 불쾌함이나 긴장감을 느끼지 않고 편안하게 대화할 수 있는 의사를 만나기도 한다.

나는 일본의 쿠마병원이 가장 기억에 남는다. 내가 갑상선암 진단을 받고도 수술하지 않는다는 소식을 들은 일본인 친구가 연락을 해왔다. 일본에 갑상선 전문 병원이 있다며 진료를 권했

아파도 미안하지 않습니다

다. 나도 인터넷에서 그 병원과 관련된 글을 본 기억이 났다. 한국의 병원과 치료 가이드라인이 다르고 예후도 좋다는 내용이었다.

검사비는 의외로 한국과 큰 차이가 없었다. 하지만 항공료와 체류비 때문에 조금 고민스러웠다. 그래도 한국과 달리 하루 안에 모든 검사를 마칠 수 있다는 친구의 말을 듣고 진료를 받기로 결정했다. 당시 내가 다니던 종합병원에서는 갑상선 초음파와 세침 검사 등을 위해 몇 주에 걸쳐 병원을 방문해야 했다. 그러나 쿠마병원은 홍보 문구에 적혀 있듯 정말 환자 중심 병원인지, 하루 안에 모든 검사를 할 수 있는 시스템이라고 했다.

쿠마병원은 넓고 낯설었지만 헤매지 않고 검사실을 찾아다닐 수 있었다. 물론 한국어를 잘하는 일본인 친구가 통역하며 동행해주어서 가능한 일이었지만, 검사 접수를 하면서 받은 삐삐 같은 기계와 약도의 도움도 받았다. '삐삐'(나빗토)는 하나의 검사가 끝나면 다음으로 방문해야 할 검사 장소를 안내했다. 몇 층에 있는 무슨 검사실로 이동하라는 식이었다.

검사실에 들어가면 의사나 간호사가 어떤 과정으로 어떤 검사를 하겠다고 안내해주었다. 이를테면 갑상선 초음파 검사를 위해 침대에 눕자, 검사를 시작하기 전에 의사가 먼저 통증이 있는 검사가 아니니 염려하지 말라고 말했다. 그리고 검사를 위해 젤 같은 것을 바를 텐데 차갑게 느껴질 수 있으니 놀라지 말라는 말도 덧붙였다.

갑상선에 주사 바늘을 넣는 세침 검사를 받기 위해 새로운 검사실을 방문했을 때도 마찬가지였다. 의사는 따끔하긴 하겠지만 통증은 크지 않으며, 부작용이나 위험성도 거의 없는 검사라고 설명해주었다. 외국이고, 일본어를 할 줄 몰라 긴장감이 컸지만, 검사가 진행될수록 병원 시스템과 의사들의 친절함에 어설픈 일본어로나마 고맙다는 말을 진심으로 연발하게 되었다.

검사를 마치고 며칠 뒤에 결과를 들으러 방문했을 때, 담당의사는 갑상선 모형을 보여주며 나의 상태를 설명해주었다. 어

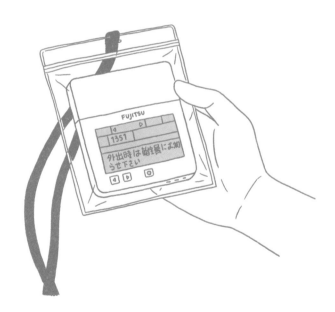

일본의 쿠마병원에서는 검사 순서와 장소를 안내해주는 '삐삐'를 받는다.

아파도 미안하지 않습니다

느 부위에 어떤 형태로 암이 자리하는지 초음파 사진과 함께 대조해주고 그림을 그리면서 설명을 이어갔다. 그리고 수술이 필요할 것 같다며, 수술 과정을 간략히 써주었다. 수술 이후에는 갑상선 호르몬제만 매일 복용하면 아무 문제없이 생활할 수 있다고 했다. 또 의사는 내가 적어 낸 문진표(환자의 생활환경과 습관 등을 조사하는 여러 장에 걸친 질문 목록)를 보더니 생활습관이 좋다고 했다. 지금처럼 수술 후에도 잘 관리하면 건강해질 거라며 웃어주었다.

나는 수술 이외의 방법이 없는지 물었다. 의사는 수술의 안전성과 임상 사례를 설명한 뒤 문진표에서 내가 채식주의자라는 걸 봤다고 말했다. 이어서 수술 후 복용해야 하는 호르몬제가 혹시 동물실험으로 개발되었을까 걱정하는 거라면 그렇지 않으니 안심해도 된다고 했다. 그 순간 느꼈다. '여기선 내가 사람이구나.' 이상한 말이지만 그랬다. 질병이 있는 대상이 아니라 인격체로서 존중받는 느낌이었다.

종합병원에서 내과나 산부인과 등을 돌며 의사들을 만날 때마다 떠오르는 이미지가 있다. 정육점에 걸려 있는 '소 부위별 그림'이다. 처음에는 내 몸이 진료과에 따라 유기성 없이 조각난 부위로 관찰되는 느낌 때문에 그 이미지가 떠올랐던 것 같다. 그런데 병원을 오래 다니면서 의미가 확대되었다. '소 부위별 그림'을 보면, 소가 하늘의 햇살과 따뜻한 바람에 반응하는 생명체로 보이지 않는다. 오로지 등심이나 안심 같은 '고기'로만 존재한다. 나도 때로 의사 앞에서 부위별 질병을 가진 대상으로만 존재한다고 느꼈다. 더 정확히는 내 몸에서 총체적 인격이나 감정 따위는 다 사라지고, '부위별 질병'으로만 존재하는 느낌이 들곤 했다.

그래서 병원에서 의사와 책상을 사이에 두고 앉을 때는 나도 모르게 감정이나 인격을 지우려 한 것 같다. 그런데 쿠마병원 의사로부터 호르몬제가 동물학대 실험으로 개발된 건 아니니 안심하라는 말을 듣자, 짧은 순간이지만 내 몸이 변했다. 내가 '부위별 질병'이 아니라 인격을 지닌 총체적 사람으로 온전히 복원되는 것을 느꼈다.

의사가 환자의 가치관이나 철학까지 염두에 두고 설명하는 것이 반가우면서도 낯설었고, 동시에 너무나 고마웠다. 얼마나 감동했는지 아직도 그 의사의 다정한 표정이 생생하다. 사실 내가 수술을 꺼린 것은 오로지 내 건강 때문이었지 동물실험으로 개발된 약에 대한 고민과는 상관없었다. 의사의 배려와 상상력이 놀랍고 고마울 뿐이었다.

그날 의사와 진료실에서 50분 정도 대화를 나누었다. 통역 시간이 포함된 것이지만, 그 병원에서 일반적으로 20~30분 진료는 특이한 일이 아니라고 했다. 쿠마병원의 시스템이 일본의 보편적인 병원 시스템인지는 잘 모르겠다. 그리고 내가 외국인이라 조금 더 친절했는지도 모른다. 어쨌거나 나는 이 경험을 통해 환자로서 누려야 할 권리가 무엇인지 처음으로 몸소 느꼈다.

아파도 미안하지 않습니다

우리는 통조림이 아니라 총체적인 사람으로 대우받을 권리가 있다!

앞으로 내가 이용하게 될 여러 종합병원에서 나는 쿠마병원에서만큼은 아니더라도 좀 더 존중받기를 원한다. 병원이 자주 가고 싶은 안락한 곳은 아니더라도 불쾌감이나 불편함은 없는 곳이길 바란다. 하지만 이를 위해 내가 당장 할 수 있는 게 별로 없는 것 같다. 앞으로도 병원에서 불쾌한 경험을 할 확률이 낮지 않을 것 같은데, 그때도 나는 여전히 침묵을 지키게 될 것이라고 생각하면 무력감이 밀려든다.

영어로 '환자patient'는 고통받는 사람이라는 의미를 담고 있다. 질병에 걸린다는 것은 자기 삶의 통제권을 상실하는 경험이다. 그런데 고통받는 사람이 질병으로부터 주체적 삶을 회복하려고 찾는 병원에서, 통증이나 질병이 아니라 의사나 시스템 때문에 또 다른 무력감과 통제권 상실을 경험하게 된다. 단순히 의사가 환자에게 보다 친절한 말투로 설명해야 한다는 문제가 아니다. 좀 더 근본적인 이야기를 하고 싶다. 환자의 건강은 수술대와 약, 세포의 수치 속에만 있지 않다. 나는 질병에 점유되지 않은 삶, 스스로 계획하고 선택하는 삶을 살기 위해 치료를 받으러 병원에 간다.

의사의 역할이 전문 지식으로 환자의 치료를 주도하는 동시에 궁극적으로는 치유를 향해 가도록 돕는 것이라고 한다면, 한국의 여러 종합병원 시스템과 적지 않은 의사들의 태도는 그 역

할에 위배되는 것 같다. 의사가 통제할 것은 환자의 질병이지 환
자 그 자체는 아니다.

아파도 미안하지 않습니다

양방과 한방 이야기

"사진 찍어도 별 이상이 없다는데, 몸이 계속 아파."

교통사고로 입원한 친구가 전화를 걸어 볼멘소리를 한다. 의사는 별 이상이 없다는데, 자신은 여기저기 안 아픈 곳이 없단다. 열흘 넘게 입원해서 매일 물리치료를 받고 있지만 별로 호전되지 않았다며, 잠을 제대로 못 잘 만큼 통증이 심한데 어쩌면 좋겠냐고 묻는다. 목소리에 잔뜩 답답함이 묻어난다.

나는 양방에서 특별한 이상이 발견되지 않는 교통사고 후유증이라면, 침을 맞는 게 도움이 될지 모르니 근처 한의원이라도 가보라고 했다. 물론 담당 의사가 알면 기겁할 테니 점심시간에 몰래 나가 치료를 받으라고 했다. 흔적이 남는 부황이나 냄새가 배는 뜸 같은 건 하지 말고, 티 안 나게 침만 맞고 오라는 조언과 함께. 길고양이처럼 살금살금 수행해야 하는 작전이다!

몰래 뜸뜨기의 추억

나도 예전에 그런 적이 있다. 몇 년 전 수술을 받고 입원해 있던 때였다. 수술 부위의 통증뿐 아니라 몸 전체가 너무 무거웠다. 그때는 한창 뜸 치료를 할 때라 입원 전날까지도 매일 뜸을 떴다. 뜸을 뜨면 몸이 따뜻해지면서 가벼워지는 것 같았고, 숙면에 들기 좋았다. 병원에 있는 내내 '뜸을 좀 뜨면 잠이라도 푹 잘 텐데' 하는 생각이 들었지만, 의사가 알면 분명 화를 낼 일이었다.

병원 침대에서 밤잠을 못 자고 뒤척이며 며칠을 보낸 뒤, 결국 나는 작전을 감행했다. 혹시나 해서 가방에 챙겨온 뜸통을 들고 병원 정원의 후미진 곳을 찾았다. 환자복에 냄새가 배면 안되니 무릎 담요와 점퍼로 환자복을 감쌌다. 그리고 뜸통을 꺼내 의사나 간호사에게 혹시라도 들킬 염려가 없는 다리 쪽에만 뜸을 떴다. 얼마 뒤 몸이 좀 가벼워지는 느낌이 들었고, 그날 밤 오랜만에 뒤척이지 않고 잠을 잘 수 있었다.

교통사고가 났던 지인으로부터 다시 전화가 왔다. 병원에서 더 이상 해줄 수 있는 게 없다고 해서 퇴원을 했고, 한의원 치료를 시작했다고 한다. 침을 맞으면서 통증이 한결 완화되어 그나마 살 것 같단다. 한의사가 교통사고 직후 바로 치료했으면 좋았을 텐데, 이미 어혈이 몸에 스며든 후라 치료 기간이 좀 길어질 거라고 했다며 한숨을 쉬었다.

지인은 입원 당시 병원 앞에 한의원이 있는 것까지는 확인했

아파도 미안하지 않습니다

지만, 몰래 치료받으러 다닐 엄두가 나지 않아 포기했다고 한다. 어차피 호전되지도 않았는데, 병원에서 일찍 퇴원하거나 몰래 침이라도 맞으러 다니면 좋았을 거라고 후회했다. 입원 내내 통증에 시달렸던 시간을 생각하니 뭔한 건가 싶고, 결국 회복도 더딜 거라고 하니 속이 터진다는 말을 몇 번이나 반복했다. 그리고 뭔지 모를 억울함이 든다고 했다.

'뭔지 모를 억울함.' 나도 어떤 건지 알 것 같았다. 한의사들은 양방(현대의학) 진료에 그나마 거부감을 덜 표하지만, 내가 만난 대부분의 의사들은 한방 치료에 부정적이었다. 의사들과 진료 상담 중에 침·뜸 치료를 받거나 한약을 먹는다고 이야기하면 의사들 표정이 좋지 않은 경우가 많았다. 심지어 어떤 의사는 미신 신봉자 취급을 하며 혼내기도 했다. 그럴 때마다 나는 커닝이라도 하다 들킨 학생처럼 고개를 숙인 채 조용히 의사의 말을 듣곤 했다.

사실 여러 환자들은 직간접 경험으로 알고 있다. 응급치료부터 정밀한 검사와 수술은 양방이 더 좋을 때가 많지만, 어떤 질환에서는 한방 치료가 더 효과적이라는 것을 말이다. 이를테면 중풍(뇌졸중)으로 갑자기 쓰러졌을 때는 양방에서 수술과 약물 치료를 받는 것이 우선이다. 하지만 수술 후 팔다리 경직(마비) 등 후유증이 오면 양방에서는 재활치료 외에 해줄 수 있는 것이 별로 없다. 이런 경우 한방에서 침 치료를 받으면 경직이 다소나마 부드러워지기도 하고, 재발 예방에 도움이 된다고 한의사들

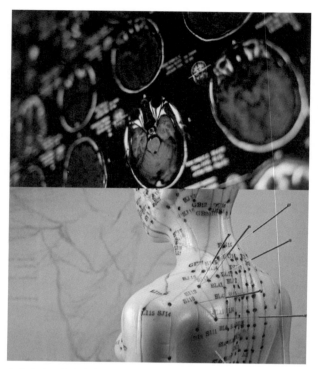

오히려 서구에 양·한방 통합 치료가 이루어지는 곳이 많다.

은 설명한다.

물론 중풍 외에도 난임, 디스크, 만성 어깨 통증 등 한방 치료 사례는 많다. 특히 최근에는 암과 관련해 양방에서 수술 요법을 시행한 후, 항암 과정 중 발생하는 구토나 섭식장애 등의 부작용에 대해 침이나 여러 한방 치료를 병행한 사례를 어렵지 않게 들을 수 있다. 이와 관련해 다양한 긍정적 효과를 언급한 의학 칼

아파도 미안하지 않습니다

럼이나 논문도 여럿 찾아볼 수 있었다. 병행 치료의 여러 효과는 환자들의 경험으로 이야기되기도 하고, 과학적으로 입증된 것도 적지 않은 듯하다.

눈치 보는 환자들

그럼에도 나를 포함한 환자들은 양방과 한방 의사들의 전문적인 조언을 들으며 양쪽의 치료를 받기보다는 눈치껏 알아서 병행해야 한다. 극히 일부의 양·한방 협진 병원이 있긴 하지만, 정책적으로 우리 사회는 양·한방 이원 구조다. 여전히 양방에는 한방을 비과학적이라고 배척하는 분위기가 있고, 한방에서는 양방이 국소적인 의료라며 불신하는 분위기를 보인다.

서로에 대한 불신에는 양방과 한방이 인간의 몸과 질병을 바라보는 시각, 즉 의료에 대한 근본적 관점의 차이가 작용하는 것 같다. 양·한방 병행 치료의 효과와 부작용에 대한 연구가 부족해서 그럴 수 있겠다는 생각도 든다. 하지만 양·한방 갈등을 둘러싸고 심심찮게 보도되는 기사를 보면 답답할 뿐이다. 두 집단은 전문성이나 국민 의료 증진을 내세우지만, 질병으로 고통받는 환자들의 눈에는 영역 다툼과 밥그릇 싸움을 하는 것처럼 비치기도 해서다. 자본의 논리로 움직이는 세상에서 의료계도 예외는 아닐 테니 그 자체가 놀랍지는 않다.

하지만 환자들이 양방과 한방을 오가며 눈치 보는 현실은 그

부당성이 심각하다. 특히 나처럼 양의학으로 잘 치료되지 않는 질병이 있거나 통증이 많은 이들은 한의학이나 대체의학에 관심이 갈 수밖에 없다. 그러나 현재 시스템으로는 의료 전문가들로부터 양·한방의 다양한 치료법을 제대로 듣고 비교해 선택할 수 없다. 환자가 양·한방 의사들에게 각각 듣고 알아서 판단한 뒤 진료를 선택해야 하는 현실이 너무나 아쉽다. 게다가 한국의 한방 치료 기술은 세계적으로도 뒤처지지 않는다는 이야기를 들은 적이 있는 터라 아쉬움이 더하다. 나와 같은 환자들이 한국 사회에 적지 않을 텐데, 우리는 언제까지 이런 상황에 놓여야 할까.

입원해 있을 때 다른 환자로부터 외국에서는 양·한방 통합 치료가 이루어진다는 이야기를 들은 게 떠올랐다. 혹시나 해서 관련 자료를 찾아보았다. 서구에서는 우리가 한방이라고 부르는 침이나 뜸, 한약 같은 치료를 대체의학이라는 이름 아래 포괄적으로 규정한다고 한다. 동종요법homeopathy(자연치유력에 근거해 질병 증상과 유사한 반응을 유발시켜 치료하는 방법)이나 카이로프랙틱chiropractic(수술을 하지 않고 척추를 교정하는 수기 치료법) 등 여러 치료법도 여기에 포함된다. 국가마다 대체의학의 범위가 다르고 자격증을 관리하는 방식도 차이가 있지만, 대체로 현대의학과 대체의학으로 구분하는 것으로 보인다.

대체의학을 다룬 한 논문에 따르면, 독일에서는 환자에게 유익하다고 여겨지면 현대의학 이외에 침술이나 동종요법 등 대체의학으로 진료할 수 있다. 영국에서도 의료진의 선택으로 대

아파도 미안하지 않습니다

체의학을 사용할 수 있다고 한다. 미국은 국립보건원 국립암연구소에 암보완대체의학 사무국이 설립되어 있다. 이외에도 하버드, 존스홉킨스, UCLA 등 주요 대형 병원들이 통합의학센터를 개설해 운영하고 있으며, 그곳에서 침이나 명상 같은 대체의학 치료가 병행된다. 중국에도 중의학과 현대의학을 결합한 전문 병원이 여러 곳 있다고 한다.[21]

몇 가지 논문 자료들만으로는 외국에서 통합의료가 얼마만큼 실효성 있게 진행되는지 확인할 수 없었다. 하지만 환자들이 한 병원 안에서 양쪽 의사들의 눈치를 보지 않고 의료를 선택할 수 있다는 것만으로도 이상적인 듯하다. 통합적 의료가 시행되는 사례들을 보니, 외국 사례이지만 반갑고 조금은 안심이 된다.

한국에서도 의료 통합에 대한 논의는 꾸준히 있어왔다. 한국의 많은 시스템이 이른바 '서구 선진국' 사례를 따르는 경우가 많기에 의료 시스템도 곧 통합 방향으로 갈지 모른다고 막연한 기대를 품고 싶다.

양방과 한방을 떠나 모든 의학은 질병에 갇히지 않는 건강한 삶을 목표로 한다. 일부 의료인은 직업인으로서 의학을 도구 삼아 더 많은 돈을 버는 것이 목표일 수도 있다. 그러나 정부는 시민의 건강권을 보장하고 질 좋은 의료 서비스를 제공하는 정책을 만들 의무가 있다. 정부가 공론화를 위한 장을 열고, 환자들의 목소리까지 적극적으로 수렴해서 통합 정책을 추진하길 기대한다.

치료를 선택할 권리

"갑상선암 수술한 거 후회해요. 손발 저림도 자주 있고, 체력이 너무 딸려서 직장도 그만뒀어요. 암세포가 왼쪽에만 겨우 0.4센티미터 있었고 주변 침범도 전이도 없었어요. 그런데 전절제 全切除 수술에 방사성 요오드 치료까지 했거든요. 진희님, 반절제 半切除 수술한 거 정말 부러워요."

갑상선암 환우회 카페에서 알게 된 이들과 가끔 정보나 위로를 나누는데, 일부 회원들이 내게 부럽다고 한다. 암 환자들끼리 수술 방식에 대해 부럽다고 표현하는 것이 처음에는 조금 우스워 보였지만, 환우회 카페에서는 흔한 풍경이었다.

특히 갑상선 양쪽을 모두 제거하는 전절제 수술을 받은 이들이 나에게 부럽다는 말을 부쩍 많이 하는데, 그때마다 나는 운이 좋았을 뿐이라고 답한다. 이미 수술한 이들에게 내가 건넬 수 있는 최선의 답변이지만, 사실 운 때문만은 아니었다. 의료에 관한 가치관이 없었다면 나도 그들처럼 담당 의사의 지시에 무조건 따랐을 것이고, 후회했을지도 모른다.

아파도 미안하지 않습니다

수술법을 고르다

　주변의 온갖 만류에도 불구하고 가치관대로 밀고 갈 때가 있다. 2011년 1월도 그랬다. 원인을 찾을 수 없는 출혈과 현기증, 비 맞은 옷을 입은 듯 늘 차갑고 눅진한 몸과 함께 살 때였다. 병원의 여러 과를 돌아다녀봤지만 증상에 대해 뾰족한 진단명도, 치료법도 듣지 못해 지쳐가던 시절이었다. 혹시나 싶어 받아본 종합검진에서 엉뚱하게도 갑상선암 진단이 나온 때이기도 하다 (언급한 증상과 갑상선암은 관계가 없다).

　처음 갑상선암 진단을 한 Y대 병원 의사, 혹시 오진이 아닐까 싶어 가본 S대 병원 의사 모두 빠르게 수술 일정을 잡겠다고 했다. 오른쪽엔 1.2센티미터 암세포 하나, 왼쪽엔 0.5센티미터 이하의 암세포로 보이는 결절이 여러 개 보인다고 했다. 갑상선 양쪽을 모두 제거하는 전절제 수술이 필요하며, 수술 후에는 잔존하는 암을 예방하기 위해 방사성 요오드 치료도 고려하겠다고 했다.

　하지만 나는 확신이 서지 않았다. 갑상선암은 내 몸에 불편하거나 위험한 증상을 유발하지 않았고, 주변 침범이나 전이도 없었다. 게다가 성장도 느린 거북이 암이다. 그런데도 굳이 예민한 호르몬 기관인 갑상선을 통째로 제거하는 것이 옳을까? 심지어 미량의 방사성 물질을 알약으로 섭취하는 방사성 요오드 치료까지 받아야 하나?

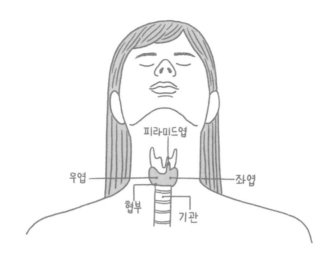

피라미드엽

우엽 ——————— 좌엽

협부

기관

갑상선	두 개의 엽(좌엽, 우엽)으로 구성되며, 신체의 대사작용을 조절하는 갑상선 호르몬을 생산
갑상선 결절	갑상선에 있는 혹. 결절 중 약 5~10%는 악성결절(갑상선암)
갑상선 전절제	갑상선 양쪽을 모두 제거하는 수술
갑상선 반절제	갑상선 우엽 또는 좌엽을 절제하는 수술
방사성 요오드 치료	방사능을 방출하는 방사성 요오드를 이용한 갑상선 질환 치료법

자료: 질병관리본부

아파도 미안하지 않습니다

나는 일단 수술 일정을 취소했다. 물론 가족을 비롯해 가까운 이들은 불안해하며 만류했다. 갑상선암 전이로 사망한 사례를 들고 와서 간절하게 설득하는 이도 있었다. 그때는 지금처럼 갑상선암 수술 과잉 논란이 본격화되기 전이라 주변 사람들의 염려가 더 컸던 것 같다. 하지만 나는 이미 건강이 좋지 않아 일상생활에 어려움이 있는 상태였다. 거기에 갑상선까지 제거하면 다양한 수술 후유증이 생기거나 체력이 더 저하될까 봐 걱정스러웠다. 이런 염려를 담당 의사들에게 전했지만, 잘 모르겠다며 수술을 해봐야 알 수 있다는 답변만 돌아왔다. 나는 술을 비롯해 나쁜 생활습관을 끊고, 식이요법과 침·뜸 요법으로 몸의 면역력과 자정작용을 최대한 키우면서 출혈과 현기증의 개선을 도모했다. 동시에 6개월마다 한 번씩 갑상선 검사도 병행했다.

　결국 여러 고민 끝에 갑상선암 진단을 받은 지 만 2년을 훌쩍 넘기고서야 수술을 결정했다. 하지만 애초 의사들이 권한 전절제 수술을 받고 싶지는 않았다. 우선, 기본적으로 나의 의료적 가치관은 최소 수술, 최소 약물이다. 게다가 일본을 비롯한 몇 군데 해외 사례를 살펴보니 내게는 한쪽 갑상선만 제거하는 반절제가 더 적합해 보였다. 나는 갑상선 외과 의사들 중에 최소 수술, 최소 약물을 지향하는 의사를 찾아봤다. 결국 수술 경험이 많은 의사로부터 반절제만으로도 충분해 보인다는 의견을 받았고, 그 의사에게 갑상선의 오른쪽만 제거하는 반절제 수술을 받았다. 물론 방사성 요오드 치료는 받지 않았다(전절제 수술 환자에게만 가능하다). 담당 의사는 반절제 수술 이후에 일부 의사들이 예방 차원에서 처방한다는 갑상선 호르몬제도 처방하지 않았다. 나에게는 최선의 선택이었고 만족스러웠다. 하지만 가까운 이들은 수술을 받아 다행이라고 하면서도 남겨둔 갑상선의 결절이 암일까 봐 불안하다며 근심 어린 소리를 자주 했다. 하지만 이제는 그마저도 사라졌다. 갑상선암 수술 가이드라인이 변경되었기 때문이다.

2015년 미국 갑상선학회 가이드라인에 따르면, 1센티미터 이하의 결절은 암세포 여부에 대한 검사 없이 관찰하고, 1~4센티미터 암세포는 주변 침범이나 전이가 없다면 전절제와 반절제 중에 선택하며, 4센티미터 이상이면 전절제한다. 2016년 11월 한국의 대한갑상선학회도 새로운 권고안을 발표했다. 전이나 주변 침범이 없는 1센티미터 미만의 작은 갑상선암은 수술 없이 관찰하고, 1~4센티미터 암세포는 반절제 수술을 시행할 수 있으며, 예방적인 방사성 요오드 치료도 많이 하지 말라는 내용이다.

물론 내가 수술받은 당시는 이러한 의료 가이드가 나오기 전이고, 전절제 수술이 훨씬 일반적이던 시절이었다. 누군가는 선견지명이 있었냐고 하지만, 의료인도 아닌 내가 특별한 지식이 있었을 리 없다. 다만 아프기 전에 의료에 관한 가치관을 확립한 것이 갑상선암을 포함해 여러 의료적 선택을 할 때마다 큰 도움이 되었다.

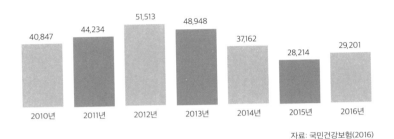

연도별 갑상선 수술 건수

40,847 / 44,234 / 51,513 / 48,948 / 37,162 / 28,214 / 29,201

2010년 2011년 2012년 2013년 2014년 2015년 2016년

자료: 국민건강보험(2016)

갑상선암 과잉 수술 논란이 이어지면서 수술 건수가 크게 감소하는 추세다.

의료 가치관이 필요한 이유

일반인이 의료에 대한 가치관을 갖는 게 여전히 낯설다는 이들이 많다. 건강하던 내가 몸이나 의료에 처음 관심을 두게 된 것은 이십 대 후반이었던 것으로 기억한다. 사회를 바꾸는 거대한 투쟁 이외에도 평소 자급자족률을 높이는 삶, 자본과 좀 더 거리를 두는 삶에 관심을 품고 일상을 재구성할 때였다. 즉, 화폐 이용을 최소화하기 위해 물물교환을 즐기며, 미용실을 가지 않으려 머리를 스스로 자르고, 은행 이용도 최소화하는 실험적 삶을 시도해보던 시절이었다.

그때 처음 의료와 몸에 관심이 생겼다. 의료자본에 덜 휘둘리고 살려면 일단 아프지 말아야 하고, 일상에서 스스로 건강을 지킬 수 있는 최소한의 지식도 필요했다. 주말이면 민중 의료나 의료 산업에 대한 책을 읽고 세미나에 참여했다. 그러면서 양·한 방의 의료관 차이나 의료자본 시스템을 조금 이해할 수 있었다. 이러한 과정을 통해 어린 시절 사소한 질병을 치료할 때 겪은 일들을 해석할 수 있게 되었고, 의료에 관한 가치관도 정립할 수 있었다.

내가 보기에 현대의학은 정밀한 검사와 뛰어난 외과 수술 능력은 있지만, 몸을 총체적인 유기체로 보는 일에는 상대적으로 취약한 것 같았다. 그래서 큰 병이 오면 '몸의 조화가 깨져 질병이 오는 것으로 인식'하는 한의학적 관점도 필요해 보였다. 적절한 생활습관을 만들고 면역력을 높이며 최소한의 수술을 받는 방법이 좋겠다고 판단했다. 아울러 의료도 시스템 안에 놓여 있고, 결국 사람이 하는 일이라는 당연한 사실을 좀 더 구체적으로 생각해보게 되었다.

그런 점에서 나는 환자들이 '의사가 전문가인데 가장 잘 알겠지'라며 무조건 의존하는 것이 반드시 좋은 선택은 아니라고 본다. 물론 의사는 환자의 질병을 치료하기 위해 최선의 선택을 한다. 하지만 의사마다 그 최선의 '선택'에 조금씩 차이가 날 수 있다는 점이 중요하다. 수술 이후에 후유증이나 합병증을 안고 살아갈 이는 환자 본인이며, 몸이 여러 개가 아니니 후회하거나 원망한들 돌이킬 수 있는 방법도 없다.

아파도 미안하지 않습니다

앞서 설명한 갑상선암 수술이 좋은 예다. 특히 갑상선 한쪽에만 암이 있을 때 전절제와 반절제 논쟁이 그렇다. 전절제를 선호하는 의사들은 한쪽에만 암이 있다 하더라도 다른 편에 보이지 않는 암세포가 존재할 가능성을 염두에 둔다. 또한 림프절로 전이되었을 확률이 적지 않으므로 재발 위험을 낮추기 위해서라도 전절제 수술이 안전하다고 보는 듯하다. 그리고 잔여 암을 치료하는 방사성 요오드 치료를 시행할 수 있기 때문이기도 하다.

반면 반절제를 선호하는 의사들은 갑상선암이 매우 느리게 성장하므로 남겨놓은 갑상선에 대해 꾸준히 정기 검진을 받으면 된다고 말한다. 전절제를 하면 갑상선 호르몬이 더 이상 만들어지지 않아 갑상선 호르몬제를 매일 먹어야 한다. 하지만 아무리 과학기술이 뛰어나다 한들 자기 몸에서 나오는 호르몬만큼 좋을 수는 없다. 수술 후유증이나 합병증 발병률도 전절제가 반절제보다 두 배나 높다. 그러므로 예방 차원에서 굳이 전절제를 시행하는 것은 삶의 질을 고려했을 때 좋은 선택이 아닐 수 있다고 보는 듯하다.

둘 다 일리 있는 주장이며, 환자들이 각자의 의료적 가치관에 따라 선택하면 되는 문제라고 본다. 그런데 안타깝게도 한국의 많은 의사들은 환자가 선택할 수 있도록 하는 게 아니라, 의사 입장에서 가장 최선이라 판단하는 것을 하나로만 제시하는 경우가 빈번하다. 많은 환자가 다른 치료법이 있을 수 있음을 알지도 못한 채 담당 의사가 제시한 치료법을 따라간다.

내가 처음 방문한 두 군데 병원에서도 의사가 반절제 수술에 대해 말해주지 않았다. 하지만 최소 수술, 최소 약물이라는 의료 가치관을 갖고 있던 터라 혹시 갑상선을 제거하지 않는 치료법이 없을지 자료를 찾다가 반절제에 대해 알게 되었다. 아울러 의료도 결국은 변화와 발전의 과정에 있으며 오류를 겪기도 한다는 점을 떠올렸다. 그래서 한국이 많이 참고하는 일본이나 미국의 사례를 살펴본 게 큰 도움이 되었다.

나는 여전히 많은 이들이 질병의 불안감을 의료 시장이 권하는 민간보험과 건강보조제로 해소하는 현실이 안타깝다. 그래서 중증 질병을 진단받기 전에 의료 가치관을 세워보도록 지인들에게 권하곤 한다. 중증 질병일수록 의사는 빠른 수술과 치료가 필요하다고 말한다. 환자를 위해서는 빨리 의료적 개입을 시작하는 것이 최선이기 때문이다.

의사가 당장 수술 날짜를 잡자고 말하는 그 시점이, 중증 질병을 진단받은 환자에게는 가장 정신이 없는 순간이다. 중증 질병이 있다는 이야기를 듣는 순간, 처음엔 대부분 믿지 못한다. 혼란스럽기도 하고, 두려움과 슬픔에 휩싸이기도 한다. 그런 상태에서 다양한 치료법을 알아보고, 다양한 가능성과 자신의 이후 삶을 고려해 이성적 결정을 내리기란 쉽지 않다. 결국 의사에게 절대적으로 의존하면서 지시에 일방적으로 따르는 경우가 많다. 이따금씩 이게 최선일까, 잘 하고 있는 건가 스스로에게 묻지만, 치료를 어떤 관점으로 선택할지 고민해볼 마음의 여유

아파도 미안하지 않습니다

가 생기지 않는다. 수술비, 직장, 가족 등 고민해야 할 것이 한두 가지가 아니기 때문이다. 그렇게 수술을 받은 뒤 후유증과 합병증이 없으면 다행인데, 그렇지 않으면 그때부터 괴롭다.

중증 질병은 인생에서 큰 사건인 동시에, 매우 빠르게 많은 것을 결정해나가야 하는 과정이기도 하다. 우리는 인생을 살아가면서 수많은 갈림길에 놓인다. 특히 빠른 선택이 필요할 때, 인생에 대한 가치관이 명확하게 형성되어 있으면 더없이 유용한 나침판으로 쓸 수 있다. 우리가 질병을 겪을 때도 마찬가지다. 미리 의료 가치관을 세워두면 큰 도움이 된다. 이는 아플 때도 삶에 대한 결정권을 놓치고 싶지 않은 사람에게 꼭 필요하다. 우리 모두 질병을 피할 수 없다면, 잘 아플 수 있기를 바란다.*

---

* 본문에서 언급한 갑상선암은 한국인이 걸리는 갑상선암의 약 95.9퍼센트(보건복지부, 2016년 기준)를 차지하는 유두암을 기준으로 한 내용이며, 개인적인 치료 경험은 의료 가이드가 될 수 없음을 밝힌다.

의료에 흡수된 이별

　지난 몇 주 동안 현기증이 심해져 집에 자주 머물렀다. 담요를 들고 책상 의자에서 소파로, 그리고 다시 방바닥으로 삼각형을 그리며 다닌 날이 많다. 현기증은 그 자체로 아프거나 위험하진 않지만, 사람을 쉽게 무력감에 빠뜨린다. 심각하게 아픈 것도 아닌데 딱히 다른 무엇을 하기도 어려운 상태가 답답하다. 그래도 잠을 충분히 자라는 한의사의 말을 떠올리며, 게으름을 피운다는 자책감 없이 낮잠을 청하기도 한다. 누워 있는 시간이 많아지면 생각도 많아진다. 영원히 잠든다는 '영면', 죽음에 대해 생각해본다.

　누구나 최선을 다해 질병으로부터 도망치고 싶어 한다. 질병을 둘러싼 막연한 두려움의 한쪽 끝자락에는 죽음이 있다. 당장 죽음에 이르게 하는 심각한 증세가 아닐지라도, 질병은 한없이 멀리 있는 듯한 죽음과의 거리를 줄여준다. 죽음에 대한 두려움은 생명체에게 자연스러운 일이지만, 인간은 생각의 동물인지라 막연한 두려움은 실체 없는 불안을 한없이 부추긴다. 이따금 죽

아파도 미안하지 않습니다

음을 둘러싼 나의 감정이나 기억, 이상적 죽음을 떠올려본다. 이는 질병과 함께 살아가는 내 삶을 좀 더 안정감 있게 만들어준다.

죽음을 처음으로 진지하게 두려워한 것이 언제였을까. 1994년 10월 21일, 고등학교 자습 시간이었던 것 같다. 성수대교 붕괴 소식이 입에서 입으로 전해졌다. 추락한 버스에는 등교 중이던 무학여고 학생들도 있었다. 당시 친한 친구가 그 학교에 다니고 있었다. 가슴이 쿵쾅거렸다. 쉬는 시간이 되자 전력 질주로 공중전화를 향했고, 삐삐를 치고 또 쳤다. 괜찮다는 친구의 연락을 받기까지 몇 시간 동안 무서웠다. 헤세Hermann Hesse나 괴테Johann Wolfgang von Goethe의 소설에 나오던 죽음이 우리에게도 벌어질 수 있다는 걸 깨달았다.

그 사건 이후, 친구들 사이에서는 언제 죽을지 모르는데 오늘 행복을 내일로 미루지 말자는 말이 유행했다. 쓰임도 없는 공부를 하다가 죽지 말고 하고 싶은 거 하다가 죽자는 뜻이다. 각자 그림 그리는 것에, 친구와 편지를 주고받는 것에, 책을 읽고 사색에 빠지는 것에, 매점에 가고 노래를 부르는 것에 집중하며 즐겼다. 무의미하다고 여기는 것들은 최소화하고, 소중하다고 여기는 것들에 집중했다. 겨우 일주일 만에 이전의 일상으로 돌아가긴 했지만, 지금 생각해보면 생의 유한성을 알아버린 아이들의 현명한 행동이었다. 역시나 죽음을 생각하는 일은 삶에 대한 혜안을 갖는 일이다.

할머니의 마지막 모습

나의 죽음은 어떤 모습일까? 상상이 잘 안 된다. 내가 가장 가까이서 지켜본 죽음은 할머니를 통해서였다. 나는 할머니 손에 많이 자라서, 아직도 할머니의 죽음을 떠올리면 눈물을 참기 힘들다. 그나마 다행인 것은 할머니의 죽음은 내가 닮고 싶은 죽음이라는 점이다.

그해 할머니는 여느 때와 달리 자주 두통이나 어지럼증을 호소했고, 결국 입원을 하셨다. 의사는 할머니의 몸 이곳저곳을 검사했고, 몸에 연결되는 기계가 하나둘 늘어났다. 검사를 위해 89세 노인의 팔에서 매일 피를 뽑자 손등과 발등은 온통 푸르고 붉은 멍으로 채워졌다. 할머니는 "치료 같은 거 필요 없다"며 집에 가고 싶어 했지만 의사는 안 된다고 했다. 할머니는 어머니나 아버지에게도 집에 가겠다고 으름장을 놓았지만, 의사가 안 된다는데 할머니를 퇴원시킬 수 없었다. 의사가 선택한 검사를 멈추게 할 수도 없었다.

하지만 할머니는 의지가 강한 분이었다. 자기 몸에 손대지 말라며 의료진을 상대로 투쟁을 벌였다. 손가락에 연결시킨 기계를 뽑아 버리거나, 피검사를 하러 오면 받지 않겠다고 팔을 내어 주지 않았다. 여러 상황 끝에 의사는 할머니 몸에 연결된 기계들을 제거했고, 퇴원을 허락했다. 마침내 할머니는 손수 링거 바늘을 뽑아 병실 바닥에 내던지고는 당당히 퇴원에 성공하셨다.

아파도 미안하지 않습니다

집에 돌아온 할머니는 어머니에게 메주콩을 사오도록 했다. 그리고 예전보다 느려진 손으로 어느 해보다 많은 양의 된장을 담갔다. 그렇게 얼마간 된장 담그기를 끝내고 장독대 정리까지 마쳤다. 그러고는 평생 아들에게만 의지해온 당신답게, 이번이 아들에게 담가주는 마지막 장이 될 것 같다고 말했다. 얼마 뒤 할머니는 여느 때와 다름없이 아침에 일어나 찬거리를 위해 시금치와 콩나물을 잔뜩 다듬었다. 그리고 정작 본인은 입맛이 없다며 끼니를 건너고 누웠다. 어머니가 죽을 챙겨드렸지만 한 모금도 들지 않고 그렇게 꼬박 하루 반을 보냈다. 이틀째 저녁 할머니는 찬물 한 잔을 아주 맛있게 들고, 주무시다가 영면에 드셨다.

그 이틀 내내 어머니는 할머니 곁에서 손과 다리를 쓰다듬었다. 그러면서 50년 가까이 당신의 며느리로 살면서 서럽고 맺혔던 일에 대해 한없이 마음으로 말했다고 한다. 어머니 말씀에 따르면 할머니는 돌아가시기 직전, 그 모든 일에 대해 마음으로 사과하셨다고 한다. 할머니가 돌아가시던 날 밤, 평생 처음으로 할머니는 어머니의 손을 꼭 잡아주었다고 한다.

할머니는 자신의 죽음을 예감했다. 자신만의 방식으로 죽음을 준비했다. 다른 가족과는 평소와 다름없는 인사만 나누었으나, 자신이 가장 많은 상처를 준 사람에게는 나름대로 사과하고 조금은 가벼이 떠나셨다. 인간이 죽음을 준비할 수 있다는 것은 참으로 다행이다. 떠나갈 때를 알고, 살아온 세월을 마무리하며, 사랑과 사과와 이별을 전하고 떠나는 죽음은 얼마나 온전함으로 충만한 일인가!

하지만 할머니처럼 자연스럽게 죽음을 맞이하는 일은 이제 드물다. 현대의학은 노화조차 질병으로 규정하고, 죽음으로 돌아가는 과정을 중환자 다루듯 치료하려 든다. 노인이 죽음과 가까워지며 겪는 자연스러운 몸의 변화에 대해 표준 수치를 들어 '비정상'으로 규정한다. 요즘은 죽음이 가까워지면 집에 머물다가도 입원하는 경우가 흔하다. 병원에서 치료를 받다가 죽음이 가까워지면 요양병원이나 호스피스 병동으로 옮기는 경우도 빈번하다.

대부분은 병원이 아닌 집에서 죽기를 간절히 염원하지만, 실제로는 서걱거리는 환자복을 입고 낯선 병원 침대에서 죽음을 맞이한다. 심지어 소생 불가능한 임종 과정의 환자에게 치료 효과도 없는 인공호흡기와 약물 등으로 연명치료를 시행하는 경우도 있다. 이런 환자는 결국 중환자실에서 혼자 쓸쓸히 죽어가기도 한다. 그나마 이제는 연명치료를 원하지 않으면 평소 거부 의사를 밝혀놓을 수 있으니 다행이다. 어쨌거나 이 모두는 일상이나 종교 영역에 머물던 죽음을 의료가 관장하며 생긴 문화다.

나도 할머니처럼 자연스럽게 죽고 싶다. 죽음이 삶을 마무리하기 시작했을 때, 몸으로 가늠하며 준비하고 싶다. 선명하게 찾아온 죽음을 첨단 의료로 늦추지 않고, 살아온 나날 속의 사람·관계·공간에 작별을 전하고 싶다. 병원이 아닌 내 집에서 몸의 흐름에 따라 가볍게 곡기를 줄이고, 홀가분하게 생을 떠나고

아파도 미안하지 않습니다

싶다. 이것이 바로 오랫동안 인류가 맞이해온 존엄한 죽음일 것이다. 불과 몇십 년 전만 해도 일반적이었던 죽음의 모습이기도 하다.

이런 죽음을 맞이하려면 무엇이 필요할까? 우선 죽음의 과정에서 의료와의 긴장이 필요하다. '자연의 흐름대로 죽어갈 권리'를 의료에 뺏기지 않으려면 나도 어쩌면 할머니처럼 투쟁이 필요할지 모른다. 삶에서 자기결정권이 중요하듯 죽음의 과정에서도 자기결정권이 필요하다. 그런데 요즘에는 죽음에 대한 주도권을 그 죽음의 주인이 아닌 의료가 쥐고 있는 것으로 보인다. 의료는 죽음을 무조건 지연시켜야 하는 무언가로 만든 듯하지만, 우리가 어떻게 죽느냐에 따라 죽음은 삶의 완성일 수 있다. 죽음을 삶의 일부로 다시 들여와야 하는 이유다. 의료와 죽음의 관계를 둘러싼 사회적 토론이 필요하다.

내가 병원 침대가 아닌 집에서 죽음을 맞이하는 데 필요한 또 하나는 돌봄노동이다. 할머니에게는 일방적인 헌신을 감내한 며느리가 있었지만, 이러한 방식은 할머니가 마지막 세대다. 병원에서의 죽음이 보편화된 가장 큰 이유는 죽음이 삶의 과정이 아니라 의료의 과정으로 흡수된 데 있지만, 죽어가는 이를 집에서 돌보기 어려워졌다는 이유도 있다. 요양보호사 등 가정에서 이용할 수 있는 사회적 돌봄 서비스가 조금씩 자리를 잡아가고 있지만, 돌봄노동을 100퍼센트 사회화하기는 어렵다. 집안 내 여성이 도맡아온 돌봄노동을 다시 구성할 필요가 있다. 아울

러 죽어가는 이를 돌보고 애도할 시간을 존중하는 사회적 태도
도 중요하다. 죽음을 삶의 손상이 아닌, 삶의 충만한 결과로 만
들기 위해서는 사회적 성찰과 노력이 필요하다. 언젠가 맞이할
우리 모두의 죽음이 자연에 스미는 평온함이길 기원한다.

하얀 가운을 입은 신

317일. 국가 폭력에 의해 삶이 끊어졌으나, 죽음으로 이동하지 못하고 '포로'처럼 잡혀 있던 시간. 살 수 없게 만든 뒤, 죽을 수도 없게 만든 시간이었다. 그가 쓰러지던 2015년 11월 14일을 기억한다. 광장의 인파 속에서 한 남성이 119 구급대의 들것에 실려 나가고 있었다. 나는 잠시나마 집회에 참여했다가 돌아가는 길이었고, 낯모르는 그가 무사하기를 스치듯 빌었다. 그리고 다음날 신문에서 백남기 농민이 쓰러진 위치와 들것에 실려 나간 방향을 보았다. 내가 본 그가 백남기 농민이었음을 확인했다. 수만 명이 함께 박근혜 퇴진과 국정 교과서 반대 등을 외치던 광화문 광장이었다.

이후 백남기 농민의 기사를 볼 때마다 마음이 덜컹거렸다. 우리 중 누구라도 물대포의 표적이 될 수 있었기 때문만은 아니었다. 당시 많은 시민들이 그랬듯, 국가가 부당한 권력을 휘두르는 가운데 유족들이 공격당하고 진실이 은폐되는 억울함이 힘겨웠다. 국가 폭력이 한 존재의 삶과 죽음을 무너뜨리는 과정을 시민들이 명백히 지켜보고 있었으나, 아랑곳하지 않고 잔인한 행보로 일관하던 현실. 분노가 가시처럼 마음을 훑어내렸다. 백남기 농민은 존엄한 삶도 존엄한 죽음도 불가능했다. 백남기 농민은 사고부터 치료와 죽음에 이르기까지 본인도 가족도 철저히 소외당해야 했다. 그 끔찍한 비극과 소외 과정에는 국가 권력과 더불어 신과 같은 의사가 존재했다. 하얀 가운을 입은 신에게는 "진료를 잘 부탁한다"는 국가 권력의 속삭임이 있었다.

오랫동안 시민들은 '백남기 농민 사건'에 분노했다. 백남기 농민은 무리한 집회 진압 과정에서 발포된 물대포라는 외인外因 때문에 자연사自然死할 기회를 빼앗겼다. 애초 그가 응급실로 실려 갔을 때, 담당 의사는 소생이 불가능하다며 요양병원을 권했다. 그러나 경찰청장의 전화가 병원에 걸려오고 난 뒤, 외과 과장이 수술을 제안했다. 수술 이후에 한 번도 의식을 찾지 못했고, 유족은 연명치료 중단 의견을 여러 차례 피력했으나, 담당 의사는 받아들이지 않았다. 그리고 317일간의 연명치료를 끝내고 백남기 농민이 마침내 영면에 들어갔을 때, 담당 의사는 사망 원인을 '외인사'가 아닌 '병사'로 기재함으로써 다시 한번 공분을 샀다. 시신 부검 영장까지 발부되었고, 시민들은 병원 영안실에 달려가 백남기 농민의 죽음이 더 이상 훼손되지 않도록 시신을 지켜야 했다.

한국의 시민사회뿐 아니라 국제사회, 특히 유엔에서도 백남기 농민 사망 사건을 주시했다. UN 특별보고관은 "물대포 사용이 백씨를 죽음에 이르게 한 점이 명확하며, 유족 뜻에 반한 시신 부검이 진행되어서는 안 된다"는 성명을 발표했다.[22] 그러나 당시 정부는 조금도 귀 기울이지 않았다. 오히려 유엔 고문방지위원회United Nations Committee against Torture가 진행한 백남기 농민 사망 사건 관련 심의 과정에서 법무부 관계자는 다음과 같이 말했다. "정부는 합법적이고 평화적인 시위를 보장했으나 일부 시위대가 과격 폭력 행위에 돌입하는 바람에 100명이 넘는 경찰관이 부상을 당했으며, 백남기 농민에 대해서는 사망 원인을 분석 중이다."[23]

마침내 시민의 힘으로 정권이 바뀌자, 그의 죽음도 진실을 찾기 시작했다. 사망 원인은 병사에서 외인사로 수정되었다. 경찰청장은 대국민 사과를 했고, 경찰청 인권침해 사건 진상조사위는 백남기 농민이 경찰의 과잉 진압으로 사망했다는 사실을 공식적으로 발표하며 유가족에게 사과했다. 그렇다면 이제 다 괜찮아진 것일까? 백남기 농민의 죽음은 '국가 폭력이란 무엇인가'부터 '공권력은 어떻게 존재해야 하는가', '단결한 시민의 힘은 어떻게 사회를 변화시키는가'에 이르기까지 우리 사회의 중요한 논의를 다시 한번 촉발했다. 반면 병사와 외인사 논쟁 이외에 의료와 관련한 문제는 거의 논의되지 못했다. 마음속 깊이 안타깝다. 나는 백남기 농민의 치료와 죽음 과정을 통해 우리 사회 의료 현실의 비극을 보았다.

믿음은 어디에서 오는가

가장 큰 비극은 의료 행위에 부당한 권력이 개입했다는 점이다. 담당 의사인 서울대병원 백선하 교수는 소생 불가능한 백남기 농민에게 보존적 치료가 아닌 수술을 진행했다. 이는 청와대와 경찰의 외압이 작동한 결과였다. '경찰청 인권침해 사건 진상조사위원회'는 2018년 8월 다음과 같이 발표했다.

> 회생 가능성이 없어서 수술 자체가 의미가 없다고 판단하여 보존적 치료만이 예정된 피해자(백남기 농민)에게 갑자기 백선하 교수가 수술을 하게 된 과정에는 의료적 동기 이외에도 경찰과 청와대의 개입이 있었던 것으로 인정될 수 있다. 피해자가 즉시 사망하는 것은 경찰과 정권 양측에게 정치적으로 큰 부담이 되었을 것이므로, 경찰과 청와대는 피해자가 본 사건 이후 곧바로 사망하는 것을 최대한 피하기 위해 여러 경로로 서울대병원과 접촉했고, 외과 과장이던 백선하 교수가 의료적 동기와 함께 이러한 과정의 결과로 수술을 집도하게 된 것으로 판단된다.[24]

응급실 의사의 말에 따라 슬픔을 누르며 마음의 준비를 하고 있던 가족들이었다. 그런데 갑자기 등산복 차림의 백선하 교수가 나타나서 수술하자고 했을 때, 그 심경은 어땠을까. 불현듯

아파도 미안하지 않습니다

바뀐 치료 방식에 당황했으리라. 그러나 의사가 환자를 위해 가장 좋은 것을 선택할 것이라는 '믿음'이 있었기에 수술동의서에 서명했을 것이다. 인생에서 최고로 위험한 상황, 즉 생사를 오가는 상황에서 의사는 절대적 역할을 하는 존재다. 환자나 가족이 의사의 제안을 거절하기란 사실상 어렵다. 의사는 환자를 위해 가장 좋은 선택을 할 것이라고 전제되므로, 의사의 제안을 거절하는 것은 환자 가족이 환자에게 최선을 다하지 않은 것으로 여겨질 수 있기 때문이다. 환자나 가족에게 의사의 말은 곧 신의 말처럼 들린다.

그런데 의사가 환자를 위한 최선의 선택이 아니라, 외압에 의한 의료적 결정을 내리고 시행한다면 어떻게 해야 할까. 백남기

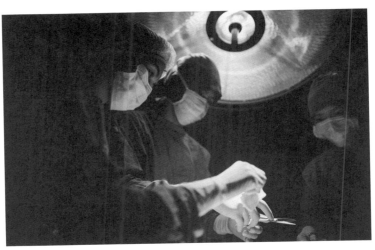

의사는 환자를 위해 가장 좋은 선택을 할 것이라고 전제된다.

농민은 수술 이후 단 한 번도 의식을 되찾지 못했다. 죽음이 삶을 마무리할 시간을 저당 잡혔고, 무리한 연명치료로 신체는 점점 더 참혹하게 변해갔다. 평소 무의미한 연명치료를 거부했던 백남기 농민의 뜻에 따라 가족들은 여러 차례 연명치료 중단을 요청했으나, 의사는 받아들이지 않았다. 환자 본인과 가족의 뜻을 무시한 채 의료 행위를 진행했다. 의료가 환자보다는 외압, 즉 부당한 국가 권력의 뜻에 따라 진행되었기 때문이다.

의료는 인도주의 원칙 위에서 행해져야 하고, 공정성·객관성·전문성이 핵심이다. 윤리가 훼손된 의료는 재앙임을 우리는 인류사에서 수없이 목격했다. 떠올려보자. 나치 시대에 살아 있는 사람을 대상으로 자행된 끔찍한 의학 실험은 인간이라는 존재에 대해 환멸을 불러일으키는 사건이었다. 의사들은 이러한 역사적 비극을 반성하며 자성의 목소리를 높였다. 1964년에 세계의사협회World Medical Association*는 <헬싱키선언Declaration of Helsinki>을 통해 임상시험에서 인간 대상 의학연구 윤리원칙을 공표한 바 있다.

이후 의사가 고문 과정에 개입하는 것에 대한 자성도 이어졌다. 세계의사협회는 1975년 또다시 <도쿄선언Declaration of Tokyo>을 통해 고문과 각종 잔학 행위가 이루어지는 어떤 과정에도 의

---

* 전 세계 의사들을 대표하는 국제기구로서, 의사들의 독립성을 보장하고 윤리행동의 가능한 국제 기준을 세우기 위해 설립되었다.

아파도 미안하지 않습니다

사가 관여하는 것을 금지했다. 고문 가해자의 요청에 의해 의사가 고문 피해자를 진료하는 것은 피해자가 계속 고문을 받을 수 있도록 사망에 이르지 않게 몸을 관리하거나, 고문 흔적을 관리하려는 의도가 있기 때문이다.

한국에서도 고문에 의사가 개입한 사건은 상당히 많았다. 국가인권위가 2011년에 발표한 <고문 피해자 인권상황 실태조사>에 따르면, 고문 피해자의 약 24퍼센트가 고문 과정에서 의사들의 개입이 있었다고 증언했다. 이러한 사례는 독재정권 시절뿐 아니라 1990년대와 2000년대에도 존재했다. 대부분은 조작간첩 사건이나 시국 사건의 피해자였다.

이와 같은 현실에 대해 한국 사회의 의사들은 대대적으로 자성의 목소리를 낸 적이 있었던가? 인간의 신체를 합법적으로 구속할 수 있는 것은 사법 권력과 의료 권력뿐이다. 인간의 몸에 합법적으로 칼을 댈 수 있는 것은 의료 권력이 유일하며, 누가 감옥이 아닌 병원으로 가야 하는지도 결정한다. 의료에게 부여된 권력은 철저한 윤리를 전제해야 하며, 공적인 권력으로서 조심히 다루어져야 함은 말할 것도 없다. 사회적 감시도 중요하지만, 의료는 고도의 전문적 영역이기 때문에 의료 사회 내부의 자체적인 통제와 감시가 매우 중요하다.

그러나 백남기 농민의 치료 과정에 국가 권력이 개입했을 때 의사 사회의 반응은 어떠했나? 나는 의사들이 커다란 수치심을 느끼며 거대한 분노와 성찰을 보여줄 것이라 기대했다. 그러나 놀랍게도, 인도주의실천의사협회 등에 소속된 일부 의사들을 제외하면 무거운 침묵만이 존재했다. 실망스러웠다. 의사들은 자주 말한다. 의권醫權이 땅에 떨어졌고, 시민들의 신뢰를 잃었다고. 그런데 백남기 농민 사건이야말로 의권이 땅에 처박히고, 의사에 대한 시민들의 신뢰가 산산조각 난 사건이지 않았던가!

절대 권력의 문제

이외에도 백남기 농민의 치료와 죽음 과정에서는 의료 현실의 또 다른 비극이 드러난다. 바로 담당 의사의 절대 권력 문제다. 사망 원인을 병사로 기재한 것이 알려지자, 인도주의실천의사협의회는 병사가 아닌 외인사라는 의견서[25]를 발표했다. 대한의사협회도 초기에는 병사가 부적절하다는 입장문을 발표했다.* 하지만 의사 단체들이 아무리 외인사라고 주장하고 수많은 시민들이 비판의 목소리를 높여도, 담당 의사 한 명의 의견을 조금도 바꿀 수 없었다. 이는 무엇을 의미할까. 담당 의사라는 이름의 '독재'일까. 나는 의사가 지닌 권력에 서늘한 두려움을 느

---

* 대한의사협회는 2016년 10월 5일에 "외상성 요인으로 발생한 급성 경막하 출혈과 병사는 서로 충돌하는 개념"이라며, 사망진단서가 한국표준질병 사인분류와 WHO 기준을 어겼다고 발표했다. 그러나 2018년 8월, '경찰청 인권침해 사건 진상조사위원회'의 결과 발표에 대해 의사의 전문성을 무시하고 윤리성을 짓밟으며 모독하는 행위라는 입장을 발표했다.

아파도 미안하지 않습니다

껐다. 담당 의사 한 명이 모든 의료적 결정에서 절대적 권한을 갖는 것, 죽음의 성격을 규정할 수 있는 일방적 권력을 지니는 것은 적절한가.

의사는 생명의 존엄성을 존중한다는 전제 위에서 특별한 권력을 부여받는다. 의사에게 권위와 권력을 주는 것은, 생명에 대한 고도의 기술을 사용할 때 윤리성을 전제할 것으로 여겨지기 때문이다. 의사는 '히포크라테스 선서'를 하고, 의료인 윤리 강령을 준수하도록 요구받는다. 하지만 개인에게 과도한 권력이 부여되거나, 개인의 판단에만 의존하는 것은 위험하다. 백남기 농민 사건에서 목격했듯, 권력자가 전화 한 통으로 의료에 개입할 수 있는 것이 현실이다.

더욱이 직업을 불문하고 모든 인간은 권력 앞에서 취약하며, 무엇보다 실수하는 존재다. 특히 의사는 생명을 직접적으로 관장한다. 거듭 말하지만, 의료 권력은 공적으로 조심히 다루어져야 한다. 의사 집단의 권력이 곧 의료 권력은 아니지만, 둘은 밀접히 연결되어 있으며 완전한 분리가 어렵다. 의사 집단은 강력한 자기 윤리 강령으로 스스로를 감시하고 견제할 수 있어야 한다. 시스템으로 윤리의식을 견인하고 공정함을 보장할 수 있어야 한다.

나는 의사 사회가 이러한 현실을 명백히 인식하길 바란다. 당시 백남기 농민의 생과 사를 온전히 쥐고 있던 것은 정부였다. 그리고 정부의 그러한 절대 권력은 의료라는 전문 기술을 통해 가능했다. 이는 권력에 의한 의료 통제였으며, 의료를 경유한 국가 폭력이었다. 결국 의료가 부당한 정부 권력에 협조하면서 적극적인 사회통제의 대행자로서 역할을 수행한 것이다. 국가 폭력으로 백남기 농민의 삶이 끊어진 이후, 국가는 그의 존엄한 죽음을 다시 한번 '살해'하려 들었다. 의료의 협조가 없었다면 존엄한 죽음에 대한 살해 시도 자체가 불가능했을 것이다. 의료가 협조하지 않았다면 온전한 죽음이라도 가능했을 것이다.

이대로 백남기 농민 죽음이 마무리된다면, 우리 사회에 의료와 관련해 남겨지는 것은 무엇일까? 나는 '백남기 농민 사건'은 의사에 대한 불신, 의료 권력 앞에서의 무기력을 시민들이 총체적으로 학습하는 장이었다고 본다. 그런데 의사에 대한 신뢰가 무너졌을 때 가장 두려운 사람은 누구일까? 작은 연줄 하나 없이 아픈 사람들, 평범한 시민들이다. 몸이 아플 때 의사는 유일하게 의존할 수 있는 전문가이자 생사여탈권을 쥔 존재이기 때문이다. 의사를 깊이 신뢰하고 존경하고 싶은 사람들은 바로 평범한 시민들이다.

의권 회복은 의사들이 부당한 현실에 정의로운 목소리를 내고, 환자의 입장에서 인도주의적 태도를 강력히 표명할 때 가능하다. 백남기 농민의 훼손된 죽음 앞에서 많은 시민들은 담당 의사가 징계받아야 한다고 목소리를 높였다. 하지만 어떤 징계도 받지 않고 지위를 꼿꼿하게 유지했다. 권력과 권위 남용에 대한 해독제는 저항과 처벌이다.

아파도 미안하지 않습니다

4장

아픈 몸의 사회

더 위태로운 사람들

"딸기가 레몬보다 비타민이 두 배 많고, 딸기를 먹으면 암세포가 자살을 한다더라. 내가 뭘 아냐, 텔레비전에서 들은 이야기지."

아버지는 한 번씩 내게 무슨 음식이 어디에 좋더라는 정보를 읊는다. 아버지는 평생 '하면 된다'로 살아온 강한 정신력의 소유자로, 적절한 음식과 운동을 통해 잘 관리하면 건강도 반드시 지킬 수 있다고 믿는다.

오랜만에 만난 아버지는 사람들의 근황을 이야기하다가 강원도 아저씨네 집 딸이 위암 수술을 받았다는 소식을 전했다. 나도 어릴 때부터 가끔 본 적이 있는 언니였다. 아버지는 "그 애가 어릴 때부터 성격이 예민하고 급했는데, 음식도 급하게 먹는 습관이 있었나?"라고 말했다. 아직 젊은데 어쩌다 위암에 걸린 건지 모르겠다는 말도 덧붙이며 옅은 한숨을 쉬었다.

나는 그가 몇 년 전 재취업을 하느라 마음고생을 심하게 했고, 경쟁이 무척 심한 직종에 몸담고 있는 점이 떠올랐다. 그러다 보니 회사에서 늘 긴장감 속에 지냈던 것은 아닐까. 그랬다면 점심시간에도 무의식적으로 빨리 먹고, 빨리 먹다 보면 짜게 먹었을 테다. 빠르게 식사를 마치고, 남은 시간의 여유를 즐길 틈도 없이 컴퓨터 앞에 앉았을지도 모른다. 그에게 점심시간은 식사를 하는 시간이기도 했지만, 밀린 데이터를 검토하고 서류를 작성하는 시간이기도 했던 것은 아닐까.

또 남성 동료들에게 밀리지 않기 위해 무던히 애써야 했을지도 모른다. 혹시나 정규직이 될 수 있을지도 모른다는 기대감과 다시 정리해고 대상이 되면 안 된다는 두려움 사이를 오갔을 수도 있다. 그렇게 더욱 일에 매달리며, 불안 속에서 살았던 것은 아닌지 조심스럽게 생각이 미쳤다.

나는 아버지에게 질병을 개인의 예민한 성격이나 습관과 연결짓는 것이 바람직하지 않을 수 있으며, 사회적 위치가 개인의 건강에 미치는 영향이 크다고 말했다. 하지만 아버지는 다 정신력의 문제라고 일축했다. 비정규직이 정규직에 비해 질환 유병률이 높고, 산재로 인한 사고나 사망이 더 잦다는 말은 꺼내지도 못했다.

건강과 질병은 개인의 노력만으로 지키고 관리할 수 있는 영역이 아니다. 의사와 환자의 노력만으로 지키고 관리할 수 있는 영역도 아니다. 널리 알려져 있다시피 국가와 사회가 안전한 대기 환경을 관리하며, 풍부한 녹지와 적정한 주거환경 기준을 설정하고, 평등한 의료 접근권을 보장하며, 합당한 고용 형태를 관

아파도 미안하지 않습니다

리하는 등 사회구조적으로 적극 개입해야 하는 영역이다. 그러나 넘쳐나는 건강 정보를 접하다 보면 나도 모르게 건강이란 개인이 좋은 음식을 챙겨 먹고, 적당한 운동과 좋은 습관으로 관리하면 지킬 수 있는 영역이라고 자꾸 착각하게 된다. 미디어가 쏟아내는 건강 정보 자체가 문제는 아니다. 하지만 그 때문에 건강과 질병이 지속적으로 개인의 문제로 여겨지고, 사회적 조건이나 책임을 희미하게 만드는 효과가 발생하는 것은 심각한 문제다.

'건강 불평등'의 사회적 맥락을 살펴보면 비정규직과 빈곤한 사람이 더 취약하다. 또 동일한 조건이어도 여성은 더욱 불리하다. 비정규직이 여성만의 문제는 아니지만 여성 비정규직의 비율은 55퍼센트에 달하고, 남성 정규직 임금이 100(350만 원)이라 할 때, 여성 비정규직 임금은 38(124만 원)에 불과하다. 여성 노동자 5명 중 1명은 최저임금도 받지 못하는 현실이다.[26] 평균 수명은 여성이 남성보다 길지만, 여성 노인의 연금 수령액은 남성 노인의 절반밖에 되지 않는다.[27]

게다가 빈곤 자체가 박탈감과 정신적 고통을 발생시키는데, 빈곤 상황에서 여성들이 더 많은 우울감과 불안감을 경험한다는 보고도 있다.[28] 빈곤 상황이 왜 여성에게 더 많은 불안감과 우울감을 안기는지는 연구가 필요한 영역이다. 다만 앞서 언급했듯 불평등한 취업 기회와 저임금의 현실이 빈곤 상황을 개선할 수 있다는 기대감을 갖기 어렵게 하고, 따라서 더 많은 우울감과 불안감이 발생하는 것은 아닌지 추측해볼 수 있다. 결국 여성들은

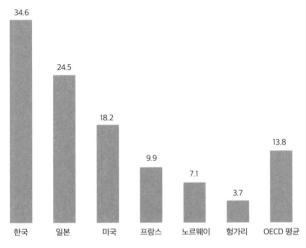

OECD 주요국 성별 임금격차

(남성 중위임금이 100일 때 여성 중위임금과의 격차)

34.6 한국
24.5 일본
18.2 미국
9.9 프랑스
7.1 노르웨이
3.7 헝가리
13.8 OECD 평균

자료: OECD 성별 임금격차(2017)

한국에서는 남성이 임금 100만 원을 받을 때 여성은 34만6000원을 덜 받는다. OECD가 2000년부터 성별 임금격차 통계를 발표한 이래 한국은 17년 연속 부동의 1위다.

고용이나 경제적 지위에서 불평등한 위치에 놓임으로써, 건강에서도 더 열악한 상황에 처한다는 것을 알 수 있다.

어디에 사십니까

부모님 집 아파트 창밖으로 산책로를 따라 운동하는 사람들이 빼곡히 보인다. 말이 산책로지 나무가 거의 없고 미세먼지는

아파도 미안하지 않습니다

연일 경계수위다. 미세먼지는 '소리 없는 살인'으로 불릴 만큼 뇌심혈관계에 치명적 영향을 주는데, 한국에서 뇌심혈관계 질환은 암 다음으로 높은 사망 요인이다. 정부는 미세먼지가 심한 날은 외출을 자제하라고 하지만, 출퇴근이나 외근을 자제할 수도 없는 노릇이다. 사실 미세먼지가 없는 날도 공기가 쾌적한 것은 아니다. 산책로 건너편 동부간선도로에서 넘어오는 먼지가 만만치 않다. 그런데도 산책로는 운동복 차림으로 걷고 뛰는 이들로 늘 붐빈다.

문득 서울 강남과 강북의 '건강 불평등'에 관한 기사가 떠올랐다. 강남 시민의 평균수명이 강북보다 3년 이상 길고, 질병과 자살을 포함한 사망률은 강북이 높다고 한다.[29] 그 기사를 보며 '강남으로 이사 가면 더 오래 살 수 있을까'라는 어이없는 생각을 한 적이 있다. 단순히 개인의 '경제력' 차이뿐 아니라, 실제로 강남과 강북의 '사회적 환경'이 건강에 영향을 줄 수 있다. 녹지가 풍부한 지역의 공기, 치안 상태가 좋은 산책로와 공원, 질 좋은 의료 서비스, 사고로부터 안전한 도로 등은 실제 주민들의 건강과 사고 위험에서 적지 않은 차이를 만든다.

이를테면 나무가 풍성한 공원이나 산책로는 그 지역 주민들의 운동 습관에 분명히 영향을 준다. 이른 아침이나 늦은 저녁에도 공원과 산책로의 치안이 좋다면, 여성들의 건강에 더 긍정적 영향을 미칠 것이다. 집 가까이에서 질 좋은 의료 서비스를 이용할 수 있는지 여부도 마찬가지다. 골든타임이 중요한 급성질환

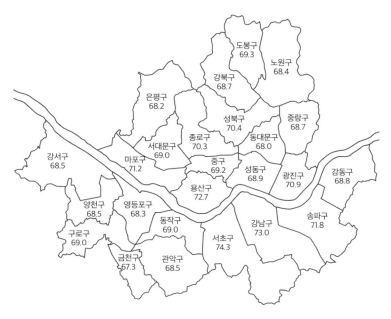

서울시 건강수명 지도

(건강수명: 건강한 상태로 살아갈 수 있는 평균 연수)

자료: 한국건강형평성학회(2014)

서울에서 건강수명이 가장 높은 곳(서초구, 74.3세)과 가장 낮은 곳
(금천구, 67.3세)의 격차는 7.0년이다.

은 수술 가능한 병원이 얼마나 가까이 있느냐에 따라 생사가 갈
린다. 장기적 치료가 필요한 만성질환이나 고령화에 따른 건강
관리도 마찬가지다. 접근이 쉬운 곳에서 질 좋은 의료를 이용할
수 있는지 여부가 삶의 질에 지대한 영향을 끼친다.

　수면을 기준으로 생각해봐도 그렇다. 수면은 건강에 절대적

　아파도 미안하지 않습니다

전국 건강수명 상·하위 지역

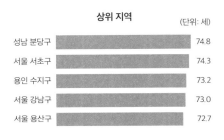

상위 지역
(단위: 세)

지역	값
성남 분당구	74.8
서울 서초구	74.3
용인 수지구	73.2
서울 강남구	73.0
서울 용산구	72.7

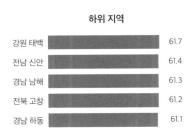

하위 지역

강원 태백	61.7
전남 신안	61.4
경남 남해	61.3
전북 고창	61.2
경남 하동	61.1

자료: 한국건강형평성학회(2014), 통계청 KOSTAT(2018)

전국에서 건강수명이 가장 높은 곳(경기 분당, 74.8세)과 가장 낮은 곳(경남 하동, 61.1세)의 격차는 13.7년이다.

인 영향을 미친다. 낡은 집이 빼곡한 동네에서 옆집 휴대폰 소리가 들릴 만큼 방음이 안 되는 원룸에서 사는 사람과, 잘 지어진 조용한 주택가에서 사는 사람은 수면의 질이 다를 수밖에 없다. 숙면, 피로회복, 정신건강 등에 극도로 다른 영향을 준다. 결국 인명人命은 재천在天이 아니라, 소득이 정하게 된 지 이미 오래다.

사회 참여의 조건

건강은 삶의 질에 절대적 영향을 줄 뿐 아니라, 사회적 주체로 활동하는 데 필요한 주요 요소다. 특히 개인의 능력과 무한 경쟁이 강조되는 사회에서 건강은 필수 요소가 된다. 최소한 건강이라도 해야, 능력을 발휘할 수 있다. 경쟁에서 앞서기 위한 시도 또한 부단히 이어나갈 수 있다.

물론 건강하지 않다고 사회 활동을 할 수 없는 것은 아니다. 그러나 지금의 사회구조에서 건강한 사람이 훨씬 많은 에너지와 안정적 조건을 바탕 삼아 절대적으로 유리한 위치에서 사회 활동에 참여할 수 있다는 점은 명백하다. 특히 이 사회는 강하지 않은 몸, 즉 질병이나 장애로 인해 표준에서 벗어나 있는 취약한 몸의 속도와 태도를 전혀 존중하지 않는다는 점에서 더욱 그렇다.

그런 의미에서 '건강 불평등' 문제는 가난하거나 차별받는 사람이 더 많이 아프고 삶이 더 불안정하다는 의미만은 아니다. 아프다는 것은 개인의 삶의 질이 떨어질 뿐 아니라 적극적인 사회 참여가 제한된다는 뜻이기도 하다. 나는 질병으로 취약한 몸 상태에 머물게 되면서, 동료들만큼 의미 있는 많은 일을 수행하지 못한다. 때로는 중요한 회의에 빠지고, 내가 행사할 수 있는 의사 결정권에도 제한이 생긴다. 건강은 사회 활동에 참여하고 적극적으로 발언할 기회를 갖는 데 중요한 조건이다. 사회 구성원이 평등하게 건강권을 누릴 수 있을 때 비로소 평등한 사회 참여

아파도 미안하지 않습니다

또한 시작될 수 있다. 더 나아가, 건강하지 않은 사람도 온전한 사회 참여가 가능한 구조를 만들어야 한다.

내가 사는 서울 강북구는 평균수명이 낮은 동네다. 어느 기사를 보니 서울에서 연평균 미세먼지 농도가 가장 높은 구는 광진구, 강북구, 성동구라고 한다.[30] 어째서인지 미세먼지조차 가난한 동네에 더 많이 머문다. 미세먼지는 WHO(세계보건기구)가 지정한 1급 발암물질이다. 같은 그룹에 속한 발암물질로는 방사성 물질인 플루토늄이 있다.

직장에서 죽지 않는 법

그는 공장에서 일했다. 대학생이었지만 '노동 현장'을 배울 수 있다며 좋아했고, 월급으로 활동비를 마련하겠다고 했다. 몇 달 뒤, 그는 안전장치가 없는 기계 앞에서 감전되었다. 그 자리에서 바로 사망했다. 공장 사장은 유족에게 말했다. "보상금 노리고 죽은 거 아니야?" 나는 그의 죽음도 믿을 수 없었지만, 사장의 말도 믿을 수 없었다. 처음으로 본 자본주의의 맨얼굴이었다. 나를 포함한 동지들 모두가 마음 한 켠에 깊이 묻어두었던 그의 죽음. 20년도 더 된 일이다.

2017년 노동절, 크레인 사고로 죽어간 이들의 소식을 듣고 다시 그의 죽음이 떠올랐다. 20여 년이 지난 지금도 크게 변하지 않은 현실이 나란히 머릿속을 맴돌자 비루한 먹먹함에 입이 썼다. 한국은 공식 통계로 잡힌 것만 봐도 직장에서 네 시간마다 한 명씩 사망하고, 오 분에 한 명이 다친다.[31] 오늘도 직장에서 죽음으로 떠밀려갔을 그들은 왜 존중은커녕 조롱이나 은폐의 대상이 되고 있을까?

아파도 미안하지 않습니다

산업재해 1위의 비밀

한국 사회가 OECD 가입국 중 산업재해 사망 통계에서 부동의 1위를 지키는 것은 알려져 있다시피 '안전장치 값보다 목숨값이 더 싸기 때문'이다. 그래서 동일한 사업장에서 비슷한 사고가 반복적으로 발생해도 사업주는 안전장치를 설치하기보다 약간의 벌금을 내고 만다. 정부는 재벌과 대기업의 눈치를 보느라 바빠서인지 문제가 된 기업들을 제대로 처벌하지 않는다. 특히 갑작스러운 사고사가 아니라, 독성물질이나 과도한 업무로 질병에 걸려 서서히 죽어갈 경우는 더욱 심각하다. 아예 산재로 인정조차 되지 않는 일이 허다하다.

이런 현실을 떠올릴 때면 '질병 문화'를 이야기하는 내가 사치스럽고 무력하게 느껴진다. 이성적으로는 이런 생각이 별로 유익하지 않고 현실을 제대로 반영하지 않는다는 점을 알아도, 이따금 그런 감정에 정처 없이 휩쓸린다. 그러나 질병을 둘러싼 문화와 산업재해의 현실은 분명 연결되어 있다. 현실을 정확히 보자면, 시민의 건강을 지키기 위해서는 무엇보다 안전한 직장 환경을 확보해야 한다. 인구의 다수는 직장에 다니며, 하루 중 집보다 직장에 머무는 시간이 더 긴 이들도 많다. 직장이 안전하지 않으면 질병 예방도 요원할 수밖에 없다.

알다시피 사망과 질병을 포함한 산업재해가 삼성 반도체나 현대중공업 같은 공장에서만 빈번한 것은 아니다. 2017년 초 세

아이를 둔 워킹맘 공무원이 과로사한 사건은 육아 현실과 정책을 돌아보게 했다. 그러나 이는 장시간 노동이 보편화된 현실과도 분리할 수 없다. 비슷한 시기에 발생한 LG 유플러스 콜센터 현장실습 고등학생의 자살 사건도 마찬가지였다. 이는 십 대의 현장실습 제도 문제와도 연결되어 있지만, 콜센터 노동자들의 엄청난 감정노동과 비인격적 노무관리의 현실을 각인시켰다.

또한 2015년 메르스가 휩쓸던 당시 메르스 확진자 중 보건의료 종사자가 40명, 즉 전체 확진자의 21퍼센트를 차지했다는 사실은 사회적으로 많이 회자되지 않았다. 아울러 감염되지는 않았지만 당시 감염 환자를 직접 돌본 간호사들은 다섯 명 중 한 명꼴로 외상 후 스트레스 장애를 경험한 것으로 조사되었다.[32] 양측 모두 업무 수행 중에 질병이 생긴, 전형적인 산업재해에 속한다. 그들은 그 질병과 후유증을 일시적으로, 혹은 평생 갖고 살아갈 것이다. 업무 환경이 안전했다면 피할 수 있었던 질병이었다.

영유아를 돌보는 어린이집 보육 교사들의 만성적 어깨 통증과 허리 통증도 산재에 속한다. 프로젝트에 들어가면 법정 공휴일도 없는 상황이 빈번한 IT 업계의 종사자들이 VDT 증후군(컴퓨터단말기 증후군)을 겪는 것, 종일 서서 일하는 백화점 판매직 종사자들이 하지정맥류나 관절염에 걸리는 것, 성과와 일정 압박에 자주 쫓기는 다양한 산업 연구원들에게 난임이나 불임이 발생하는 것도 산재에 속한다. 직장 내 성폭력으로 인한 우울증

아파도 미안하지 않습니다

도 산재 유형 중 하나다.

직종이나 업무별로 질병 형태가 조금씩 다를 수 있지만, 일하느라 몸이 아프게 되는 현실은 흔하다. 세계적으로 높은 노동시간과 강도를 자랑하는 한국에서, 직장을 오래 다닐수록 몸이 더 많이 아픈 것은 필연으로 봐야 한다. 살려고 직장에 다니고 있건만, 일하면서 오히려 질병에 걸리거나 사망에 이르는 것이다. 이러한 현실이 이토록 광범위한 직종에서 자주 발생하는 사회가 또 있을까.

작은 변화가 가져오는 것들

일하다가 몸이 아프게 되었을 때 산재보험 신청으로 이어지는 경우는 거의 드물다. 사고가 아닌 질병의 경우 산재 승인율이 낮아서도 그렇겠지만, 무엇보다 직장에서 눈치가 보이기 때문이다. 앞서 언급한 메르스 감염에서 산재 신청은 11건, 승인은 7건 불과했다(2016년 5월 기준).[33] 산재가 인정되어야 치료비 지급은 물론 후유증 발생 시 치료비 부담을 덜 수 있다. 그럼에도 신청률 자체가 이토록 낮다는 것이 믿기지 않는다. 전문직에 속하는 보건의료 종사자도 이런 상황이니, 높은 실업률과 고용 불안정의 현실에서 다른 직종은 말할 것도 없다.

우리는 거리에서 우연히 살아남았듯 직장에서도 우연히 살아남았다. 일을 하면 할수록 몸은 아프지만, 어쨌든 아직 살아

콜센터 감정노동에 대한 실태 조사

고객의 성희롱이나 폭언 경험	85.2%
우울증이나 불면 경험	67.4%

자료: 전국사무금융서비스노동조합(2017)

있다. 우리가 많이 아프지 않고 계속 살아남으려면 무엇이 필요할까? 대단한 것은 아니더라도 건강을 지키는 데 도움이 되는 변화들도 많다.

예를 들어 이제는 콜센터 상담원들의 작업중단 권리, 즉 고객과의 통화를 먼저 끊을 수 있는 권리가 제도적으로 확산되고 있다. 욕을 하고 성적 모멸감을 주는 고객에게 더 이상 친절한 목소리로 "고객님 죄송합니다"를 연발하며 응대하지 않아도 된다. 조선시대 왕족과 노비처럼 일방적이던 통화를 적어도 규정상으로는 끊을 수 있게 된 것이다.

콜센터 상담원들이 업무 중 우울증부터 뇌경색까지 빈번하게 진단받는 현실이 이 제도를 통해 얼마나 개선될 수 있을지 아직 모른다. 하지만 현장의 상담원들은 '겨우' 전화를 먼저 끊을 수 있는 권리가 생긴 것만으로도 업무 스트레스가 상당 부분 줄

아파도 미안하지 않습니다

었다고 이야기한다. 백화점 판매직 노동자들이 한 시간에 단 3분만이라도 마음 편히 의자에 앉아 있을 수 있다면, 모든 직장에서 야근이 일주일에 이틀을 넘지 않는다면 적지 않은 변화가 시작될 것이다.

사업주가 노동자의 건강을 해치지 않는 안전한 근무환경의 제공 의무를 최소한이라도 지킨다면, 그리고 정부가 재벌과 대기업의 눈치를 보지 않고 사업장 관리감독을 제대로 실시한다면 '국민' 건강은 훨씬 향상될 것이다.

정부가 '국민' 건강을 염려한다면, 노동조합의 요구가 있기 전에 주도적으로 나서 '죽음과 질병으로부터 안전한 직장'이 가능한 제도를 만들어야 한다. 하지만 우리는 아직 그런 정부를 만나본 적이 없다. 역대 한국 정부는 '국민(노동자)의 건강'보다 '기업하기 좋은 나라'가 우선이었다. 우리는 언제쯤 완전히 다른 정부를 만날 수 있을까.

아파도 일합니다

"아프냐, 나도 아프다."

회사원들의 흔한 점심시간 대화다. 일시적 통증이나 피로감을 넘어 만성적으로 아프지 않은 사람이 드물다. 한 명이 아프다는 말을 시작하면 여기저기서 나도 아프다는 이야기가 쏟아진다. 두통과 소화불량처럼 비교적 가벼워 보이는 질병부터 허리디스크, 거북목 증후군, 고지혈증, 뇌졸중에 이르기까지 온갖 병명이 등장한다. 이어서 어떤 음식이 좋다더라, 어느 병원이 잘한다더라, 이런 운동을 해봐라 같은 이야기를 왁자하게 나눈다. 이야기가 끝날 때쯤이면, 꼭 실천하지는 않더라도 정보를 얻었다는 사실에 위안을 받는다. 그러고는 다시 죽도록 일하러 사무실로 돌아간다.

아파도 일하는 '프리젠티즘presenteeism', 즉 질병이나 피로 때문에 건강이 좋지 않을 때도 출근하고, 그로 인해 업무 생산성까지 떨어지는 상황은 한국 사회의 대부분 직장에 만연해 있다. 2016년에 프리젠티즘의 현실을 보여주는 조사가 진행되었다. "최근 일주일 동안 건강 문제가 일에 영향을 미쳤다"고 답한 응답자의 비율은 57.4퍼센트로 절반을 넘었다. 건강 문제가 일에 영향을 미친 정도가 '보통'을 넘는 '심각' 수준이라고 응답한 비율도 16.9퍼센트에 달했다. 업무에 영향을 미친 건강 문제로는 근골격계 증상이 가장 많았고, 뒤이어 수면 문제와 만성 피로 순으로 업무를 포함한 일상생활에 영향을 미치고 있었다.[34]

아프면 쉬어야 하는데 쉬지 못하고 출근을 한다. 그나마 병원에서 치료라도 받으면 좋으련만, 병원에 갈 틈이 없다. 어쩔 수 없이 야근을 마치고 늦은 밤 응급실에서 치료받는 '응급한' 삶을 사는 이들이 부지기수다. 병원비가 몇 배로 들지만 병이 악화되지 않으면 다행으로 삼는다. 의사는 잦은 야근과 과로로 건강에 이상이 온 것(산재)이라며, 충분한 휴식과 수면이 약물 치료보다 더 중요하다고 말한다. 하지만 충분히 휴식을 취하면, 더 이상 출근하지 못하고 휴식만 취해야 하는 상황이 올지도 모른다.

알고도 못 쓰는 산재보험

사실 많은 직장인들은 너무 오랫동안 많은 양의 일을 하느라 몸이 아픈 것을 안다. 산재보험으로 처리하면 치료비와 휴업급여는 물론, 치료 후에 남을 수 있는 장해에 대한 장해급여도 받을 수 있다는 것을 잘 안다. 심지어 재발하면 손쉽게 재요양을 할 수 있다는 점도 잘 안다. 즉, 산재보험법에 적힌 내용은 그렇

나에게도 산재보험이 있나요?

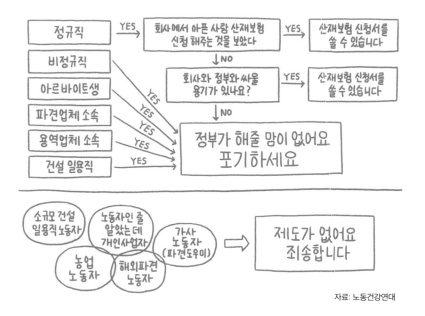

자료: 노동건강연대

산재보험, 나도 실제로 적용받을 수 있을까?

게 좋다는 걸 안다.

하지만 현실은 다르다. 산재를 신청해도 인정받기 쉽지 않을 뿐더러, 회사가 알면 고용 재계약을 안 해줄지도 모른다. 그렇게 아프면 회사 그만 나오라는 이야기를 들을까 봐 두렵다. 운이 좋아 정규직 신분일지라도 산재보험으로 처리하면 회사가 고용노동부의 근로감독을 받으므로 회사에 밉보이기 쉽다. 결국 병원에서 산재보험이 아닌 국민건강보험으로 처리한 뒤 자기 돈으로 치료비를 지불한다. 병가를 낼 수 있으면 운이 좋고, 연차라도 쓸 수 있으면 감사하다.

심지어 기업은 노동자의 산재를 인지하면 은폐하려 드는 경우가 빈번하다. 오죽하면 직장에서 쓰러진 사람을 구급차가 아닌 트럭에 실어 병원으로 이송하는 일이 발생할까. 산재를 은폐하기 위해 생명이 위독한 노동자를 구급차에 탈 수 없게 만들고, 결국 트럭에서 응급치료도 받지 못한 채 골든타임을 놓치고 사망으로 이어지는 현실이 반복된다. 그러니 당장 죽지 않는 질병의 경우는 더더욱 '꼼수'를 써서 산재 처리를 하지 않도록 노동자를 종용하는 경우가 흔하다. 국가인권위원회 통계에 따르면 산재가 가장 많은 업종인 조선업계에서 하청 노동자 중 산재보험으로 처리된 노동자는 7.2퍼센트에 불과하다.[35]

이러한 현실은 개인적으로도 억울한 일이지만, 사회 전반적으로도 손해가 크다. 산재보험과 국민건강보험 재원을 간단히 살펴보자. 일단 산재보험은 노동자에게 업무로 인한 질병·사고·사망이 발생할 경우 보상해주는 사회보험으로, 사업주가 보험료 전액을 낸다. 기업은 노동자를 통해 수익을 창출하므로 노동자 건강권 보장의 차원에서 기업 부담 원칙을 둔 것이다. 반면 국민건강보험은 국민이 매달 내는 보험료를 기반으로 한다(노동자라면 사업주와 노동자가 절반씩 부담). 그렇다면 산재로 인한 질병이나 사고를 산재보험이 아닌 국민건강보험으로 처리한다는 것은 어떤 의미일까? 노동자를 통해 돈을 버는 건 기업이고, 그 기업에 돈을 벌어주다가 발생한 노동자의 질병과 사고 치료비는 국민이 부담한다는 뜻이다.

이뿐만이 아니다. 기업은 일하다가 아프게 된 노동자를 산재로 처리하지 않음으로써 '산재 적은 우수기업'으로 인정받고, 산재보험료 감면 혜택까지 받는다. 2015년에 삼성은 1009억 원, 현대자동차는 785억 원, SK는 379억 7000만 원 등의 감면 혜택을 받았다.[36] 도랑치고 가재 잡고, 할 수 있는 건 다하는 셈이다. 산재보험을 둘러싼 기업의 행태는 '이윤의 사유화, 손실의 사회화'라는 말을 적확하게 보여준다.

이렇듯 구조화된 적폐에 이제는 한숨도 지겹고, 차라리 눈을 감고 싶어진다. 하지만 자신과 동료의 질병·사고·사망을 산재로 인정받기 위해 용감하게 싸우는 이들도 많다. 산재로 인정받아야만 직장 환경이 조금이라도 안전하게 개선되고, 질병·사고·사망이 반복되는 현실에 균열을 낼 수 있음을 잘 알기 때문이다.

산재 인정투쟁에서 빼놓을 수 없는 '반도체 노동자의 건강과

아파도 미안하지 않습니다

반도체 직업병이 널리 알려졌지만, 산재로 인정받은 사례는 드물다.
© Sagase48/shutterstock.com

인권지킴이'(이하 '반올림') 이야기를 해보자. 반올림에 따르면 2018년 7월 기준으로 삼성 반도체 직업병 피해자는 236명이며, 이 중 80명이 사망했다. 황유미 씨가 백혈병으로 숨진 지도 10년이 지났고, 시민 다수가 삼성 직업병 문제의 심각성을 안다. 그런데 실제로 그 죽음과 질병이 산재로 인정받은 것은 극히 드물다. 현재의 법 규정은 피해 노동자가 업무와 질병의 연관성을 입증하도록 되어 있기 때문이다. 즉, 업무 과정에서 발암물질에 노출되어 백혈병에 걸렸음을 노동자가 입증해내야 비로소 산재로 인정된다. 따라서 작업장에서 사용된 화학물질 내역과 여러 작업환경에 대한 정보가 필수적이다.

그런데 현실은 어떨까. 반올림 활동가로서 2007년부터 삼성 직업병 산재 신청과 소송을 맡아온 임자운 변호사는 지금까지 벌여온 산재 인정투쟁이 '영업비밀과의 싸움'이었다고 말한 바 있다. 산재 소송에서 삼성전자가 법원의 질의 및 자료제출 요구를 거부한 비율은 83퍼센트에 달했다.[37] 이유는 대부분 '영업비밀'이었다. 기업의 영업비밀은 보호받아야 한다며 자료가 제출되지 않고, 아프거나 사망한 노동자의 알 권리가 보호받지 못하는 현실을 보여준다. 이러한 구조 속에서 산재 입증 책임이 노동자에게 있다는 것은 상식적인 수준에서 이해되지 않는다. 어쨌거나 시민(노동자)의 건강보다 기업의 영업비밀이 더 중요시된다는 의미다.

'기업하기 좋은 나라'의 풍경

국민의 건강권과 기업 이익과 관련해 떠오르는 일이 또 있다. 삼성 직업병이 사회적으로 알려지기 두 해 전인 2005년, 한국여성민우회는 일회용 생리대 제조기업에 생리대의 원료와 화학성분에 대해 질의한 바 있다. 일회용 생리대의 안전성은 오랫동안 논란거리였기에 시민 건강권 차원에서 제기된 질의였다. 이미 일회용 생리대를 면 생리대로 바꾸면서 짓무름과 월경통 등이 완화되었다고 하는 이들이 적지 않았다. 일회용 생리대가

아파도 미안하지 않습니다

보편화되면서 자궁내막증, 자궁근종, 질염 등의 발병률이 증가했다는 주장이 제기된 지도 이미 수십 년이 흐른 시점이었다. 하지만 당시 기업들은 '영업비밀'이라며 답변을 거부했다. 이는 우리가 시민(여성)의 건강보다 기업의 영업비밀이 더 중요한 사회에 살고 있음을 의미했다.

그러다 2017년에는 일회용 생리대에서 발암물질인 휘발성 유기화합물VOC 등이 검출되었다. 게다가 또 다른 발암물질인 라돈이 검출되기도 했다. 여성들은 뜨겁게 분노하고 항의했다. 결국 일회용 생리대 전성분 표시제를 법제화하는 성과를 가져왔다. 그러나 전성분 표시제는 허술하다. 부직포나 접착제 등 품목 허가증에 기재된 원료명만 표시하도록 하고, 수백 가지 화학물질로 구성된 향은 단순히 향료로 기재할 수 있다고 규정했기 때문이다. 향료에는 발암물질, 내분비계 교란물질, 생식 독성물질 등이 포함될 수 있으므로 위험 요소다. 또한 '영업비밀'에 해당하는 고분자흡수체 등에 대해서는 공개 의무가 없다는 점도 비판받는다.

물건을 팔아주는 소비자에게도 소비자 건강보다 영업비밀이 더 중요하다고 당당하게 말하는 기업이 별 문제가 되지 않는 사회에서, 기업이 노동자의 건강을 두고 '영업비밀'을 주장하는 건 당연하고 자연스러워 보인다. 우리는 정말 이토록, 시민의 건강보다 기업의 이윤이 중요한 사회에 살고 있다!

2016년 삼성전자는 29조 2400억 원의 영업이익을 기록했다.

역대 두 번째로 큰 규모라고 한다. 그런데도 노동자 3698명을 줄였다. 이익이 늘었다는 것은 일의 양이 늘었다는 것과 연결될 수도 있는데, 오히려 노동자 수를 줄였다는 것은 무슨 뜻일까? 노동 강도가 더욱 세졌다는 것, 신종 발암물질이라 불리는 야근이 늘었다는 것, 그래서 노동자들이 질병에 더 많이 걸리고, 사고를 당하며, 사망할 수도 있다는 의미일까? 아니면 위험한 노동을 담당하던 노동자들을 줄이고, 그들의 노동을 2,3차 하청기업 노동자에게 전가했다는 의미일까?

인구의 다수는 임금노동자다. 직장에서 노동자의 건강권이 지켜지지 않는데 시민의 건강권이 지켜지기란 불가능하다. 노동자 당사자뿐만이 아니다. 한국은 여전히 사회적 돌봄과 안전망이 부실하고, 직장을 다니는 엄마 아빠가 아프면 자녀들은 건강하게 돌봄을 받기가 어렵다. 또한 그들이 고령의 부모들을 돌볼 여력이 있을 리도 없다. 일하느라 몸이 아파도 가족 안에서 돌봄을 기대하지 않거나 기대하지 못하는 이들은 급속히 나락으로 미끄러지고 만다.

하지만 한국은 직장에서 노동자 건강권이 제대로 지켜진 적이 없다. 1960~1970년대에는 국가가 빨리 배고픔을 면해야 해서, 1980년대엔 경제가 겨우 제대로 성장하고 있어서, 1990년대에는 IMF 금융위기가 와서, 2000년대에는 실업률이 높아져서 …. 그리고 앞으로도 여러 이유가 '발명'될 것이다. 대한민국이 거의 매년 '산재 국가 1위' 타이틀을 놓치지 않는 데는 이렇듯 이

아파도 미안하지 않습니다

유가 있다! 쉼 없이 '기업하기 좋은 나라'를 추구한 결과, 노동환경은 이제 더 이상 나빠질 수 없을 만큼 나빠졌다. 지금까지 그래왔듯 계속 '기업하기 좋은 나라'를 추구하면 점점 더 많은 이들이 죽도록 일하다가 서서히 죽거나(질병), 한 번에 죽거나(사고, 돌연사), 쫓겨나서 생계가 막막해 죽거나(해고), 혹은 그 셋에 속할 '기회'도 없이 실업 속에서 빈곤으로 죽게 될 것이다.

우리는 1퍼센트가 살아가는 '헤븐heaven조선'의 번영을 위해 99퍼센트가 경쟁적으로 부역하는 '헬hell조선'에서 살고 있다. 구의역 스크린도어 노동자 사망 사건, LG 콜센터 노동자 사망 사건, 공무원 워킹맘 사망 사건, 경산 CU 편의점 사망 사건, 넷마블 사망 사건, 삼성중공업 크레인 사망 사건, 삼성 하청업체 실명 사건, 태안화력발전소 사망 사건 등 사회 곳곳에서 아비규환과 죽음의 행렬이 계속된다.

하지만 다행히도 우리는 2016년 말 겨울에 '광장'을 통해 촛불혁명을 만들었다. 박근혜 대통령 탄핵과 구속에 이어 초국적·초법적 기업인 삼성전자의 이재용 부회장을 잠시나마 구속시키기도 했다. 드디어 유사 이래 적폐청산이 제대로 시작될 수 있는 혁명의 발화를 확인했다. '헬조선' 탈출은 각자도생이 아니라 '광장'을 통해 가능하다는 것을 뜨겁게 목격했다. 그렇다면 지금 우리는 무엇을 할 수 있을까?

우리에게는 계속 '광장'이 필요하다. 광장에서 촛불의 파도를 만들며 느낀 '조증'과, 일상으로 돌아와 파편화된 개인이 되어

느낀 '울증'을 통합해내자. 이를 위해서는 일상에 '광장'이 필요하다. 일상 곳곳의 광장을 재발견하자. 직장에서 노조, 여직원 모임, 직원 협의회 등의 다양한 '광장'에 참여하자. 없다면 직장 밖에서 직장갑질 119, 희망연대노조, 알바노조, 청년유니온 등 다양한 '광장'에서 자신의 현실을 폭로하고 서로의 현실에 참여하자. 그 속에서 서로의 두려움을 용기로 전환하며 설치고 떠들고 연대하자. 숨진 반도체 노동자 황유미 씨의 아버지는 자주 이런 말을 한다고 한다. "삼성에 노조만 있었어도 내 딸은 살아 있었을 것이다." 헬조선에서는 살아남는 게 복수라고 한다. 아프지 말고, 함께 살아남자!

아파도 미안하지 않습니다

금연광고, 어디까지 갈 거니

"흡연은 질병입니다. 치료는 금연입니다."

"당신이 스스로 구입한 질병, 후두암 주세요."

처음 저 광고를 봤을 때 놀랐다. 도대체 무슨 생각으로 저런 광고를 만들었을까? 내가 보건복지부 담당자라면 국민의 보건과 복지를 위해서 금지하고 싶은 광고다. 그런데 심지어 이런 광고를 만든 게 보건복지부라니! 지하철에서 광고를 볼 때마다 여러 감정이 든다.

먼저, 두 줄의 문장이 질병을 다루는 방식이 불쾌하다. 여기서 전제하는 흡연자란 무지하고 무절제하며 어리석은 존재다. 질병은 그러한 삶의 결과로 등장한다. 즉, 개인의 노력으로 피해갈 수 있는 영역인데 잘못 살아온 결과로 질병을 얻게 된다는 서사다. 여기에는 개인이 담배를 피우게 되는 조건이나 문화, 빈곤층의 흡연율이 높은 이유와 같은 사회적 맥락이 휘발되어 있다. '질병에 걸린 것은 네가 건강관리에 실패한 결과'라는 질병의 개인화 논리만 지겹게 보인다.

아파서 죄송합니다

암 경험이 있는 이들과 이야기를 나누다보면 질병의 고통 이외에도 자책감이나 주위의 시선 때문에 고통받는 경우가 많다. 환자들은 자신의 성격, 음식, 생활습관 등이 잘못되어 질병에 걸렸고, 이로 인해 자신과 주변 사람들을 고생스럽게 한다는 자책감과 남몰래 싸우는 경우가 적지 않다. 질병의 어려움 위에 죄인이 된 듯한 기분이 덧대지거나, 미안함에 짓눌린 가슴을 안고 산다.

또한 완치 판정을 받았는데도 암과 같은 중증 질환을 경험했다는 이력 때문에 취업 시장에서 탈락하는 경우도 있다. 생산성이 떨어지는 나약한 몸일 것이라는 예상 때문이기도 하지만, '도대체 어떻게 살았기에 …'라는 시선, 즉 잘못 살아온 결과로 질병에 걸렸다는 인식 때문이기도 하다. 우리 사회에서 건강은 스펙이 되고, 중증 질환 경험은 낙인이 되었다. 이러한 질병의 개인화는 아픈 이들에게 안팎으로 소외의 덫이 되고 있다.

다시 강조하지만, 질병의 개인화는 질병에 대한 사회적 책임을 약화하는 효과를 불러온다. 널리 알려졌다시피, WHO가 규정한 1군 발암물질에는 담배도 있지만 미세먼지도 있다. 담배 연기를 1시간 30분 마시는 것과 미세먼지를 1시간 마시는 것의 효과가 동일하다는 실험 결과도 있다. 임산부와 유아를 포함해 모든 국민이 병원, 학교, 직장을 오가며 담배보다 독한 발암물질

아파도 미안하지 않습니다

인 미세먼지를 들이마신다.

그럼에도 시민들은 정부에 적극적으로 대책을 요구하기보다는 개인적 건강관리에 더 힘쓴다. 한국 미세먼지의 심각성이 세계적으로도 회자되기 시작했던 박근혜 정부 시절을 떠올려보자. 당시 정부는 경차와 고등어 타령 이외에 실질적 방안을 내놓지 못했다. 시민들도 미세먼지의 높은 위험성에 비해 적극적으로 대책을 요구하지 않았다. 여기에는 여러 이유가 있겠지만, 건강 자체가 개인이 관리해야 하는 영역으로 확대된 현실을 반영한다. 건강 자체가 개인 능력의 일부로 편입되고, 개인의 능력개발을 강조하는 신자유주의 체제가 건강을 점점 더 개인의 관

지하철에 걸린 보건복지부의 금연광고

리 영역으로 내면화시켰기 때문일 것이다.

생각해보면, 정부가 이런 식으로 질병을 개인화해 책임을 회피하는 논리는 낯설지 않다. 구조화된 극단적 양극화와 빈곤 문제에 정부가 무책임한 모습을 보이는 것 말이다. 아울러 추락하는 개인들에게 끊임없이 자기 계발 담론을 유포하고, 허구적인 성공 신화를 꿈꾸게 하는 것도 떠오른다. 다시 말해, '능력을 개발하라, 네가 능력이 있으면 성공할 수 있다'와 '건강을 관리하라, 네가 노력하면 질병을 피할 수 있다'는 주장은 흡사해 보인다. 불쾌하고 불온한 느낌이다.

"흡연은 질병입니다. 치료는 금연입니다"와 "당신이 스스로 구입한 질병, 후두암 주세요"라는 문장은 자못 점잖은 척하지만, 직설적으로 표현하면 '그렇게 살다간 암 걸린다!'는 이야기다. 흡연자에게는 협박으로 들릴 수 있다. 그렇다면 암 환자에게는 어떻게 들릴까? 보건복지부 담당자는 암 환자에게 저런 광고 문구가 어떻게 들릴지 한 번이라도 생각해봤을까? 아니면 미래에 암 환자가 발생하는 것을 예방하기 위해 저 정도는 감수해야 한다고 생각했을까? 설마, 암은 본인이 건강관리를 못해서 걸린 건데 저 정도 표현이 뭐 어떠냐는 생각은 아니었기를 바란다.

일상에서 들을 수 있는 비슷한 종류의 표현으로는 "암 걸리겠다", "공부 안 하면 청소부 된다", "운전할 때 안전벨트 안 매면 휠체어 벨트 매게 된다" 같은 것이 있다. 암 환자, 청소부, 휠체어를 이용하는 장애인은 이런 말을 듣고 어떤 기분이 들까? '그

아파도 미안하지 않습니다

가공육은 담배, 미세먼지와 함께 1군 발암물질로
분류된다. 그렇다면 이런 광고를 만들어도 될까?
ⓒ 조은영

렇게 살다간 암 걸린다!'라는 의미를 내재한 폭력적 표현이, 개
인도 아닌 보건복지부에 의해 만들어지고 유통된다.

　저런 식의 광고 문구는 아픈 이들의 인권 차원에서도 문제적
이지만, 흡연자에게도 그렇다. 나는 모든 사람이 동일하게 건강
을 추구해야 한다고 생각하지 않는다. 심지어 어떤 이에게는 건
강이 절대적인 우선 가치가 아닐 수도 있다. 많은 이들은 밀가
루, 탄산음료, 패스트푸드가 건강에 해로울 수 있음을 알면서도

습관적으로 섭취한다. 누군가는 밀가루, 탄산음료, 패스트푸드가 담배만큼 해롭지 않다고 주장할 수도 있겠다. 그렇다면 육류는 어떨까? 2015년 WHO는 햄과 소시지를 비롯한 가공육을 담배, 미세먼지와 함께 1군 발암물질로 발표했다. 또 붉은색 육류를 2군 발암물질로 발표한 바 있다. 그렇다면 우리는 육류의 유해성 정보를 전달받기 위해 협박 같은 광고를 만나도 괜찮은 것일까? 그러니까 우리가 조만간 만날 광고는 "당신은 지금 대장암(육포, 삼겹살)을 먹고 있다!", "아이에게 암(소시지, 햄버거)을 사주는 엄마!" 같은 것이어도 될까?

만들어지는 질병

'흡연은 질병입니다'라니! 이제 흡연까지 아예 병으로 명명한다. 놀랍다. 과거에는 사소한 특질에 불과했던 것들이 병으로 규정되는 경우가 점점 늘고 있다. 자연스러운 몸의 흐름인 완경(폐경)은 호르몬 치료가 필요한 질병이 되었고, 코골이는 수면무호흡증을 유발할 수 있는 위험한 증세가 되었다. 역동성이나 산만함 정도로 여겨지던 성격은 ADHD(주의력결핍 과잉행동장애)로 불린다. 수없이 많은 병명이 과도하게 개발되는 데는 여러 이유와 맥락이 있겠지만, 나는 한 제약회사 대표의 말이 떠오른다. 30년 전 '머크'라는 다국적 제약회사의 대표는 "회사의 고객이 아픈 사람만인 게 안타깝다. 건강한 사람들을 위한 약을 만드는 게 오랜 꿈"이라고 말한 바 있다.

정부가 금연 치료제 구입비를 보조해주면서 금연 치료제 시장이 활기를 띤다고 한다. 하지만 흡연자들 사이에서는 금연 치료제의 안정성이나 효과에 대한 논란이 지속 중이다. 의사들은 정부 지원 금연 치료제와 프로그램을 둘러싸고 의료수가 등에 대한 불만으로 시끌시끌하다. 금연 '보조제'에 이어 금연 '치료제'가 금연 관련 의약품에 추가되면서 금연과 관련된 제약시장이 더 넓어지고 있다.

2016년 12월부터 시행된 또 다른 금연광고는 질병에 걸린 모습을 혐오스럽게 표현한 사진을 담뱃갑에 부착한다(109쪽 참조). 그 사진에서 질병은 추하고 수치스러우며 무서운 느낌을 준다. 질병을 예방한다는 목적으로 질병에 대해 부정적이고 혐오스러운 이미지를 유포하는 것은 과연 바람직할까?

한국 사회에서 암은 성인 3~4명 중 1명이 걸리는 질환이다. 환자들은 본격적인 투병 기간 외에도 5년 후 완치 판정을 받기까지 조심스럽게 살아가며, 완치 판정을 받은 이후에도 재발에 대한 두려움을 안고 산다. 암 이외에도 많은 이들이 뇌졸중, 당뇨, 심장 질환 등 만성질환과 함께 살아간다. 고령화 사회에서 전 생애에 걸쳐 암이나 만성질환을 하나도 경험하지 않고 늙는다는 건, 엄청나게 낮은 확률이 되었다.

질병에 빠르게 이별을 고할 수 없고 질병이 오래도록 함께 살아야 하는 동반자가 될 때, 사람들은 인정과 거부, 수용과 좌절을 반복한다. 나 또한 그랬고, 지금도 그렇다. 질병과 싸우기 (투병)를 그만두고 동반자처럼 적절히 돌보며 잘 살아보겠다고 마음먹은 지 몇 년이 흘렀지만, 여전히 한 번씩 엎치락뒤치락 파도를 만난다. 질병에 대한 미움, 무력, 공포, 불안 같은 감정이다.

내가 질병과 함께 살아가는 삶의 어려움이나 좌절감을 토로할 때, 한의사나 대체요법사들은 하나같이 질병이나 질병에 걸린 몸을 부정적으로 생각하거나 미워하지 않는 것이 중요하다고 말했다. 질병은 몸의 자정작용 가운데 발생하며, 모두 나름의 이유로 생긴다는 말도 덧붙였다. 일반 병원에서 만나는 의사들도 예전에는 질병을 박멸할 적으로 보는 관점이 많았지만, 요즘은 박멸이 불가능한 질병도 많고 만성질환 사회가 된 만큼 질병과 함께 살아가는 방법을 익히는 게 좋다고들 말한다. 그러기 위해서는 질병에 대한 자기 안의 부정적 이미지를 걷어내라고 조언해준다.

아픈 이들은 '질병에 대한 느낌'이 곧 '몸에 대한 느낌'이 될 때도 있다. 그 느낌을 어떻게 조절해나가느냐가 삶의 질을 좌우하기도 한다. 그래서 나는 질병에 대해 만연해 있는 어둡고 음습하며 무서운 이미지를 사회적 차원에서 개선해야 하지 않을까 생각한 적이 있다. 함께하고 싶은 사랑스럽고 귀여운 이미지는 아니더라도 그렇게까지 부정적인 이미지여서는 안 될 듯하다. 혐오스러운 이미지를 지닌 존재와 동반자로 사이좋게 살아가기란 너무나 어렵지 않은가!

아파도 미안하지 않습니다

현대사회에서 건강은 개인의 스펙이 되었고, 건강관리는 내면화된 윤리가 되었다. 이런 현실에서 질병 공포를 이용해 질병을 예방하겠다는 발상은 근시안적으로 보일 뿐이다. 질병에 대한 혐오감 조장이 혐오스럽다.

어떤 이들, 특히 정부 관계자들은 흡연으로 사람들이 암에 걸릴 뿐 아니라 건강보험 재정이 낭비된다고 주장한다. 그렇다면 위험한 질병을 유발하는 것으로 꾸준히 논란이 된 GMO 식품에 대해 세계 1위 수입국을 유지하는 정부는 어떤가? 안전장치를 제대로 마련하지 않은 채 강도 높은 노동으로 세계 최고 수준의 산업재해국 '명예'를 유지하는 기업가들은? 젠더 불평등 사회에서 여성에 대한 줄지 않는 폭력, 특히 가정폭력과 데이트 폭력으로 아내나 여자 친구가 수시로 병원과 약국을 들락거리게 만드는 가해자들은?

정부는 국민 건강을 위해 강력한 금연광고를 제작하면서 미국 등 서구권의 비슷한 사례를 제시했다. 그런데 과연 서구에서도 금연정책을 군사 훈련하듯 밀어붙여 시행했을까? 그리고 국민 건강을 위해 금연정책에 수백억 원을 쏟아 부으면서도 국민들이 배가 침몰해서 죽고, 여자라는 이유로 죽고, 가난해서 죽었을 때 적절한 정책을 제시하지 않았을까?

저 금연광고에 대해 할 말이 너무 많아 며칠 밤을 새도 모자랄 것 같다. 광고를 볼 때마다 여러 감정과 생각이 쏟아진다. 사실 가장 큰 감정은 무력감이다. 마치 너무 작아서 걸러지지 않고 직접 혈관에 스며들어 치명적인 미세먼지와 같다. 광고가 분명 위험한 관점을 내재하고 있는데도 국민 건강을 생각하는 평범한 표현처럼 보여서 더욱 치명적이다. 직간접의 저런 메시지가 시민들의 몸속에 흘러들어가 의식의 혈관을 타고 무의식 구석구석까지 전해지고 있으리라. 무력감에 쓰라리다.

질병을 정의하고, 발생 맥락을 규정하며, 치료 과정을 설정하는 것은 매우 정치적인 행위다. 질병을 어떻게 규정하고 질병에 어떤 태도를 취하느냐에 따라 우리는 다른 몸을 만나게 된다.

아파도 미안하지 않습니다

1인 가구에게 필요한 것

"1인 가구, 신新 건강 취약계층!

혼밥(혼자 먹는 밥)은 염분 섭취 비율이 높고 비만과 심혈관계 질환 비율을 높인다. 1인 가구는 만성질환 비율, 입원율, 우울의 심률이 다인多人 가구보다 높다. 혼밥에서 고독사까지 1인 가구 문제, 어떻게 볼 것인가?"

저런 식의 기사를 볼 때마다 조금 답답한 기분이 든다. 저기서 말하는 1인 가구는 누구일까? 1인 가구는 굉장히 다양하다. 연령이나 경제력에 따라 크게 다르고, 1인 가구로 지낸 기간, 1인 가구가 된 계기, 주거가 임시적인지 장기적인 형태인지에 따라 삶을 꾸려가는 태도나 질이 다르다. 당연히 자기 돌봄 능력과 태도도 다를 것임은 말할 필요가 없다.

'혼밥'이 주된 일상이더라도 1인 가구로서 주거 기간에 따라 인스턴트 음식과 신선한 음식을 섭취하는 비율이 다를 수 있다. 아울러 성별·연령·경제력에 따라 건강을 관리하는 양상이나 자신을 돌보는 태도도 상당히 다를 가능성이 높다. 그런데 저런 기사는 1인 가구 내부의 차이를 지우고, 1인 가구가 특정한 단일 집단인 듯한 오해를 불러일으킨다.

때로는 저런 식의 기사가 답답함을 넘어 불편하게 느껴지기도 한다. 아직도 1인 가구 자체를 문제적 시선으로 보는 것 같아서다. 1인 가구를 다룬 기사 중에는 1인 가구의 삶이 건강하기 어렵고 그 자체로 취약계층이라는 관점이 전제된 경우가 아직도 많다. 물론 1인 가구가 빈곤층 비율이 높고 적극적 돌봄이 필요한 노인 가구 등이 많은 것은 사실이지만, 1인 가구 자체가 취약계층인 것은 아니다.

1인 가구 자체를 관리가 필요한 취약계층으로 보는 것은 다인 가구 중심 사고방식의 연장이다. 무엇보다 나를 포함한 많은 여성들이 비非민주적인 가족으로부터 독립하고, 불평등한 결혼 제도에 맞서 비혼을 선택한다. 또한 여성들은 가족 안에서 더 많은 통제를 받다보니, 독립을 인생의 주요 가치로 설정하는 경우가 더 많다. 따라서 여성들에게 1인 가구는 자신의 삶을 좀 더 독립적으로 온전히 살기 위한 적극적 선택인 경우가 더 빈번하다. 결국 1인 가구 자체를 문제적 취약계층으로 보는 시선이 성별을 떠나 모든 1인 가구에 부정적 영향을 끼치는 것 같지만, 실제로는 '독립'이 상대적으로 더 중요하게 작용하는 여성의 삶에 더욱 부정적인 영향을 미친다.

결혼 제도 안의 다인 가구 여성에게도 '1인 가구'는 낯선 주제가 아니다. 직장, 학업, 이혼 등의 이유가 아니더라도 성별 평

아파도 미안하지 않습니다

균수명의 차이 때문에 남편과 사별 이후 평균 4~7년을 1인 가구로 살아가는 여성 노인이 많다. 1인 가구에 대한 사회적 시선이나 정책은 여러모로 여성의 삶에 지대한 영향을 미친다.

물론 성별을 떠나 1인 가구를 둘러싼 사회적 시선이나 정책, 복지 서비스는 그 자체로 1인 가구의 삶의 만족도는 물론, 안전을 포함한 건강 문제에 상당한 영향을 미친다. 이제 한국에서 1인 가구는 가장 일반적인 가구형태가 되었으며, 지금도 가파르게 늘어나고 있다. 하지만 1인 가구의 정체성 자체는 여전히 소수자에 머무는 것으로 보인다.

그나마 1인 가구가 화려하고 자유로운 싱글 아니면 어두운 단칸방에서 고독사하는 비극의 주인공으로 묘사되던 양극단에서는 조금씩 벗어나고 있다. 아울러 1인 가구를 어쩔 수 없는 임시적 삶의 형태로 그리거나, 1인 가구의 삶은 어려우니 결혼(재혼)해서 가족을 이루어야 한다는 식의 일방적인 이야기도 상당히 수그러들고 있다. 다행스러운 일이다.

'엄마'와 '아내'가 없는 집

이제 본격적으로 1인 가구의 건강에 대해 이야기해보자. 1인 가구를 주제로 한 뉴스를 검색해보면 주로 안전, 빈곤, 주거를 포함한 '건강' 이슈를 다루는 내용이 많다. 인스턴트나 외식 형태의 혼밥이 잦아지면서 비롯되는 위장 질환이나 고혈압이 지적되거나, 부적절한 주거환경에서 비롯된 수면 부족이나 건강 저하, 외로움으로 인한 정신건강 위협도 자주 등장한다. 어쨌거나 1인 가구는 건강 취약계층이라는 주장이다.

나는 아직까지 1인 가구의 다양한 차이를 정밀하게 반영한 건강과 질병 통계를 보지 못했다. 그래서 1인 가구의 평균 건강이 실제로 훨씬 취약한지에 대해서는 확신이 없다. 하지만 한국 사회의 제도와 문화가 다인 가구를 중심으로 이루어졌기 때문에 1인 가구가 건강 면에서 취약할 가능성이 높을 수 있다고 본다.

만약 1인 가구보다 다인 가구의 건강 수준이 실제로 더 높다면, 복합적 요소가 작용한 결과일 가능성이 크다. 특히 다인 가구의 건강 수준을 높이는 데 절대적으로 기여하는 것은 여성들의 일방적 노동이다. 한국 남성이 돌봄노동과 가사노동에 쓰는 시간이 세계 최하위 수준이고, 그러한 상황이 맞벌이 부부의 경우에도 크게 다르지 않다는 통계는 여성들의 '독박 돌봄노동·가사노동'이 명백한 사실임을 보여준다.

다인 가구로 살아가는 여성들 대다수는 가족 구성원들에게 인스턴트 음식이나 외식이 아닌, 집밥을 먹이기 위해 장을 보고 음식을 조리한다. 또한 식사 이후에도 설거지와 음식 관리 등의 노동을 수행할 때가 많다. 그 덕분에 신선한 음식이 식탁에 오르고, 누군가는 여유롭게 대화를 나누며 그 식사를 즐길 수 있다. 또한 가족 구성원의 건강에 이상이 없는지 일상적으로 상태를 살피고 적절한 영양제를 챙겨주는 노동도 여성의 성역할에 포

아파도 미안하지 않습니다

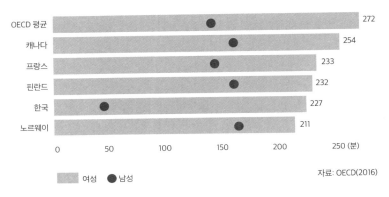

OECD 주요국 양육·무급노동 시간

(15~64세, 24시간 기준)

OECD 평균	272
캐나다	254
프랑스	233
핀란드	232
한국	227
노르웨이	211

0   50   100   150   200   250 (분)

□ 여성 ● 남성

자료: OECD(2016)

함된다. 이외에도 가족이라는 집단 자체를 유지하기 위해서 다양한 정서적·물리적 노동이 필요한데, 그 대부분도 엄마나 아내의 이름으로 여성이 수행한다.

뒤집어 말하면, 1인 가구가 건강에 취약한 주요한 이유 중 하나는 집에 '엄마'나 '아내'가 없기 때문이다. 역사적으로 지금과 같은 '임금노동' 자체가 출근은 노동, 귀가는 쉼을 전제로 한 형태다. 그리고 집이 쉼의 공간일 수 있었던 것은 돌봄노동이나 가사노동 같은 재생산 노동을 무료로 수행하는 '여성'이 있었기 때문이다. 그런데 유사 이래로 1인 가구가 대거 출현했고, 그들은 재생산 노동을 무료로 수행해줄 '여성'이 '집'에 없다. 현재 1인 가구는 임금노동부터 돌봄노동과 가사노동까지 모두 혼자 수행해야 한다.

사실 1인 가구는 누구보다 자기 돌봄의 중요성을 잘 알고 있으며, 그 노동들을 모두 시도해볼 때가 많다. 하지만 퇴근 이후에 음식 조리, 청소, 세탁 등을 할 시간이 없는 경우가 빈번하다. 시간이 있다 해도 한국의 직장들은 노동강도가 워낙 높다 보니 퇴근하면 체력이 남아 있지 않을 때가 부지기수다. 건강을 위해 쾌적한 생활공간을 만들고 질 좋은 음식을 챙기기가 쉽지 않다.

이렇듯 건강관리에 필수적인 것도 수행하기 어렵다 보니 결정적 영향을 미치지 않는 소소한 것들은 방치되기 일쑤다. 허리가 아프지만 당장 일상에 지장 있는 것이 아니면 치료를 미루거나, 간간히 수리를 맡겨야 할 전자제품, 형광등 갈기, 관공서나 은행을 방문해 처리할 일 같은 것들은 우선순위에서 밀린다. 결국은 그냥 몇 달씩 불편함을 감수하며 지내기도 한다. 삶의 질이 떨어진다. 물론 경제적으로 부유하거나 내공이 단단한 1인 가구는 상황이 다를 수 있지만, 그렇지 않은 1인 가구는 그 모든 노동을 혼자서 수행하는 것이 버겁게 느껴진다.

'싱글세'는 싫습니다

이렇듯 다양한 노동을 모두 수행하기 어려운 현실이 1인 가구만 부담스러운 건 아닌 듯하다. 가볍게 검색을 해봐도 여러 연구소와 지자체 등이 발행한 1인 가구 관련 연구 자료가 무척 많다. 이토록 많은 공적 자료가 생산되는 것은 '퇴근 이후 집에서 잘 쉬고, 아침이면 질 좋은 노동력이 되어 직장에 공급되는 시스템'에 문제가 생길 수 있다는 사회적 불안도 한몫하는 것으로 보인다. 아울러 1인 가구 '대책'에 관해서는 건강 저하와 고독사 등에 대한 '사회적 처리 비용'을 계산하며 적절한 대응이 필요하다는 주장도 상당수다. 1인 가구가 고위험군 취약계층으로 전락해 사회적 자원과 비용이 많이 들지도 모른다는 염려와 경계도 느껴진다.

그래서인지 요즘 지자체 복지와 행정의 주요 이슈는 1인 가구라고 한다. 실제로 1인 가구를 위한 정책이 필요하다는 목소리가 많고, 그에 따라 1인 가구 정책이 수립되기도 한다. 서울시 기준 1인 가구 정책을 살펴보니 여성안심택배, 소형 쓰레기봉투 제작·보급, 식당에 저염식단 권장 등이 있다. 그 외에 소형주택 보급 사업이나 주거비 지원 사업 같은 것도 있는데, 수요에 비해 공급이 턱없이 부족해서 아직은 그 실효성이 미미한 듯하다.

이 사업들은 다 나름대로 의미 있어 보이지만, 1인 가구의 현실에 비하면 너무나 '취약'하다. 혹시나 해서 1인 가구 정책 제안에 대한 여러 자료도 검토해봤는데, 역시나 아쉬웠다. 1인 가구에 맞는 정책을 언제까지 기다려야 할까. 자료들을 볼 때마다 갑갑한 마음이 쌓여왔다. 그래서 간략히 정책 제안을 하고자 한다. 오랜 1인 가구로서, 그리고 1인 가구의 건강은 사회정책이나 복지와 긴밀하게 연관될 수밖에 없다는 문제의식을 지닌 사람으로서 최소한 두 가지는 꼭 언급하고 싶다.

첫째, 가구별 영향평가 제도의 도입이다. 1인 가구 정책과 관련해 특화된 서비스를 만드는 것도 필요하지만, 그보다는 기존 정책이 다인 가구와 1인 가구에 미치는 영향을 각각 평가하는 일이 선행되어야 한다. 정책에서 성별 영향평가gender impact assessment,* 성인지 예산 제도gender sensitive budget**가 시행되는 것처럼 '가구별 영향평가' 제도가 필요하다. 한국 사회에는 사실상 다인 가구 중심의 제도만 있어왔기 때문에 1인 가구는 정책적으로 다양한 배제와 소외를 겪을 수밖에 없다.

이미 이슈가 된 두 가지, 즉 조세제도가 부부나 자녀를 중심으로 혜택을 주고 있어 결과적으로 1인 가구나 비혼 인구가 '싱글세'를 낸다는 점, 그리고 주거 청약 가산점이 신혼부부와 다자녀를 중심으로 부여되기 때문에 1인 가구가 불리하다는 점 등은 극히 일부 사례에 불과하다. 다른 정책과 제도에도 이 같은 사례가 수없이 많을 것이다. '가구별 영향평가' 같은 제도를 도입하면 1인 가구를 취약계층으로 밀어내는 기존 사회제도의 개선을 기대해볼 수 있다.

---

* 정부 정책을 수립·시행하는 과정에서 성차별적 요인들을 분석하고 평가함으로써 정부 정책이 성평등의 실현에 기여하도록 하는 제도이다. 정책의 성차별적 원인을 합리적으로 개선하고 성별에 미치는 영향을 체계적·종합적으로 분석·평가해 실질적인 성평등 정책 실현을 목적으로 한다.
** 예산 편성과 집행 과정에서 성별 효과를 고려해 성차별 없이 평등하게 혜택을 누릴 수 있도록 하는 제도이다.

아파도 미안하지 않습니다

새로운 제도를 도입할 때도 '가구별 영향평가'가 적용되길 바란다. 도입될 제도가 가구형태별로 어떤 영향을 미치는지 파악할 수 있고, 현재 정책적으로 소외되어 있는 1인 가구에게 어떤 제도의 도입이 시급한지 확인할 수도 있다. 이를테면 나는 건강권과 관련해 무상의료와 상병수당(아프거나 다쳐서 갑자기 일하지 못할 경우 지급되는 수당) 제도가 도입되어야 한다는 입장이다. 상병수당은 경제적 파트너가 없는 1인 가구에게 더욱 절실하며, 직접적 영향을 미친다. 1인 가구가 건강 취약계층이라면, 국민 건강을 위해 시행되어야 할 여러 건강제도 중에서도 상병수당의 우선적 도입을 고려해야 한다.

　　둘째, 가족 안에 묶어둔 돌봄노동과 가사노동을 적극적으로 사회화해야 한다. 현재 돌봄노동과 가사노동은 다인 가족을 전제로 한 가족 안에 묶여 있다. 결국 1인 가구는 돌봄노동과 가사노동 속에서 '과로'에 몰리거나, 돌봄이나 쾌적한 일상 환경으로부터 소외되기 쉽다. 앞서 언급했듯이 임금노동, 돌봄노동, 가사노동을 혼자 모두 소화하는 것은 무척 벅차다. 대체로 어느 한쪽을 포기하기 쉬운데, 처음에는 가사노동을, 그다음에는 돌봄노동을 포기할 가능성이 많다. 그런 현실이 개인의 건강을 위협하고, 사회적 노동력의 질을 떨어뜨리는 건 명백하다. 물론 돌봄노동과 가사노동의 사회화는 장기적인 전망과 체계가 필요한 일이다. 하지만 천릿길도 한 걸음부터라는 태도로 작은 것부터 시도해보면 좋겠다.

그리고 지자체에서 1인 가구를 대상으로 '사회적 가족' 형태의 네트워크를 만들거나 소셜다이닝(SNS를 통해 만난 사람들이 함께 식사하는 것) 사업을 펼친다는 기사를 읽었는데, 그런 사업을 왜 지자체가 하는지 몹시 의아하다. 오히려 지자체는 보건소를 통한 건강관리, 일상 돌봄 서비스가 골목골목에 스며드는 정책을 개발하는 일이 더 적절하다.

예컨대 집 인근에서 간단한 간호·간병 서비스를 제공받을 수 있는 제도를 개발하면 어떨까? 여러 보고서의 통계에 따르면 1인 가구들이 가장 어려움을 느끼는 상황들 중 1위는 '아플 때'다. 입원까지는 하지 않더라도 일상적 돌봄이 필요한 상태일 때 손쉽게 이용할 사회적 서비스가 거의 없다. 간병인을 고용할 수 있지만, 1인 가구의 절반이 빈곤층임을 생각하면 중증 질환이 아닌 한 이용하기 쉽지 않다.

1인 가구의 주거 계약에 가사노동이 포함되는 경우도 생각해볼 수 있다. 한 지인이 필리핀 보라카이의 원룸에서 살고 있는데, 그 집의 계약 옵션은 1주일에 한 번씩 헬퍼helper가 방문해 청소와 세탁 서비스를 제공하는 것이라고 한다. 원룸 건물이나 소형주택 밀집 지역을 중심으로 구체적인 사업 모델을 개발해볼 수 있을 것이다.

다시 한번 강조하지만, 1인 가구가 취약계층이라면 그것은 1인 가구라는 형태 때문이 아니다. 다인 가구를 전제로 한 사회복지 시스템과 1인 가구의 삶을 반영한 정책의 부재가 1인 가구를

아파도 미안하지 않습니다

취약계층으로 내몰고 있다. 건강이나 질병은 개인이 어떤 사회적 조건 아래 사느냐에 따라 큰 영향을 받는다. 특히 1인 가구처럼 사회복지 서비스의 영향에 민감할 수밖에 없는 집단은 더더욱 그렇다. 1인 가구의 건강과 안녕을 지킬 수 있도록 1인 가구의 경험과 언어를 반영한 사회정책과 복지를 애타게 기다리고 있다.

1인 가구의 대거 출현은 '인류의 새로운 실험'일 수 있다는 어떤 학자의 말이 떠오른다. 우리가 이 실험을 잘 진행한다면 돌봄노동과 가사노동이 탈가족화·탈젠더화된 사회를 사는 첫 세대가 될 것이다. 페미니스트로서, 1인 가구로서 상상만 해도 감격스러운 순간이다.

맹장염으로 세상을 떠난 청년

"저는 김준혁입니다. 별명은 대머리독수리예요. 나이가 많아 보이지만 제가 선생님보다 어려요, 하하하. 제가 언어장애가 조금 있어서 발음이 좀 이래요. 그리고 복지카드에 지적장애 3급이라고 적혀 있어 취업이 어렵습니다. 먹고살기 힘든 이야기를 해보고 싶어 왔습니다."

그를 만난 건 장애인 미디어교육에서였다. 주류 미디어에서 재현되는 장애인의 모습을 장애인 인권적 관점에서 비판적으로 읽고, 자신의 이야기를 영상으로 직접 만들어보는 프로그램이다. 그는 장애인 인권운동을 비롯한 여러 사회운동에 함께해온 활동가다웠다. 첫 시간부터 세상에 하고 싶은 말이 있어서 왔다고 설명했다. 하고 싶은 말이 많아 보였다. 강사인 나에게는 든든한 참여자였고, 다른 참여자에겐 열정을 부추기는 동료였다. 15주가 넘는 교육을 빠짐없이 성실하게 참여했다. 촬영과 편집을 거쳐 수료작 제작도 마쳤다. 그런 그가 수료작을 상영하는 수료식에 오지 않았다. 연락도 되지 않았다.

지금도 연락이 되지 않는다. 그는 하늘나라에 있다. 그가 서둘러 세상을 떠났다는 소식을 들은 건 수료식 며칠 뒤였다. 사인은 맹장염이었다. 요즘 세상에 맹장염으로 죽는 이가 어디 있느냐고 말하지만, 그는 그렇게 떠났다. 정확히는 맹장염 수술 시기를 놓쳐 복막염이 왔고, 수술 몇 시간 뒤 패혈증으로 숨을 거뒀다. 그의 말처럼, 그는 나보다 어렸다. 1981년생. 당시 33세였다.

아마 꽤 오래 복통에 시달렸을 것이다. 그러나 기초생활수급권자인 그는 치료비가 많이 나올까 봐 버티고 버텼을 것이다. 더 이상 버틸 수 없어 병원에 갔을 때는 이미 복막염이 진행된 상태였다. 의사가 수술이 필요하다고 했을 때 통증보다 병원비 걱정에 등을 웅크렸을지 모른다. 간호사가 가족이 없는 그에게 입원 보증인을 요구했을 때, 아픈 배를 움켜쥐고 여러 곳에 전화를 돌렸을지 모른다.

장애인 미디어교육 수료작 <하루> 속 김준혁 씨의 모습
ⓒ 장애인문화예술판

어떤 이들은 그가 병원비 때문에 병원 가기를 주저한 것에 의아해했다. 기초생활수급권자는 의료급여지원 대상자인데 왜 병원비를 걱정했는지 물었다. 하지만 의료급여 대상자도 본인 부담금이 일부 있다. 그리고 '비급여' 항목*은 똑같이 전액 자부담이다. 그래서 내 주변의 빈곤한 지인들은 대부분 병원에 잘 가지 않는다. 가벼운 병이면 병원에 가지 않아도 그럭저럭 나을 것이고, 심각한 병이면 어차피 병원비가 많이 들어 치료가 힘들기 때문이다. 그래서 알고 괴로운 것보다는 모르는 것이 '약'이라며 병원에 가지 않는 '선택'을 한다.

그는 직장을 구하고 싶다고 자주 말했다. 아플 때 치료비 걱정을 덜 수 있는 삶을 원했고, 열정이 충만했으니 가꾸고 싶은 미래가 많았다. 하지만 현실은 그에게 기초생활수급권자 이상의 삶을 허락하지 않았다. 그는 장애 차별 때문에 취업이 어렵다고 했다. 그의 수료작은 '장애인보호작업장'에 잠시 취업했을 때의 이야기다. 부품 조립을 하나 완성하면 300원인데, 한참을 일했지만 겨우 10개를 조립했다는 장면이 나온다.

오늘도 얼마나 많은 김준혁이 한국에 살고 있을까. 장애가 없어도 그와 비슷한 삶을 사는 이는 흔하다. 성별, 나이, 외모, 스펙, 경력단절, 병력medical history, 그리고 알 수 없는 여러 이유들 때

---

* 국민건강보험공단에 따르면 '비급여'란 질병이나 사고 치료에 필수적이지 않은 미용 수술 등이라고 정의된다. 하지만 맹장염 진단을 위한 초음파나 자궁근종 진단을 위한 초음파 등 질병 진단에 필수적인 검사나 치료도 비급여 항목에 포함된다.

아파도 미안하지 않습니다

문이다. 상위 1퍼센트가 더 많은 부를 축적하는 한, 많은 사람들이 실업과 빈곤 상태에 놓일 수밖에 없다. 이 시대를 살아가는 수많은 '김준혁들'은 기초생활수급권자라도 될 수 있었던 김준혁을 부러워할지도 모른다.

설령 어렵게 취업을 한다 해도 사는 게 쉽지 않다. 일상의 생계를 꾸리고 나면 미래에 혹시 필요할지도 모를 병원비를 저축하기에는 돈이 빠듯하다. 몸이 아픈데 본인이 생계부양자이거나 1인 가구라면 더욱 힘들다. 특히 1인 가구들은 몸이 아파도 일을 쉬기가 여의치 않다. 아프면 병원비 등 돈이 더 많이 드는데, 병원비를 임시로라도 대신 벌어줄 경제적 파트너가 없기 때문이다. 몇 개월 치 생활비는 저축해둔 것으로 충당하더라도 얼마나 나올지 모르는 의료비가 불안해서 어떻게든 일을 계속한다. 건강 때문에 풀타임 일이 힘들면 아르바이트라도 짬짬이 한다. 나도 그랬다.

건강보험에 대하여

만약 우리가 무상의료 사회에 살고 있다면 어떨까. 경제적 능력 때문에 의료 이용에서 차별받지 않는 사회, 소방서나 경찰서처럼 병원을 공공재로 이용할 수 있는 무상의료 사회! 그렇게 평등한 의료권이 보장된 사회라면, 치료비가 무서워 병원 가기를 포기하는 이들이 발생하지 않는다. 아픈 이들이 《사랑의 리

퀘스트》 같은 프로그램에서 자신의 비참함을 드러내며 치료비를 호소하지 않아도 된다. 아픈데도 일을 쉴 수 없는 저소득층이나 1인 가구의 버거움도 줄어든다.

하지만 일부 정치인들은 무상의료가 시행되면 병원 이용자가 늘어나고 비용도 많이 든다며 반대한다. 맞는 말이다. 국민의 34퍼센트는 병원비 때문에 치료를 포기한 적이 있고, 10퍼센트는 위험한 의료 사각지대에 놓여 있다.[38] 또한 중산층이 빈곤층으로 내려가는 3대 이유 중 하나가 의료비 지출이다. 무상의료가 실시되면 이렇듯 치료를 받지 못하거나 치료를 포기하는 사람이 줄어들 테니 당연히 지금보다 더 많은 비용이 필요할 것이다. 무상의료를 반대하는 이들은 그러한 추가 비용이 국민에게 세금 폭탄으로 돌아갈 것이라며 위험하다고 주장한다. 정말 그럴까?

한국 사회의 의료보장 제도에 관한 자료를 찾아봤다. 우리는 평소 국민건강보험공단(이하 '건보')에 보험료를 내고, 질병 등이 생겨 의료 서비스를 이용하면 건보에서 보장해준다. 그런데 건보가 보장하는 비율이 매우 낮다. 한국의 건강보험 보장률은 62.6퍼센트다. 병원비가 100만 원이 나오면 37만 4000원은 본인이 부담해야 한다는 뜻이다. OECD 국가 중 최하위권에 속한다. 특히 결정적인 목돈이 드는 입원치료 보장률은 55퍼센트에 불과하다. OECD 국가 중 꼴찌다.

매달 개인은 국민건강보험료를 납부하고 여러 간접세도 많이 내는데, 한국의 건강보험 보장률은 이토록 낮다. 그러니 텔레

아파도 미안하지 않습니다

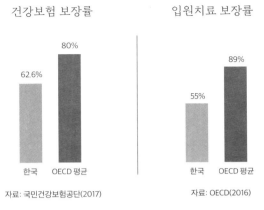

건강보험 보장률
80%
62.6%
한국 OECD 평균
자료: 국민건강보험공단(2017)

입원치료 보장률
89%
55%
한국 OECD 평균
자료: OECD(2016)

비전을 켜면 "전화 한 통화로 누구나 가입 가능"하다는 민간보험 광고가 넘친다. 국민건강보험 보장률이 낮으니 불안한 사람들은 여러 개의 민간보험을 든다. 가구당 민간보험은 평균 4.6개라고 한다. 그런데도 일부 정치인들은 "그래도 한국이 미국보다 낫다"는 말로 한국의 건강보험 문제를 덮는다. 하지만 미국은 OECD 회원국 중 유일하게 전 국민 의료보험제도가 사실상 없는 나라다. 의료를 시장에 맡겨 실패한 사례라고 할 수 있다. 우리가 하향평준화를 지향하는 게 아니라면 미국과 비교해 안도하는 것은 어리석다.

건강보험 보장률을 높이려면 결국 돈이 더 필요하다. 그런데 한국은 개인의 전체 의료비 중 건강보험 같은 '공공 지출'이 차지하는 비율이 56퍼센트에 불과하다. OECD 평균은 73퍼센트이니 이 또한 최하위권에 속한다. 따라서 공공 부담률을 높여 건강보험 보장률을 90퍼센트 이상으로, 사실상 무상의료 사회로 이동하면 치료비 때문에 불안에 떨지 않아도 될 것 같다. 그런데 무상의료에 반대하는 이들은 공공 부담률을 높이려면 건강보험료를 대폭 인상해야 한다며 또다시 국민 부담을 이야기한다. 과연 국민한테만 돈을 더 걷어야 할까?

해외 사례를 살펴보니, 사실상 무상의료 사회인 프랑스가 눈에 들어왔다. 복지 재원을 확보하는 과정에서 형평성과 사회연대성을 중시하는 프랑스는 임금소득뿐 아니라 주식 같은 금융소득이나 임대소득에도 건강보험료를 부과한다. 소득이 있는 곳마다 건강보험료를 부과해 재정 부담의 형평성을 맞추려고 노력하는 모습이다. 또 비정규직, 일용직, 실직자가 늘어나는 상황을 고려해 몇몇 대기업이 사회연대 원리에 입각해 건강보험 비용을 부담하도록 만든다. 이 제도는 사회적 부를 재분배하고 노동력을 보호하는 차원에서 실시된다고 한다. 대기업과 재벌에 온갖 세금 감면과 특혜를 주는 한국과 대조되는 모습이지만, 우리가 가야 할 방향을 보여준다. '국격'이 있다면 미국이 아니라 프랑스 같은 사회를 보면서 대안을 모색해야 한다.

돈을 더 내겠다는 사람들

무엇보다 중요한 사실은, 여러 조사에서 국민건강보험 보장률이 높아지면 건강보험료를 더 내겠다는 여론이 상당히 높게

아파도 미안하지 않습니다

나타난다는 점이다. 기업 등으로부터 당장 세금을 더 걷지 않더라도 개인이 돈을 더 낼 테니 보장률을 높이라고 요구하고 있다. 국민건강보험료는 가구당 평균 약 9만 원인데, 민간의료보험료로 내는 추가 금액은 가구당 평균 약 34만 원에 이른다. 그런데 민간보험은 가입할 때의 광고와 달리 실제 보장률이 낮은 편이다. 그러니 국민건강보험에 돈을 더 내서 제대로 보장받겠다는 의미다. 실제로 무상의료를 연구하는 학자나 보건의료단체들은 개인당 평균 월 1~2만 원 정도만 더 내면 사실상 무상의료가 가능하다고 주장한다(2012년 기준).[39]

심지어 2016년을 기준으로 국민건강보험 누적 흑자는 20조 원에 이른다. 그 금액이면 18세 미만 어린이와 청소년에 대한 무

국민건강보험 보장률이 높아지면 보험료를 더 내겠다는 여론이 높다.

상의료, 입원 환자에 대한 무상의료, 간병비까지 완전히 해결할 수 있다는 분석도 있다.[40] 게다가 20조 원에 대한 이자 수익만으로도 공공 병원을 매년 7개 이상 건립할 수 있다고 한다.[41] 이미 이렇듯 엄청난 것이 가능하다. 그런데 그렇게 안 한다. 도대체 왜 그럴까?

복합적인 이유가 있겠지만, 나는 무상의료를 가장 싫어하는 이들이 누구일지 생각해봤다. 당연히 민간보험사일 것 같다. 한국 사회는 국민건강보험 보장률이 낮기 때문에 실손 의료보험을 비롯한 민간보험이 엄청나게 팔린다. 실제로 건강보험 보장률이 10퍼센트 증가하면 민간보험 수익률이 5퍼센트 감소한다는 보고가 있다. 2005년 국내 최대 민간의료보험회사인 삼성생명에서 <민영건강보험의 현황과 발전방향>이라는 내부 보고서가 유출된 적이 있었다. 보건의료단체연합이 입수해 공개한 이 문건에는 국민건강보험을 무력화해 삼성 의료체계로 대체시키겠다는 내용이 나온다.

더욱 화가 나는 것은, 역대 정부들이 무상의료는커녕 지속적으로 의료 민영화(영리화)를 추진해왔다는 점이다. 민간보험회사를 비롯한 의료자본 시장은 점점 더 확대되는 중이며, 더 많은 '김준혁'이 생겨나고 있으며, 의료비로 인한 중산층 붕괴도 지속되고 있다. 게다가 의료 민영화의 추진 과정이 삼성생명에서 작성된 내부 보고서 내용과 많이 닮아 있다는 보도가 박근혜 정부 때까지도 지속적으로 나왔다. 무섭고 두렵다.

아파도 미안하지 않습니다

정부가 누구의 이익을 대변하며 누구에 의해 움직이는지 다시 한번 생각하게 된다. 특히 박근혜·최순실 게이트 당시 불거져 나왔던 차움병원과의 커넥션은 의료 민영화와 관련해 정부가 누구 편에 서 있었는지 확인해주었다. 2016년 말 겨울부터는 분노와 불안을 동력 삼아 체력이 될 때마다 광화문광장에 나갔다. 갈 때마다 밝혀내야 할 진실, 싸우고 요구해야 할 사안이 너무나 많음을 확인했다. 정신이 하나도 없었다. 다행히 우리는 정권을 교체해냈다. 역대 정부가 공개적·비공개적으로 추진해온 의료 민영화를 멈추고, 무상의료를 위한 토대를 닦기 시작해야 하는 시점이다. 하지만 안타깝게도 문재인 정부가 출범한 지 채 1년도 되지 않아 의료 민영화가 되살아나고 있다는 시민사회의 목소리가 들리기 시작했다.

앞서 보았듯 무상의료와 의료 민영화 문제에는 역대 정부뿐 아니라 재벌과 거대 의료자본이 커다란 권력을 휘두르며 개입해 왔다. 광화문광장에 갈 때마다 가장 크게 외쳤던 것은 "재벌도 공범이다"라는 구호였다. 박근혜·최순실 게이트가 단지 두 사람의 문제가 아니며, 그들을 배양한 사회구조가 있다는 사실을 우리 사회는 더 넓게 깨달았다.

따라서 재벌에 대한 비판과 전경련 해체의 목소리는 계속되어야 한다. 무상의료를 현실화하려면 그 걸림돌이 되고 있는 거대 의료자본과 그 구조에 대한 문제 제기가 필수적이기 때문이다. 이러한 목소리가 바로 무상의료를 현실화하는 데 아주 중요한 기반이 된다. 무상의료는 정권에 의지가 있더라도 재벌이나 의료자본이 반대하는 한 실현되기 어렵기 때문이다. 실제로 오바마Barack Obama 전 정부가 미국 의료제도의 공공성을 살리기 위한 개혁을 시도할 때 가장 큰 걸림돌은 민간보험사와 제약회사 등이었다고 한다.

국민들의 오랜 염원이던 전 국민 의료보험제도가 마침내 실현된 것은 1989년이었다. 이는 1987년 6월 항쟁과 노동자대투쟁이 있었기에 가능했다. "건강권은 요구에 베푸는 시혜가 아니라, 싸워서 얻어진 인권"이라고 했던 코피 아난Kofi Annan 전 유엔 사무총장의 말이 떠오른다. 이미 수많은 시민들은 민간보험으로 각자도생하기보다 월 1~2만 원을 더 내고 무상의료를 실현하려는 의지를 점점 더 드러내고 있다.

김준혁의 죽음, 언제든지 또 다른 '김준혁'이 될 수 있는 의료 사각지대 속 10퍼센트의 사람들, 그리고 누구나 그 10퍼센트로 미끄러질 수 있는 현실. 어느 누구도 서둘러 하늘나라로 떠밀려가지 않도록 서로를 단단히 붙잡고 지켜주는 사회가 절실하다. 그 사회는 오로지 우리가 싸우는 만큼만 가능하다. 우리는 2017년 광장에서 뜨겁게 승리한 경험이 있다. 어쩌면 머지않아 무상의료가 현실이 될지도 모른다. 우리가 여러 광장에서 무상의료에 걸림돌이 되어온 재벌과 의료자본에 대한 비판의 목소리를 계속 높인다면! 무상의료에 대한 우리의 요구를 더욱 강력히 이야기한다면!

아파도 미안하지 않습니다

동네 주치의가 있다면

병원에 가도 몸이 나아지지 않을 때, 무엇을 할 수 있을까? 먼저 새로운 병원을 찾는다. 일부 의사들은 환자들이 의료 쇼핑을 다닌다고 비아냥거리지만, 환자가 할 수 있는 가장 안전한 방법은 새로운 병원을 찾는 것이다. 나의 경우, 갑상선암처럼 명확한 질환은 수술로 해결되었지만, 치료법을 제시받지 못한 증세들은 여전히 남아 있었다. 몸은 축축한 운동화에 갇힌 발처럼 여전히 차갑고 눅진하고 무거웠다.

아픈 곳이 여러 군데이다 보니, 결국 또 종합병원으로 가게 되었다. 여러 진료과를 돌며 검사를 받아야 했고, 각 과의 의사들을 만났다. 그 의사들은 환자인 나와 대화하기보다는 모니터 속 숫자와 사진에만 집중하면서 자신이 담당하는 질병에 대해서만 짧게 설명할 뿐이었다. 내가 느끼는 증세에 대해 물으면 자신의 과에서 치료하고 있는 질병과 상관없는 증세라는 답변을 듣기 일쑤였다.

당연한 말이지만, 내분비내과 의사는 갑상선만, 혈액내과 의사는 빈혈만 본다. 하지만 내 몸은 로봇처럼 분리와 합체가 가능한 기계장치가 아니라, 유기적으로 존재하는 생명체. 그런데 진료실에 앉아 있으면 내 몸은 해당 장기나 질병만 뚝 잘려서 현미경으로 관찰되는 느낌이었다.

무엇보다 내가 느끼는 고통의 총량을 의사들은 전혀 이해하지 못하는 것 같았다. 각 진료과 의사들에게 갑상선암, 빈혈, 출혈 등의 개별 질병은 크게 심각한 것이 아닐 수 있지만, 그 모든 질병을 '동시에' 겪고 있는 내 몸은 불안과 통증으로 무겁게 짓눌리고 있었다. 그런데 그걸 이해하는 의사는 없는 것처럼 느껴졌다. 종합병원일수록 몸을 더욱 분절해서 볼 뿐, 내 몸에 대해 '종합적'으로 말해주는 곳은 없었다.

나는 치료나 완치는 둘째 치고, 도대체 내가 왜 갑자기 이렇게 아프게 된 것인지 이유라도 알고 싶었다. 원인을 알 수 없으니 막연한 불안감이 점점 더 커져갔고, 혼돈 속에 몸만 남겨진 느낌이었다.

그러던 중 손꼽히는 대체요법사를 만나게 되었다. 그는 아프기 전후 생활환경의 변화, 병력, 가족력, 생활습관, 직업 등 많은 걸 물었다. 나의 답변을 주의 깊게 들었고, 몸에서 느끼는 다양한 이상 증세도 꼼꼼히 파악했다. 그렇게 긴 대화를 나눈 후, 그는 내가 팔레스타인에 체류하던 기간에 문제가 생긴 것 같다고 말했다.

나는 아프기 직전인 2009년, 팔레스타인 현장 연대 활동을

아파도 미안하지 않습니다

다녀왔다. 대체요법사는 내가 팔레스타인에 머물 때 독성물질에 노출되었고, 그로 인해 몸의 정상적 흐름에 문제가 생긴 것으로 추정된다며 내 몸의 몇 가지 이상 증세를 근거로 설명했다. 그의 말을 듣자 어지럽던 퍼즐이 맞춰지기 시작하는 기분이었다. 실제로 몸에 이상이 생기기 시작한 것은 팔레스타인에 머물기 시작한 지 3개월에 접어들 무렵이었고, 무엇보다 팔레스타인에서 내가 활동했던 곳의 환경이 좋지 않았기 때문이었다.

팔레스타인은 장기간 이어진 점령과 폭격으로 독성물질이 흔하고, 이스라엘은 정화하지 않은 산업폐수를 팔레스타인 지역으로 흘려보내는 일이 빈번하다. 점령이 장기화되면서 실제로 팔레스타인에 암 환자가 급증했다는 보고도 있으니, 그의 설명에 어렵지 않게 동의가 되었다. 덕분에 나의 불안은 일정 부분 상쇄될 수 있었다.

고통의 총량을 이해하는 의사

그럼에도 뾰족한 치료법은 없었다. 나는 다시 치료법을 찾아야 했고, 이번에는 지인의 추천으로 동네의원 내과 의사를 만났다. 그 의사는 내게 병력과 가족력을 포함한 세세한 문진표를 작성하게 했고, 그것을 토대로 상담한 후에 몇 가지 정밀 검사를 실시했다.

의사는 결과를 설명하면서 인간의 몸은 전시戰時 상황이 되면 생존을 위한 최소한의 기능만 남기고 활동을 멈추는데, 지금 나의 몸은 준전시 상황이라고 했다. 이유가 무엇인지 모르지만, 여러 호르몬이나 혈액 수치 등이 전반적으로 취약한 상태에 속하고, 통증과 피로감이 동반된 다양한 증세나 질환이 발생하는 것 같다고 했다.

내가 대체요법사에게 들은 설명을 조심스럽게 전하자, 그는 여느 의사들이 그렇듯 '비의료인'의 말을 왜 듣느냐고 핀잔을 주지 않고, 오히려 고개를 끄덕였다. 그리고는 여러 데이터를 다시 확인하더니, 가능성이 있을 수도 있는 설명이라고 답했다.

이어서 그는 검사 결과를 근거로 나의 다양한 증세나 질병의 '흐름'에 대해 여러 추론과 가능성을 덧붙이며 설명해주었다. 이를테면 어떤 호르몬이 부족할 경우 어떤 장기의 역할에 영향을 미치고, 그래서 몸이 어떤 증세를 느낄 수 있다는 식이었다. '아, 그래서 그랬던 거구나!' 퍼즐이 좀 더 맞춰지는 느낌이었다. 그제야 나는 내 몸에서 무슨 일이 일어나고 있는지 파악할 수 있었다. 비로소 몇 년 만에 의사로부터 내 몸에 대한 '종합적' 설명을 들은 것이다!

물론 확진이 아니라 여러 추론이었고, 완전한 치료법을 제시받은 것도 아니었다. 하지만 혼돈 속의 미로 같았던 나의 몸을 이해할 수 있는 최소한의 길을 안내받은 느낌이었다. 흔히 의사들은 환자의 몸에서 '세포'를 보고 '완치'만 시켜주면 된다고 생각하는 경향이 있는 것 같다. 하지만 나처럼 여러 증세와 급

아파도 미안하지 않습니다

성·만성질환이 겹쳐서 오고, 그 원인도 불분명한 환자들은 갑자기 낯설어진 몸을 납득할 언어가 필요하기도 하다.

이를테면 환자들은 질병의 원인을 찾을 수 없을 경우, 혹시 잘못된 생활습관이나 나쁜 일상 환경에서 질병이 왔는데 그것을 찾지 못해 계속 몸이 나빠지는 건 아닌지 염려를 멈추기 어려울 수 있다. 왜 아픈지 아무것도 모른다는 것은 몸이 아파도 할 수 있는 게 무엇인지 알 수 없다는 뜻이고, 이는 곧 자기 몸에 대한 통제권이 전혀 없는 듯 느껴지게 하기 때문이다. 즉, 질병은 세포에만 머무는 게 아니라 환자의 삶을 흔들며 존재한다는 의미다.

그 내과 의사의 행위는 단순히 환자에게 매우 친절히 몸 상태를 설명해준 것에 그치지 않는다. 환자가 몸에 대한 주체성을 잃지 않도록 사려 깊게 안내해준 것이다.

또한 그는 질병을 환자의 세포가 아닌 삶 속에서 봤을 뿐 아니라, 질병에 앞서 건강을 보았다. 나는 그 병원에서 빈혈 등 일상적인 검사가 필요한 질환들을 관리받기 시작했는데, 하루는 혈액검사에서 콜레스테롤 수치가 평균보다 높게 나왔다며 의아해했다. 치료가 필요한 정도는 아니었지만, 이해할 수 없는 수치라고 말했다.

즉, 의사는 내가 페스코 베지테리언이고, 요가 등을 규칙적으로 하는 생활습관이 있다는 것을 잘 알고 있었다. 그렇기에 이런 생활습관에서 콜레스테롤 수치가 높게 나온 것을 이상히 여겼다. 그는 내 일상에 특별한 변화가 있는지 물었고, 나는 안 좋은 일이 있어서 마음고생을 몇 달째 했다고 답했다. 그는 스트레스로도 콜레스테롤 수치가 올라갈 수 있다며, 정서적 건강관리도 중요하다고 말했다.

이어서 지역에 있는 한 복지관 프로그램을 소개해주었다. 해당 프로그램이 내실 있게 진행되고 있으며 도움을 받았다는 이들이 많다며, 비용도 매우 저렴해서 큰 부담이 없을 거라고 일러주었다. 이는 질병으로 발병하기 전에 이상 증후를 발견해서 조치하는 예방의학이었고, 나의 빈곤한 경제적 상황까지 고려한 맞춤형 복지였다.

나는 이 모든 게 너무나 놀라웠다. 마치 책에서나 보던 쿠바의 주치의 제도인 '콘술토리오Consultorio' 같은 걸 경험하고 있는 기분이었다. 쿠바에는 훌륭한 주치의 제도가 있고, 주치의는 환자의 기존 병력이나 생활습관은 물론 가족 구성, 주거환경, 심리적 요소 등을 종합적으로 판단해 진료한다. 의료는 사회복지 체계의 연장선으로 존재하며, 의사와 사회복지사는 긴밀한 협력관계를 통해 환자에게 적절한 사회복지 서비스를 연결해준다.

나는 여러 병원을 다녀봤으나, 이런 의사를 만난 건 처음이었다. 이런 진료는 그의 투철한 의료철학 때문에 가능했으리라 짐작한다. 그리고 나는 이러한 의료가 단지 의사의 '선의'에 기대지 않고, 모든 시민이 보편적 권리로 누릴 수 있도록 필요한 최소한의 변화가 이뤄지길 바란다.

아파도 미안하지 않습니다

'착한 진료' 시스템

이를 위해 우선은, 사실상 영리화된 병원들이 공공성을 회복할 필요가 있다. 앞서 말한 동네의사가 여러 질문과 구체적 설명을 주고받으며 진료를 했을 때 20분 정도 소요된 것으로 기억한다. 이렇게 긴 진료 시간은 한국의 의료제도를 고려했을 때 자신의 영리를 어느 정도 포기한 측면이 있었을 것이다.

이제 한국에서는 동네의원은 물론 종합병원들도 환자 유치를 놓고 경쟁해야 한다는 의사들의 목소리가 자주 들린다. 이런 현실에서는 증세를 빠르게 완화시키기 위한 항생제 과다 처방 등을 막기 어려운 것은 물론이고, 예방의학의 실현도 이상적인 구호에 가깝다. 즉, 동네병원은 자영업, 종합병원은 대기업으로 호명되는 현실에서 사려 깊은 의사로 존재하기 어렵다는 뜻이다. 시민 누구나 사려 깊은 진료를 받기 위해서는 의료 공공성 강화가 너무나 절실하다.

이를 위해 먼저 주치의 제도가 도입되길 바란다. 그 동네의사가 나에게는 주치의와 같은 역할을 하고 있으니 말이다. 하지만 내가 주치의 제도의 도입을 말할 때 어떤 의사들은 비아냥거린다. 한국 환자들은 종합병원 같은 3차 의료기관을 선호하기 때문에 1차 의료인 주치의 제도가 불가능하다고 말이다. 특히 한국에서 MRI나 CT 같은 대형 의료기계 장비 보유율이 OECD 평균을 훨씬 웃도는 것을 두고,[42] 한국 환자들이 기계를 너무 좋아하기 때문이라며 비난의 화살을 돌리기도 한다. 그러나 입장을 바꿔 생각해보면, 동네의원에서건 종합병원에서건 똑같이 '3분 의료'를 받는 상황에서 불안한 환자들이 기계에라도 의존하고 싶은 게 아닐까?

의료공간이 사실상 영리현장이 되어버린 현실에서 환자들은 의구심을 품을 수밖에 없다. 돈이 안 되는 환자라 성의 없이 진료해서 병이 안 낫는 건 아닌지, 큰 병이 아닌데 과잉 진료를 하는 건 아닌지 말이다. 다시 말하면, 현재 의료 현실에서 일부 환자들은 의사보다 기계를 믿을 만하다고 여기게 되었는지도 모른다. 그래서 기계가 많은 3차 의료기관을 선호하게 된 것은 아닐까.

만약 등록된 주치의로부터 일상적으로 건강 상담과 진료를 받는다면 어떻게 될까? 주치의는 지역별로 등록된 시민을 환자로 두기 때문에 지금처럼 환자 유치 경쟁을 할 필요가 없다. 무엇보다 주치의로서 환자와 지속적으로 관계를 맺는 가운데 병력, 가족력, 주거환경, 경제적 상황, 생활습관 등에 대한 누적된 자료를 바탕으로 종합적인 진료가 가능해진다.

이는 환자와 의사 간에 신뢰를 형성하며, 좀 더 정확한 진단은 물론 더욱 효과적인 치료가 진행되도록 이끈다. 개인이 무심코 지나칠 수 있는 가벼운 증상도, 생활환경과 가족력에 비추어 중증 질병의 전조 증세임을 진단해낼 수도 있다. 이 경우 질병의 확진과 진료를 위해 어떤 진료과에서 얼마큼의 정밀 검사를 할

아파도 미안하지 않습니다

지 충분한 설명과 가이드를 받을 수 있다. 환자 입장에서는 불안과 혼란이 다소나마 줄어들 뿐 아니라 불필요한 검사도 피할 수 있다.

결국 주치의 제도는 시민과 의사 간에 건강과 질병을 둘러싼 '관계'를 형성시킬 수 있다. 그 관계 안에서 의사는 세포에 머무는 질병뿐 아니라 환자가 살아가는 환경 속에서 역동적으로 형성되는 건강을 관찰한다. 심신의 안녕을 돌볼 수 있게 되는 것이다. 한 명의 의사에게 지속적으로 관리를 받는 '치료 연속성'이 증가할수록 사망률이 감소한다는 통계를 떠올려보면,[43] 주치의 제도가 불러올 의료적 효용은 더 말할 것도 없다.

나는 주치의 제도를 도입하면 시스템이 만드는 사려 깊은 의사를 만날 수 있다고 본다. 거듭 말하지만, 질병의 조기 발견은 기계로만 가능하지 않으며, 수술대 위에서 질병이 제거될 수는 있어도 건강이 완성될 수는 없다. 환자의 육체적·정서적 안녕은 단순한 '완치'에만 존재하는 것이 아니다. 몸이 아플 때도 가까이에 든든한 안내자가 있다면, 그 아픈 시간을 온통 불안에 점유당하지 않고 삶의 한 과정으로 좀 더 온전히 살아갈 수 있다.

잘 아플 권리

"건강권 강좌요? 저는 질병권을 주장하는 사람인데, 강사 섭외 잘못하셨어요."

이따금 강의를 섭외받아 가면 '건강권' 강좌라고 적힌 경우를 본다. 그럴 때마다 나는 건강권이 아니라 '질병권' 강좌라고 바로잡는다. 나는 아플 권리를 주장하는 사람인데 건강할 권리를 말하는 강좌에서 강사로 섭외한 건 큰 실수라며 어설픈 농담을 던진다. 건강권이란 말 그대로 건강할 권리를 의미하며, 아픈 사람이 치료받을 권리도 포함한다. 그럼에도 나는 '아플 권리'가 보장되지 않는 우리 현실을 강조하고 싶어 '질병권疾病權'이라는 이상한 말을 쓰곤 한다.

조급한 환자들

어린 시절, 나는 감기에 걸리면 할머니 뜻에 따라 학교를 결석했다. 여름에도 솜이불을 머리끝부터 발끝까지 덮고 땀을 흘

아파도 미안하지 않습니다

려야 했다. 땀 흘리는 중간중간에 할머니는 집 간장을 탄 미지근한 물을 한 모금씩 마시게 하고, 그때마다 나의 머리와 배를 만져 체온을 확인하셨다. 나는 답답하고 무거운 이불에서 빠져나가고 싶었지만, 할머니가 무섭기도 했거니와 이미 경험으로 알고 있었다. 그렇게 하면 코밑이 따갑도록 헐게 만든 콧물이 멈추고, 손오공 머리띠를 한 듯 옥죄던 두통도 사라진다는 것을.

당시만 해도 어린아이들은 아직 '아플 시간'이 있었다. 그때는 감기에 걸리면 약을 먹거나 병원에 가는 것보다 그렇게 쉬고 앓는 게 좀 더 일반적이었던 것 같다. 오랜 세월 주로 집안의 여성들을 통해 전해오던 자연요법이 꽤나 살아 있었고, 병원에 가는 일이 지금처럼 일상적이지도 않았다.

물론 이제는 의사 중에서도 면역력을 강조하며, 감기에 걸렸다고 무조건 약을 복용하기보다는 적당히 쉬며 앓을 필요가 있다고 주장하는 이들을 언론에서 본다. 발열, 콧물, 설사 같은 증세는 몸이 나쁜 균과 싸우며 면역력을 키우는 과정에서 나타나는 것이기 때문에, 약으로 이를 없애는 것은 몸이 스스로 건강해질 기회를 없애는 것이라고 설명한다. 즉, 몸이 아플 시간, 몸이 아플 권리를 줄 필요가 있다는 이야기다.

한편 의사 중에서도 환자의 진정한 건강을 위해 약물 치료를 유보하고 싶다는 이들도 적지 않다. 하지만 환자들이 빨리 낫게 해달라니 어쩔 수 없이 항생제 등을 잔뜩 처방하게 된단다. 그것도 사실이다. 그렇다면 환자들은 왜 이렇게 조급해졌을까?

프로는 아프면 안 된다?

적당히 앓는 것이 몸에 더 좋다지만, 그 실천은 어느 정도 삶의 여유나 선택지가 있는 이들에게나 가능한 이야기다. 대부분의 환자들은 적당히 쉬고 앓을 시간이 없다. 고매하게 아플 권리가 없다. 감기에 걸리면 곧바로 해열제를 포함한 각종 감기약을 삼키고, 재빨리 몸을 정상화(표준화)해서 학교와 일터로 달려가야 한다.

아이들은 학교를 빠져선 안 되고, 학원은 더더욱 빠지면 안 되므로 해열제를 먹고 간다. 특히 아이가 고3이라면 아이는 물론 엄마도 아프면 안 되므로 함께 약을 챙겨 먹는다. 콜센터 비정규직은 약을 먹고서라도 버틴다. 아르바이트는 병가가 없고, 결근은 곧 해고이니 미리 약을 먹는다. 약을 먹는다고 감기가 빨리 낫는 것 같진 않지만, 야근을 해야 하기에 한 줌의 약을 털어 넣으며 마음의 위안이라도 삼는다. 프로젝트가 시작되면 "죽는 사람은 있어도 아픈 사람은 없어야 한다"는 상사의 말에 점심시간을 들여 비타민 링거라도 맞는다. 회사 내 성별, 학벌, 연줄 차이를 오로지 노력으로 극복해야 하는 사람들은, 아픈 몸 때문에 자기 관리 무능이라고 낙인찍힐까 봐 약을 먹고서라도 괜찮은 척한다.

혹시 운이 좋아 충분히 쉴 수 있는 조건이 되더라도, 언젠가부터 스스로 마음이 편치 않은 이들이 많아졌다. 회사 연수 시간

아파도 미안하지 않습니다

에 강사는 "프로페셔널한 사람은 아프지 않다"고 말한다. 건강도 능력이며, 평소에 적당한 운동과 음식 조절로 건강을 관리하는 것이 프로페셔널의 기본 조건이라고 강조한다. 즉, 아프다는 건 자기 관리에 무능하다는 표시이며, 콜록거리며 병가를 내는 것은 프로페셔널하지 않은 사람이나 하는 일이라는 뜻이다.

질병을 개인화하며 아픈 걸 개인의 무능력 탓으로 돌리는 데 익숙한 사회. 이런 문화에서는 아파서 병가를 내는 것조차 회사와 동료에게 미안함을 느끼게 만든다. 야근 후 집에 돌아와 바로 잠들지 않고 스마트폰을 만지작거리며 멍하게 텔레비전을 본 걸 후회한다. 주말에 산이나 헬스장에 가서 몸을 움직이지 않고 영화관과 맛집에 앉아 있던 자신을 비난한다. 조금만 더 부지런 하면 더 건강해질 수 있는데 게으름을 피워서 건강을 관리하지 못했다며 자책한다.

하지만 텔레비전이 꼭 재밌어서 보는 게 아닌 날도 많다. 회사 일을 잊으며 스트레스를 잠시라도 중단하고 싶을 때 가장 쉬운 것이 텔레비전을 켜는 일이다. 스마트폰으로 기사, 짤방, SNS를 헤매고 다니는 건 재미 때문이기도 하지만, 정보와 유행에 너무 뒤떨어지지 않기 위해서기도 하다. 원만한 인간관계를 유지하고 트렌드 분석에 뒤지지 않는 몸, 즉 '사회생활에 적합한 몸'을 만드는 데 필요한 시간이다. 물론 다른 방식으로 하면 좋겠지만, 그럴 여력이 별로 없다.

노동강도가 높은 집단일수록 여가 시간에 텔레비전을 많이

취업자 1인당 연평균 노동시간

OECD 평균 1,764시간

국가	시간
멕시코	2,255
한국	2,069
그리스	2,035
이스라엘	1,889
미국	1,783
일본	1,713
독일	1,363

연평균 실질임금

OECD 평균 42,786달러

국가	달러
룩셈부르크	62,636
미국	60,154
스위스	60,124
캐나다	48,403
독일	46,389
일본	39,113
한국	32,399

자료: OECD(2016)

보고, 몸을 움직이는 활동이 적다는 통계도 있다.[44] 게다가 한국의 노동시간과 노동강도는 세계적 수준이다. 한국의 노동자는 1년에 2069시간을 일한다. 독일과 비교하면 연간 약 4.4개월을 더 일하는 셈이다. 노동시간이 길수록 질병 발생률이 높은 점은 말할 것도 없다. 하지만 그런 것들이 어떤 의미인지 가늠해볼 여유가 없다. 여유가 있더라도 생각하고 싶지 않다. 그런 현실을 설명하고 비판하며 변화를 이야기할 시간에 차라리 자책하면서 자기 계발의 노력을 하는 게 더 낫다. 이 현실에서나마 탈락해서 루저가 되지 않으려면 최선을 다해 적응하면서 살아가야 하니까.

피곤한 몸이 쉴 틈을 찾아 헤맬 때면 불안이 고개를 내밀고,

아파도 미안하지 않습니다

몸을 다시 '노력' 속으로 밀어 넣는다. 상사가 시키지 않아도 이따금 스스로 야근을 하거나 일을 집에 가져온다. 뒤처지면 안 되고 성과를 내야 한다는 압박감이 습관처럼 마음에 자리한다. 주기적으로 한 번씩 자신을 번아웃시킬 만큼 일해야 최선을 다해 열심히 살고 있다는 느낌이 든다. 능력 있는 프로페셔널한 직장인에 가까워진 듯하다. 어쩌면 성공이라는 것에 가까워질 수 있을 것만 같다. 아플 수 없다, 아프면 안 된다.

아플 권리도, 아프지 않을 권리도 없는

"너희들은 이 도방의 재산이다. 그리고 짐승과도 같다. 죽을 권리는 있지만 병이 나거나 아플 권리는 없다. 그게 노예들의 본분임을 한시도 잊어서는 안 된다." 2012년 인기리에 방송된 MBC 드라마 <무신>에 나온 대사다. 고려시대 무신 정권을 배경으로 한 이야기라는데, 참혹하다.

그런데 슬프게도 지금의 현실과 큰 괴리감이 느껴지지 않는다. 더욱 참혹한 건, 그 섬뜩한 목소리가 이제 바깥에서 소리치는 것으로도 부족해 우리 내면에 들어왔다는 점이다. 최선을 다해 일하지 않으면 자책한다. 일이 곧 인생이 되어버렸다. 최선을 다해 일하지 않는 것은 인생에 최선을 다하지 않은 것과 같은 의미가 되어버렸다. 그래서 노동에 최적화된 몸을 만들지 못하고 아프게 된 것을 자책한다. 자책하는 이유가 회사에 미안해서인지, 아픈 몸에 미안해서인지 혼란스럽다.

　이런 우리를 보고 있으면 이물감이 느껴지고 쓴맛이 밀려든다. 예전에 '교육인적자원부'라는 명칭을 처음 들었을 때도 비슷한 감정이 든 적 있다. 이물감, 상실감, 차가움, 소외감, 박탈감, 두려움 같은 것이 느껴졌다. 우리가 광물자원이나 해양자원과 같은 선상에 놓여 있다는 듯 인적자원이라고 명명하다니. 슬픔에 연대하고 사랑을 나누며 분노를 보살피는 총체적 인격체로서의 우리를 인적자원으로 보는 것은 누구의 시선인가? 건강은 개인이 관리해야 할 영역이자 스펙이며, 아픈 건 개인의 관리 실패라고 보는 것은 누구의 시선인가? 임신 기간 단축근무와 산업안전장치 때문에 생산성이 떨어질까 우려된다는 건 누구의 시선인가? 산업재해 사망률 1위의 현실을 벗어나고자 중대재해기업처벌법을 만들겠다는데, 기업 활동과 경제가 위축된다며 염려를 표하는 건 누구의 시선인가?

　온순한 말투, 상냥한 표정, 똑똑한 것을 너무 티내지 않는 태도, 바로 그게 진짜 현명한 '여성 직장인'이라고 보는 것은 누구의 시선인가? 어째서 까칠한 말투, 무뚝뚝한 표정, 논리적이며 토론에 지는 법 없는 이성적이고 명확한 태도를 보이면 여성스럽지 않다고 생각하게 되었나? 왜 최선을 다해 열심히 일하고도 건강관리까지 해내지 못한 것은 개인의 부족함이었다고 자책하게 되었나?

　도대체 우리의 아플 권리는 다 어디로 갔을까? 아플 권리가

아파도 미안하지 않습니다

사라진 자리에 왜 자책감이 미묘하게 자리한 것일까? 어쩌다 우리는 아플 권리를 주장하기보다 아픈 몸을 자책하는 데 더 익숙해졌을까? 우리는 아플 권리를 분실한 것일까, 도난당한 것일까?

그렇다면 우리에게 '아프지 않을 권리'는 있을까? 일하다 다쳐서 입원 치료를 받던 중에 "복귀하지 않으면 퇴사 처리한다"는 말을 듣고 치료를 중단한 채 일터로 돌아왔다는 김포공항 청소 노동자를 기억한다. 휴대폰 부품 공장에서 메탄올 중독으로 실명당한 노동자, 하루 12시간을 노동하지만 한 달에 이틀 쉬는 식당 노동자, 성추행과 감정노동으로 만성적 우울증에 시달리는 서비스직 노동자, 프로젝트를 마칠 때마다 몸에 이상 증세가 하나씩 추가된다는 IT 노동자 ……. 만성적 어깨 통증과 허리 통증이 없는 노동자가 드문 현실이다.

한국은 공식 집계로만 해마다 2000명이 산재로 사망하고, 9만 명이 산재로 아파하는 최고의 산업재해 국가다. 이외에도 피해 범위를 모두 측정하기조차 어려운 가습기 살균제 참사, 라돈 침대 사태가 일어났고, 미세먼지에 적극적 조치를 취하지 않으면 2060년 대기오염으로 인한 조기 사망률은 한국이 가장 높을 것이라는 OECD 발표도 지속적으로 신문에 등장한다. 우리는 아프지 않을 권리도 없다.

아플 권리도, 아프지 않을 권리도 없는 사회. 우리는 폐쇄회로에 갇혀 있는 것인가, 출구 없는 미로를 걷고 있는 것인가? 폐쇄된 출구를 여는 데 필요한 열쇠가 무엇일지 생각해본다. 적당한 노동강도와 노동시간, 성폭력으로부터 안전한 노동환경, 산업안전장치, 성별 임금격차 해소, 최저임금 현실화, 정의로운 소득 재분배, 여성이라서 찍히고 구타당하고 살해당하지 않는 사회, 온갖 오염과 혐오범죄로부터 안전한 사회 환경의 구성 등이 바로 그 열쇠다.

우리 일터가 안전하고 민주적이길 바란다. 회사의 부품이 아니라 한 명의 인간으로 존중받길 원한다. 건강의 책임을 전적으로 떠넘기는 사회에 대해 격렬히 함께 비난하길 원한다. 아픈 사람도 원하면 적정한 시간과 강도로 노동할 수 있는 권리를 원한다. 적절하게 아플 수 있는 시간을 원한다. 버스 정류장 가로수의 싹이 움트는 모습을 음미할 수 있고, 퇴근 후 아무것도 하지 않으며 고요 속에서 온전히 휴식을 취해도 불안하지 않기를 원한다. 다시 말해, 우리가 아플 수 있는 권리를 원한다. 질병권을 허하라!

내가 너무 많은 걸 원하는 걸까? 그러나 너무 적은 걸 원하면 무엇이 필요한지 명확히 드러나기 어렵고, 아무것도 원하지 않으면 사회는 더 위험해진다. 아, 그리고 가장 위험한 것은 바로 아픈 몸에 대한 자책감이다. 우리는 아플 만해서 아프다. 우리에게는 아플 권리가 필요하다. 자책감은 무책임한 사회에게 줘버리자.

아파도 미안하지 않습니다

다른 감각 깨우기

 몸이 아프고 나서야 내가 '몸의 존재'임을 알았다.

 그것을 극명하게 느끼는 순간 중 하나는 통증이 찾아올 때
다. 몸 곳곳의 통증과 현기증이 심해서 대부분의 시간을 유배된
듯 집에서만 머물던 시기가 있었다. 그때는 통증 때문에 잠에서
깨지 않는 밤이 거의 없었다. 어느 날은 종일 통증을 느끼는 것
말고는 한 일이 없는 것처럼 느껴졌다. 어떤 순간은 통증 자체가
삶의 전부인 것 같은 착각에 빠질 때도 있었다.

 하루는 머리가 유독 멍하고 약간의 두통도 있어 방에서 가벼
운 스트레칭을 했다. 머리로 피를 충분히 공급해주기 위해 머리
가 땅으로 향하는 운동을 한 번씩 하라던 한의사 선생님의 말에
따라 서서 허리를 굽혀 머리로 피를 보내려는 순간, 온몸의 장기
가 머리로 쏠리는 느낌이 들었다. 그대로 두면 마치 눈과 귀로
창자가 쏟아져 나올 것만 같았다.

 통증을 한창 경험하던 그때는 나의 몸이 '통증이 머무는 집'
처럼 느껴졌다. 여러 질감의 통증들이 하루가 다르게 왔다 가고,

다시 오는 사랑방 같은 집. 그 집은 대문이 없고 창문도 없다. 햇살과 바람이 자연스럽게 집을 드나들 듯, 그렇게 통증이 시시때때로 들락거렸다. 통증이라는 손님은 몸에 어떤 예고도 없이 방문했고, 집주인은 통증이 떠나길 바랄 뿐 떠나게 할 방법을 잘 알지 못했다.

내가 몸의 존재임을 강하게 인지하는 또 다른 순간은 새로운 질환이 나타났을 때였다. 병원에서 여러 검사를 받은 뒤 약이나 주사를 처방받고, 의사의 지시에 따라 열심히 약물을 복용하며 지시받은 생활습관을 유지한다. 이후 호전이 없으면 다른 과의 진료를 추천받고, 다시 예약일에 가서 검사와 약물 처방을 받는다. 그런데 이 과정이 반복되는 과정에서 전에 없던 새로운 질환이 등장하고, 다시 병원에 가야 하는 상황이 오곤 했다.

한창 몸 곳곳이 아프던 그때는 내 몸이 질병의 숙주가 된 것만 같았다. 처음엔 고장 난 집을 조금만 손보면 되는 줄 알았다. 떨어진 문을 달고 금이 간 벽을 고치면 괜찮을 줄 알았다. 그런데 여기를 고치면 저기가 탈이 났고, 저기를 고치면 또 다른 곳에서 탈이 났다. 질병을 떠나보내려는 노력이 부질없게 느껴졌다. 그림자를 떨쳐내려고 아무리 도망쳐도 내가 사라지기 전에는 그림자도 사라지지 않는 것처럼.

질병과 통증이 곧 내 몸인 것 같았다. 물론 통증도 질병도 삶의 어떤 순간에는 나의 일부일 수 있다. 하지만 그게 곧 나일 수는 없고, 그래서도 안 된다. 그런데 어느 순간 나조차도 질병, 통

아파도 미안하지 않습니다

증, 몸이 잘 분리되지 않았다. 그 셋을 구분해서 생각할 수 없게 되었다.

놀이하는 몸

어느 날 식탁에 앉아 귤을 먹는데 온몸으로 귤 향기가 퍼지는 느낌이 들었다. 아마도 식이요법을 엄격히 지킬 때라 미각이 예민하고 맑은 상태여서 그랬던 것 같은데, 귤의 여러 맛이 다 느껴졌다. 달콤한 맛이 혀에서 머리와 목으로 스미는 것 같았고, 신맛이 등과 발끝까지 전해지는 것 같았다. 마치 난생처음 귤을 먹어본 사람처럼 온몸으로 그 맛이 느껴졌다. 마침 창문으로 들어온 햇살이 등을 따뜻하게 해주었고, 조금은 비현실적일 만큼 기분이 좋았다.

그 순간, 잊고 있던 몸의 여러 감각이 다시 깨어나는 듯했다. 통각痛覺이 아닌 몸의 다른 감각을 이렇듯 온몸으로 느낀 것이 얼마 만이었을까. 익숙하고도 낯설었다. 그때 처음 생각했다. 몸의 건강을 위한 운동이나 치료 말고, 몸의 즐거움을 위해 무언가를 해야겠다고. 투병 기간에 한없이 발달하게 된 통각 이외에 다른 감각들을 깨우고 성장하게 만들고 싶었다. 그리고 건강이 다소 호전되자, 춤을 추고 싶은 욕구가 생겼다. 현기증이 남아 있어 춤추기에 적당한 몸은 아니었지만, 길에서 좋아하는 음악이 나오면 나도 모르게 몸이 움직였다. 아마도 건강이 호전되었다

척추춤(위)과 호흡을 느끼는 순간(아래)
© 경옥

는 사실에 들떠 있던 터라 그랬던 것 같다. 몸에서 나도 모르게 춤이 새어나오는 것만 같았다.

사실 나는 몸치였다. 예전에 집회나 문화제 등에서 떼춤을 출 때 느낀 즐거움을 기억하고 있지만, 그런 자리를 제외하면 춤을 추는 상황이 올 때마다 팔다리가 뻣뻣해지면서 갑옷 입은 사람처럼 되곤 했다. 그런데 통증 때문이긴 하지만 질병을 경험한 후 몸의 감각이 예민해졌고, 그 때문인지 예전과 달리 음악의 흐

아파도 미안하지 않습니다

름에 따라 몸이 섬세하게 반응하며 움직였다.

음악과 몸의 느낌에 따라 움직이는 막춤을 자주 추다 보니, 언젠가부터 통증과 질병에 갇혀 있던 몸이 조금씩 해방감을 느끼게 되었다. 세포 하나하나가 열려 꿈틀거리는 듯했고, 늘 천근만근 무거워서 싫기만 하던 몸이 깃털처럼 가볍게 공기와 섞이며 유쾌한 기분을 전해주었다. 그리고 춤을 출수록 몸을 더 온전히 느낄 수 있었다. 호흡에 따라 근육이 어떻게 움직이는지, 허리를 숙일 때 얼마나 많은 뼈와 근육이 협동하는지 알아차릴 수 있었다. 춤을 추다 보니, 내 몸에서 통증이나 질병 말고도 얼마나 많은 사건들이 매 순간 일어나는지 알 수 있었다. 그 덕분에 내가 생존해나간다는 사실도 새롭게 발견했다. 수많은 근육과 조직의 움직임에 경이롭고 고마운 마음이 들었다.

춤을 추며 해방감과 즐거움을 누리게 되자, 통증과 통각을 돌아볼 여유가 생겼다. 한창 투병할 때는 예민해진 통각 탓에 너무 힘들었다. 하지만 사실 통각은 개체에 닥친 위험을 뇌에 경고해주어 생명체의 생존에 기여한다는 점에서 중요한 기능을 한다. 이 지긋지긋한 통각조차 사실은 내 몸을 살리기 위한 몸의 협동 작업 중 일부였음을 몸으로 다시 깨달았다. 춤을 추지 않았다면, 건강이 호전되었어도 여전히 내 몸은 온갖 통증이 몰려드는 집이나 질병의 숙주라는 느낌이 지배적이었을 것이다. 나는 춤을 통해 질병과 통증에 점유된 무거운 몸에서, 매 순간 협업하고 보살피는 경이로운 몸으로 경험과 인식을 전환할 기회를 얻었다.

　지인들은 가끔 오랫동안 아팠던 엄마나 연인, 친구에게 어떤 선물을 하면 좋을지 묻곤 한다. 나는 건강보조제나 운동기구 말고, 취향에 맞는 놀이도구 같은 것을 선물해보라고 권한다. 작은 악기, 재즈댄스 신발, 콘서트 티켓 같은 것들을 고려해보라고 말한다. 그리고 가능하다면 아픈 이의 체력이 허락하는 범위에서 함께 노래하러 가거나 춤추는 것이 더 좋은 선물일 수 있다는 말도 덧붙인다. 이는 잠시라도 스트레스를 날리고 웃을 수 있는 시간이 필요하다는 뜻만은 아니다. 그런 시간이 매우 중요한 것은 맞다. 하지만 좀 더 근본적으로는 통증과 질병이 독차지한 몸에서 놀이하는 몸, 쾌감을 느끼는 몸으로 이동할 수 있는 구체적 과정이 필요하다.

　오랫동안 질병을 경험한 사람들은 병리학적으로 건강이 회복된 이후에도 여러 과정이 필요한 것 같다. 사람마다 다르겠지만, 이를테면 재발에 대한 두려움에 사로잡히지 않고 일상을 꾸려나가는 법을 익혀야 한다. 그리고 이미 중증 질병을 한차례 경험했기 때문에 약해진 몸으로 어떻게 살아갈지 모색하는 일도 필요하다. 몸이 야근이나 스트레스로 취약해진 가운데, 노동강도가 높은 한국 사회에서 어떻게 다시 직장 생활을 해나갈 수 있는지에 관한 대안도 고민해야 한다. 하지만 가장 필요하고 소중한 것은 자기 몸에 대한 느낌과 시선을 다시 구성하는 일이다. 몸이 곧 나니까.

안부에 답하는 법

사람은 모두 건강왕국과 질병왕국의 시민권을 가지고 태어난다. 아무리 좋은 쪽의 여권만 사용하려 해도 결국 한 명 한 명 차례대로 우리가 다른 영역의 시민이기도 하다는 것을 깨달을 수밖에 없다.

-수전 손택,《은유로서의 질병》에서

연초는 어느 때보다 건강 안부를 많이 묻고 나누는 시기다. 친구들이 조심스럽게 요즘 건강은 어떤지 묻는다. 나는 예전보다 확실히 괜찮아졌다고 했다가, 이내 안 괜찮다고 답한다. 적절한 설명을 하지 못해 자주 헤맨다. 결국 잘 모르겠다고 답한다. 친구들은 질문한 것을 무척 미안해한다. 그들의 잘못이 아니다. 내 몸, 내가 경험하는 이 세계에 대한 느낌을 어떻게 설명할 수 있을까?

아픈 사람이 자신이 경험하는 세계를 설명하는 건 필수적이다. 아프다는 것은 자신이 지금껏 사용해온 삶의 지도가 쓸모없어지고, 낯선 세계에 놓이는 일이다. 몸이 구사하는 새로운 언어를 배우며 적응해나가는 과정이다. 자신이 살아가게 된 새로운 세계에 대해 자신과 타인에게 제대로 설명하지 못하면 쉽게 자책감에 빠지거나 오해가 생긴다. 결국 사회적 고립감을 느끼기 쉽다.

아픈 이와 관계 맺는 이에게도 그 세계를 이해하는 것은 중요하다. 자신에게 익숙했던 그가, 아프면서 낯선 모습을 보인다. 그를 잃고 싶지 않다면 변화된 그 모습에 새롭게 적응해야 한다. '아프면 힘들지, 예민해지기 쉽지, 얼마나 힘들면 저럴까'와 같은 막연함은 한계가 명확하다. 구체적인 이해가 없으면 연민이나 동정 같은 감정에 의존해 상대를 이해하게 된다. 결국 동등한 위치에서 애정, 교감, 신뢰를 나누던 관계는 유지되기 어렵다. 사실 아픈 세계에 대한 이야기는 누구에게나 유용하다. 사람은 누구나 시기가 다를 뿐 결국 아프게 된다. 질병에 대한 인간의 막연한 두려움은 질병 세계의 목소리에 귀를 기울이고 상상해봄으로써 상쇄될 수 있다.

하지만 아픈 이가 자신이 살게 된 세계를 설명하는 것도, 그걸 듣고 아픈 이를 이해하는 것도 쉽지 않다. 세상에는 아픈 이가 넘치지만 아픔에 대한 이야기는 치료자(의사)나 건강한 이에 의해 설명되는 경우가 압도적이다. 아픈 이가 직접 이야기하더라도 질병이 얼마나 힘든지, 그 힘듦을 어떻게 극복했는지, 그래서 결국 삶이란 얼마나 소중한 것인가로 이어지는 서사가 대부분이다. 세상은 아픈 이로부터 질병이 극복 가능하다거나, 최소한 나름의 쓸모가 있다는 이야기를 듣고 싶어 한다. 즉, 자신의 정상성(건강)에 안도하고 질병을 통제할 수 있다는 믿음을 강화할 만한 이야기들이다.

질병 세계를 설명하기

나는 자신의 느낌이나 경험을 설명하기 어려워하는 사람이다. 게다가 세상에는 아픈 사람의 삶을 설명하는 언어도 빈곤하다. 결국 내가 사는 세계에 대해 설명하려는 시도는 자주 실패했다. 그래서 비유할 만한 상황이 뭐가 있을지 찾다가, 몸이 아프지 않은데도 나와 비슷한 감정을 겪는 이들을 만났다. 바로 육아 중이거나 육아를 마치고 다시 취업한 지인들이었다.

그들은 집 안에 머물며 몇 년간 아이를 돌보았고, 나는 몇 년간 내 몸을 돌보았다. 그들은 세상에 알아듣지 못하는 이야기가 많아졌고, 옷장의 옷은 모조리 촌스러우며, 사회적 관계도 너무 협소해졌다고 했다. 세상에 뒤처진 것 같고, 그런 자신이 낯설다고 했다. 자신은 하루하루 열심히 살았지만 사회에서 그 몇 년의 시간은 쓸모없고 무의미하며, 자신은 그저 경력단절 여성일 뿐이라고도 했다. 나는 구구절절 고개를 끄덕였다. 말할 때마다 그들은 인생을 아이가 있기 전과 후로 나눴고, 나는 인생을 아프기 전과 후로 나눴다.

특히 가장 공감한 부분은 그들도 나처럼 시간을 통제하지 못한다는 점이다. 아이에게 문제가 생기면 자신의 계획은 바로 취소되었다. 어렵게 다시 취업한 사람도 회사 눈치를 보며 반차라도 써서 무조건 아이를 돌보았다. 나의 경우는 평소 강물처럼 잔잔히 흐르는 현기증이 갑자기 바다처럼 일렁이거나, 이유 없이 혈압이 후두둑 떨어지는 등 몇 가지 단골 증세가 있는데, 그런 것들이 시작되면 조금이나마 하고 있던 사회생활에 정지 버튼을 눌렀다. 그리고 납작 엎드려 몸을 돌보며 그 시간이 지나가기를 가만히 기다렸다. 내 시간이 질병에 귀속된 느낌이다. 질병에 의해 시간이 식민화된 느낌이랄까. 그나마 육아는 한정적이지만, 질병은 기한이 없다.

몸을 돌본다는 것은 가사노동과 같아서, 해도 표가 안 나지만 하지 않으면 바로 표가 났다. 요가원을 며칠 빠지거나 자기 전에 스트레칭을 하지 않으면 금세 몸 곳곳에 담이 결렸다. 컴퓨터 사용 시간을 평소에는 하루 4시간 이하로 유지하는데, 이런저런 일로 2~3일간 4시간 넘게 컴퓨터 앞에 앉아 있으면 금세 눈이 충혈되고 입술이 부르텄다. 몸이 삐거덕거릴 때 빠르게 집중해서 돌보지 않으면 병원을 들락거려야 할 만큼 증세가 번졌다. 아주 예민하고 까다로운 주인을 모시는 기분이다. 나의 주인, 몸 님을 모시고 사는 몸종이 된 것 같다.

조금 다른 이야기지만, 대부분의 시간을 집에서 보내는 이들에게 시간이 남아돌지 않느냐고 묻는 이가 있다. 육아 중이거나 전업주부인 이는 물론이고, 나처럼 아픈 사람, 그리고 아픈 가족을 돌보는 이들을 때로는 '할 일 없는 사람'이라고 부르기도 한다. 하지만 그들은 모두 시간이 자신에게 속해 있지 않은 시간 빈곤자들이다. 당장 무언가를 하고 있지 않더라도 대기하는 시간이 많고, 시간 주도권이 별로 없다. 출퇴근을 하지 않으므로 쉼이 일정하게 보장되기 어려운 건 말할 것도 없다. 그들은 일상적으로 육체적·감정적 노동을 하고 많은 어려움을 극복하며 살아가야 한다. 그럼에도 당연히 해야 할 일로 여겨지기 때문에 사회적 존중을 거의 받지 못한다. 네 몸, 네 자식, 네 가족을 돌보는 것은 당연한 일일 뿐이다!

어쨌거나 나는 요즘 약간이나마 사회생활을 하면서 '몸종' 말고 다른 역할도 수행하니 그나마 숨통이 트인다. 늦은 오후나 저녁에 회의가 있을 때는 각별히 더 몸을 돌본다. 전날에 요가 시간을 조금 늘려 몸의 이완을 촉진하고, 평소보다 일찍 잔다. 당일에는 소소한 집안일 정도만 한 뒤 몸의 에너지 소비를 절전 모드로 둔다. 그래야 저녁에 창백해지거나 피로감에 멍한 상태가 되지 않을 수 있다. 나를 제외한 모두가 아침부터 출근해서 일하다가 회의에 들어오지만, 나는 그 정도로 '관리'해서 참여해야 그들과 비슷한 컨디션을 유지할 수 있다.

그렇게 참여한 자리에서 늦게까지 '멀쩡히' 회의를 함께하는 나를 보고 아픈 사람 같지 않다고 말하는 이도 있다. 그런 말을 들으면 어떨 때는 기분이 들뜬다. '건강왕국'의 시민권을 얻은 것 같아서다. 하지만 서운하게 느껴질 때도 있다. 시간과 노력을 들여 겨우 만들어낸 몸 상태가 쉽고 당연하게 주어졌다고 여기는 것 같아서. '질병왕국' 시민의 자격지심일지도 모른다. 아니면 나처럼 완치와 투병 사이에서 경계의 몸으로 사는 것에 대한 세상의 무지가 서운한 것일 수도 있다.

아무튼 이렇게 '몸 님'을 모시고 사는 처지지만, 언제나 건강만을 돌보며 살지는 않는다. 한 번씩 술을 마시거나 밤늦게까지 놀기도 한다. 그렇게 하루저녁 놀고 나면 최소 하루 이틀을 앓게 된다는 걸 알지만, 그 앓는 시간까지 계획에 넣고 놀러 나간다. 오랜만에 친구들을 잔뜩 만나 왁자하게 노는 일상을 누리고 싶은 욕망 때문이다. 내가 온전히 건강해지는 그때, 언제가 될지 모르는 '그때'를 위해 모든 걸 미루고 싶지 않다. 물론 몸이 예전보다 상당히 호전되었기에 가능한 일이기도 하다.

이처럼 나는 (그리고 아픈 이들의 상당수는) 여러 노력 끝에 가끔 건강왕국 시민들의 일상과 비슷한 삶을 산다. 하지만 내가 긴 시간 동안 크게 지친 기색 없이 회의에 참여하거나, 밤늦게 술을 마시는 모습을 본 어떤 이는 의구심을 품는 것 같다. 이제 다 나은 건 아닌지, 꾀병이라는 뜻은 아니지만 아픈 것에 과도하게 예민한 건 아닌지 말이다. 세상에는 아픈 몸에 대한 무지, 재단, 의구심이 만연해 있기 때문이다. 물론 아픈 몸만 그런 것은 아니다. 소수자의 몸은 다 그렇다. 늘 설명하고 증명해야 한다. 설명이 필요 없다면 이미 소수자에 속하지도 않는다. 남성, 비장애인, 건강한 몸과 달리 여성, 장애인, 아픈 몸은 늘 설명을 필요로 한다.

다양한 몸들이 살아가려면

나는 지인과 다음과 같은 이야기를 나눈 적이 있다. 저녁 회의를 마치고 귀가하는 길, 한 시간 동안 서서 버스를 탈 자신이 없을 때가 있다. 잠시 쉬면서 체력을 충전하고 싶은데 카페는 시끄럽고 의자도 좁다. 그럴 때 나는 길 찾기 앱을 열어 근처의 가장 가까운 목욕탕을 찾아간다. 가볍게 샤워한 뒤 30분쯤 누워서 쉬다가 나온다.

이런 일을 반복하다 생각한 것이 있다. 지하철역에 모유 수유실과 전동휠체어 급속충전기가 있듯이, 체력이 약한 이가 잠시 쉬어갈 수 있는 쉼터 같은 곳이 있다면 어떨까? 대학을 다닐 때 이용한 여학생 휴게실처럼 간이침대가 놓여 있는 안전한 공간. 그러면 나처럼 아파서 체력이 약한 이들뿐 아니라 월경통으로 잠시 휴식이 필요한 사람과 노인 등도 함께 이용할 수 있다. 내 말에 지인도 맞장구치며 그 쉼터의 화장실 칸에 세면대도 있어서 월경컵 좀 편하게 씻을 수 있으면 좋겠다고 유쾌하게 웃었다.

그런데 옆에서 우리 이야기를 듣고 있던 다른 이가 이렇게 말한다. "그렇게 아프고 약한 사람들이 왜 돌아다녀, 집에 있어야지." 굳어지는 내 표정을 읽었는지 "그게 본인한테도 안전한 일이고…"라며 말끝을 흐린다. 익숙한 말이다. "휠체어 타고 버

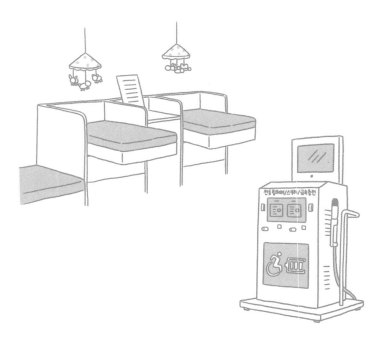

지하철 모유 수유방과 전동휠체어 충전기

스는 왜 타, 집에 있지. 네가 고생스러우니까 하는 말이야", "애기 데리고 복잡한 식당에 왜 와, 집에 있지. 애가 힘들어하니까 하는 말이야", "노인인데 왜 시내까지 나와, 집에 있지. 어르신이 지칠까 봐 하는 말이야."

무지가 만든 폭력적인 말이 지겹다. 하지만 이럴수록 아픈 몸이 사는 세계를 둘러싼 면밀한 설명이 더욱 절실하다. 아울러 다양한 몸들이 사는 세계에 대한 설명이 나와야 하고, '이런 몸'

아파도 미안하지 않습니다

이지만 당신처럼 우리도 여전히 계속되는 생生 위에 놓여 있음을 확인시켜 줘야 한다. 다양한 몸들이 세상을 가로지르며 더욱 시끄럽게 떠드는 것이 필요하다. '우리'가 집에만 있지 않고 우리의 존재를 적극적으로 드러내야 '이런 몸'도 있음을 세상이 인정하게 되고, 우리의 권리도 찾을 수 있다. 그리고 비로소 우리가 원하는 방식대로 살 수 있게 된다!

질병이 있든 없든, 장애가 있든 없든, 아이가 있든 없든, 노인이든 아니든 우리는 각자 다양한 가치를 추구하며 사회에 참여할 권리가 있다. 그에게 말하고 싶었다. '우리가 어디에 어떻게 머물지는 우리가 정할게. 우리가 어떻게 살지 너에게 승인을 구한 적이 없음을 잊지 마!' 그리고 앞서 말했듯 누구나 결국은 아프게 되며, 장애를 경험하게 된다. 하지만 다양한 몸이 사는 세계의 목소리에 귀를 기울이고 그 몸을 존중하며 함께 사는 법을 익히는 것은, 언젠가 자신의 미래가 될 그 몸에 대한 '배려'만은 아니다. 다양한 몸의 존재를 인정하게 되면 '정상'의 몸들도 질병이나 장애, 노화에 대한 두려움에서 좀 더 자유로워진다.

아픈 사람을 어떻게 대해야 하나요

"아픈 사람을 대하는 나의 태도를 돌아보게 됐어요. 그런데요, 그럼 아픈 사람을 어떻게 대해야 하나요?"

세상에서 가장 소중한 친구가 오랫동안 아픈 몸으로 살고 있어서 내 글을 자주 본다는 지인이 묻는다. 명확한 답변을 해주고 싶은데, 아직 나도 잘 모른다. 사람들이 아픈 내 몸을 어떻게 대해주기를 원하는지, 때로는 나도 혼란스럽다.

지난 몇 년간 몸이 아프면서 여러 불편함을 마주했다. 하지만 어떻게 표현해야 하는지, 그 불편함의 실체가 무엇인지 모를 때가 많았다. 미로에 갇힌 기분이 들 때가 많았고, 그때마다 답답함을 일기장에 쏟았다. 그 일기장 속 이야기의 일부를 이곳에 옮겨 적어보는 중이다. 내가 느낀 불편함의 맥락을 다각도로 추적해보면서 말이다. 그러니 나도 그 답을 찾아가는 여정에 있는 셈이다.

'아픈 사람을 어떻게 대해야 하느냐'고 질문했던 지인이 고민을 꺼낸다. 내 글을 읽기 시작하면서 아픈 친구와 연락이 뜸해졌

아파도 미안하지 않습니다

다며 무척 무거운 표정이다. 예전에는 아픈 친구의 질병을 성격 탓으로 여기던 부분이 많았다고 한다. 하지만 이제는 사회적 맥락과 함께 보게 되었고, 아픈 이의 고민과 어려움을 좀 더 입체적으로 볼 수 있게 되어 좋았다고 한다. 그런데 어느 순간부터 아픈 친구를 만나 어떤 말을 하는 게 적절한지 고민을 하다가, 번번이 답을 찾지 못하고 방향을 잃었다고 한다. 그러다 보니 자주 침묵하게 되고, 침묵이 쌓이면서 만남이 부담스러워졌다고 한다. 친구를 이해하는 마음은 예전보다 깊어졌는데 관계는 더 소원해졌다며 자책하는 표정이 역력하다. 그러면서 나에게 부탁을 하나 해도 되느냐며, 아픈 사람을 대하는 방법에 대해 일종의 주의 사항이나 매뉴얼 같은 걸 써줄 수 있는지 조심스럽게 묻는다.

아픈 몸에 관한 글을 쓰기 시작하면서 매뉴얼 형태의 글은 가능한 한 쓰지 않으려 했다. 아픈 몸을 둘러싼 이야기는 사회적으로 아직 턱없이 부족하며, 지금은 매뉴얼을 만들기보다 질문을 풍부하게 던질 때라고 생각했기 때문이다. 또한 매뉴얼 같은 것은 실제 상황에 도움이 되기는 하지만, 질문을 휘발시키며 무언가를 고정시켜 버리기도 한다. 성급하게 이것이 더 옳고 저런 말은 부적절하다고 규정해버리면, 질문과 상상력은 생명력을 잃고 박제된 답만 얻기 쉽다.

하지만 지인의 무거운 표정이 며칠 동안 머리에서 가시지 않았다. 아마 여러 질문으로 머리가 터질 것 같은 와중에 당장 아픈 이와 어떻게 관계를 맺어가야 할지 막막해하는 이가 그뿐만은 아닐 듯하다. 그래서 몇 가지 내용을 나열해보려 한다. 너무 많은 고민으로 침묵에 빠져버린 관계가 있다면, 이를 소재 삼아 아픈 몸들과 대화하며 새로운 물꼬를 터볼 수 있으면 좋겠다.

주의할 몇 가지

아프다는 건 그 사람의 정체성 가운데 일부이지 전부는 아니다. 아마 질병이 그의 삶에서 중요한 이슈이기는 할 테지만, 늘 대화 소재로 삼고 싶지는 않을 것이다. 특히 오랜 치료와 관리가 필요한 질병이라면 더욱 그렇다. 모든 관계와 대화의 순간에서 아픈 사람이라는 정체성을 확인하는 게 지겹거나 싫을 수도 있다. 정체성이란 관계 안에서 형성되고 규정된다. 아픈 사람이라는 정체성만 봄으로써, 그의 다른 정체성이 축소되지 않도록 유의하자.

• 버거운 정보들

몸이 아프다고 하면 사람들은 걱정스러운 마음에 뭐라도 도움을 주려 하기 마련이다. 그래서 좋은 병원이나 의사는 물론, 이로운 음식, 다양한 운동, 대체요법, 투병하는 마음 자세까지 수많은 정보를 전하곤 한다. 하지만 아픈 사람 입장에서는 사방에서 쏟아지는 정보가 버겁게 느껴질 수 있다. 누구는 저 병원이 좋다는데 누구는 그 병원은 별로라 하고, 각 개인들이 쏟아내는 정보가 너무 달라서 혼란스러울 수도 있다. 그리고 어떤 시기에는 정보가 아니라 위로가 필요해서 아무리 좋은 정보라도 듣기 싫을 수 있다. 정보가 필요한지 묻고, 그가 원하는 만큼만 전달하자.

• 긍정적인 자세로 노력하면 반드시 나을 수 있어

얼핏 희망을 전하는 말로 들린다. 나도 저런 말에 위안을 받은 적이 있다. 그런데 노력해도 몸이 잘 호전되지 않았다. 그러자 '내가 열심히 노력하지 않았기 때문에 몸이 좋아지지 않는 건가'라는 자책이 들었다.

질병이 호전되는 데 환자의 노력이 필요조건이기는 하나, 충분조건은 아니다. 자본주의 사회에서는 누구나 노력한 만큼 대가를 얻을 수 있다고 학교에서 가르치지만, 현실은 최선을 다해 노력해도 빈곤해지기 쉽다. 자수성가 성공담과 암 극복의 기적이 텔레비전 프로그램을 채우지만, 실제로 이는 복권에 당첨되는 일처럼 확률이 낮을 뿐 아니라 노력한다고 누구나 이룰 수 있는 영역도 아니다. 희망이나 격려는 필요하지만, 원하는 결과에 도달하지 못한 것을 자책으로 이어지게 하는 말은 위험해 보인다.

• 같은 병인데 너는 왜 그래?

동일한 질병이 있다고 해서 모두가 동일한 방식으로 질병을 경험하지는 않는다. 동일한 질병이어도 사람마다 증세가 뚜렷이 다를 수 있다. 고통의 정도와 치료법이 다를 수도 있다. 심지어 한의학에서는 동일한 질병(증세)에 대해서도 몸의 특성에 따라 다른 처방을 내리기도 한다. 병명은 인간의 몸을 설명하고 치료하기 위해 의학이 부여한 분류이자 이름일 뿐, 병명 이전에 개인의 증세와 경험이 먼저 존재한다. 의학 사전에 적혀 있는 질병의 증세 목록과 자신의 증세가 일치하지 않을 수도 있다. 각각의 몸이 경험하는 질병과 증세를 임의로 재단하지 말자.

• 꾀병 아니야?

아픈 몸은 잦은 변화를 겪기 쉽다. 지난 한 달간 가능했던 일이 며칠 사이에 체력이 떨어지면서 불가능해지기도 한다. 또는 전에 없던 증세가 갑자기 나타나기도 한다. 하루에도 몇 번씩 맑은 하늘과 먹구름 낀 하늘이 교차하는 대기처럼, 아픈 몸은 몸 에너지가 불안정한 상태이기 쉽다. 면역력이 떨어진 상태라서 주변 환경의 영향을 더 쉽게 받을 수도 있다.

아픈 이에게 질병이나 증세에 대한 의구심을 보이지 않도록 하자. 아프다는 사실은 이미 쉽게 의구심 앞에 놓인다. 물론 곤란한 상황을 면하려고 실제로 꾀병을 부리는 경우도 있으며, 의사는 진료실에서 환자가 호소하는 증세가 환자의 과도한 인지나 해석이 아닌지 검토하기 마련이다. 의사 입장에서는 필요한 과정이지만, 주변 사람들도 환자가 병명을 진단받기 전까지 그 증세를 꾀병으로 오해하곤 한다. 자신의 증세나 고통 앞에서 타인의 의구심을 만나는 건 유쾌한 경험이 아니다.

• 아파서 예민한 것 같다

몸이 아프면 예민하기 쉽다. 어떤 면에서는 아프기 때문에 몸과 주변 상황에 대한 예민함이 필요하기도 하다. 하지만 정당한 문제 제기조차 그 주체가 아픈 사람일 때는, 질병으로 인한 예민함에서 비롯된 부적절한 것으로 손쉽게 치부되기도 한다. 고민 끝에 어렵사리 문제를 제기했더니, "생리 중이라 예민해서 그런 거 아니냐"는 말을 들을 때의 기분을 떠올려보라. 아파서 예민한 것 아니냐고 말하기 전에 자신에게 물어보자. 상대의 의견이나 문제 제기를 수용하거나 성찰하기 싫어서, 예민하다는 말로 회피하는 것은 아닌지.

• 그래도 밝은 표정을 지어야지

아파서 기운 없는 표정을 지으면 건강에도 안 좋고 같이 있는 사람도 우울해진다는 말을 흔히 한다. 이는 아픈 사람을 위한 조언일까, 자신의 불편함을 표현하는 것일까. 아픈 이들은 다양한 통증을 겪거나, 통증이 없더라도 에너지가 저조한 상태이기 쉽다. 그 과정에서 찡그리거나 기운 없는 표정이 나타나는 것은 자연스러운 일인데도 표정과 감정을 관리하도록 요구될 때가 많다.

특히 아픈 여성들의 표정에 대한 '조언'은 더 빈번해 보인다. 밝고 상냥한 태도는 사회가 여성에게 요구하는 성역할이기 때문일까? 이미 아픈 이들의 상당수는 '저러니까 아프다', '아프니까 예민하다', '아픈 사람과 있으면 기분이 어두워진다' 등의 말을 듣지 않으려고 자기 검열을 하는 경우가 흔하다. 아픈 이들의 표정과 기분까지 교정하려 들지 말자.

아픈 몸의 문화

몇 년 전 "건강관리에 유난을 떤다"는 말과 "그렇게 제대로 관리를 못하니까 아픈 거다"라는 말을 같은 날 각각 다른 이에게 들은 적이 있다. 그날 나는 아픈 사람으로서 적절해 보이려면 어떤 노력을 기울여야 할지 고심했다. 도대체 아픈 사람의 적절한 모습이 무엇인지 알 수 없었다. 아프다는 건 삶에 새로운 정체성이 추가된다는 의미다. 또한 아픈 몸이라는 특성을 안고 사회와 어떤 관계를 형성할지에 대해 정체성을 협상하며 고민하는 과정에 놓인다는 뜻이다.

아픈 이와의 관계에서 어떤 태도가 필요할까? 나를 포함한 아픈 이들도, 아프지 않은 이들도 답하기 어려운 질문이다. 요즘은 아픈 이들을 만나 이야기를 들을 기회가 자주 있는데, 아픈 사람마다 질병이 자아감에 미치는 영향, 사회적으로 겪는 고통, 필요한 사회적 태도가 너무나 다르다는 사실을 점점 깨닫게 되

아파도 미안하지 않습니다

었다. 사회적으로 논의될 주제가 정말 많다는 걸 새삼 느끼는 동시에, 아픈 몸의 문화를 둘러싼 논의가 너무나 빈곤함을 느낀다.

우리는 질병과 관련된 논의가 빈곤한 문화에 살고 있다. 질병에 대한 논의는 주로 생의학에 초점이 맞춰져 있다. 물론 질병이 발생하는 사회적 맥락이나 책임에 관한 논의도 점점 더 활발해지고 있다. 그러나 아픈 몸이 사회 안에서 겪는 다양한 차별과 감정을 둘러싼 논의는 너무나 빈약하다. 사실, 아픈 몸들이 겪는 다양한 현실과 경험에 대해 사회는 거의 알지 못한다. 아픈 몸과 어떻게 관계를 맺어야 하는지, 누구도 답하기 어려울 수밖에 없다.

질문하고, 이야기하자. 그러기 위해서는 먼저 아픈 사람을 대할 때 건강관리에 실패한 사람으로 다루는 시선을 걷어낼 필요가 있다. 그게 시작이다. 그리고 잊지 말자. 누구도 당신에게 아픈 사람을 간섭하거나 통제할 권리를 부여하지 않았다. 감시원의 시선을 거두자.

마지막으로, 앞서 열거한 몇 가지 이야기가 벽에 고정된 액자처럼 존재하지 않았으면 한다. 이는 극히 일부분에 불과하며, 시작점일 뿐이다. 저 이야기들이 물 위를 떠다니는 아메바처럼 분화해 번식하고, 누군가의 먹이가 되어 더 풍부해지길 바란다. 돌아다니면서 다른 질문을 만들고, 누군가에게는 마중물처럼 활용되기를 바란다. 그리고 무엇보다 아픈 이들이 자신의 불편함을 적극적으로 표현하는 데 도움이 되길 바란다. 아픈 몸으로서 불편했던 이야기들이 덧대지기를 기대한다.

건강두레가 있다면

혼자 살다가 아프면 어떡할래!

글쎄, 어떻게 해야 할까? 누가 알려주면 좋겠다. 그런데 저런 말로 협박하는 이들일수록 답이 있을 리 없고, 오랫동안 1인 가구로 살아온 나도 잘 모르겠다. 이따금 1인 가구로서 투병 기간을 어떻게 보냈냐고 묻는 이들이 있다. 내게 뭔가 팁이라도 있을까 싶은 기대감에 던지는 질문 같지만, 미안하게도 나는 힘 빠지는 대답을 내놓는다. 한창 아프던 시기에는 애인과 함께 살았다. 그때 연애 중이 아니었다면 친구와 살았을 가능성도 높다.

당시 친한 친구가 혼자 건강을 보살피는 게 힘들 테니 함께 살자고 제안했었다. 하지만 이미 애인과 살기로 결정한 직후라 마음만 고맙게 받았다. 이후에도 귀농이나 귀촌한 친구들로부터 공기 좋은 곳에 와서 요양하라며 빈방을 정리해놓겠다는 제안도 받았다. 아무리 오랜 친구 사이여도 아픈 이와 함께 사는 것은 쉽지 않은 일인데, 여러 제안에 마음이 뭉클했다.

실제로 그 친구들과 함께 살지는 않았지만, 그들은 정서적

지지는 물론 현금부터 농산물까지 생활에 보탬이 될 만한 것들을 지속적으로 보내왔다. 그리고 내가 스스로 치료비를 마련할 수 있도록 체력이 닿는 대로 할 만한 아르바이트를 만들어 꾸준히 챙겨주는 친구도 있었다. 몸이 아프면서, 혼자 살아가고 있지 않다는 것을 어느 때보다 깊이 느낄 수 있었다.

내가 고마움을 표할 때마다 친구들은 이런 말을 했다. "우리가 서로의 집이기로 했잖아", "우리가 서로한테 보험 가입했던 걸로 기억하는데", "우리가 서로의 엄마인 거 아니었나?" 친구들이 독립해 1인 가구로 삶을 시작하거나, 비혼주의자로 자신을 정체화正體化했을 때 서로에게 좋은 울타리가 되어주자며 나눈 이야기들이다. 처음에는 다소 진지한 태도로 말했지만, 이후에는 집에 문제가 생겨 잘 곳이 필요하거나, 술값을 내거나, 서로에게 잔소리할 수 있는 권리를 주장할 때 농담처럼 쓰기도 했었다. 이렇게 우리는 여러 상황에서 한 번씩 서로에게 '집', '보험', '엄마' 노릇을 해주고 있다.

사실 우리는 함께 살지도 않을뿐더러, 연락을 자주하는 편이 아닌데도 서로에게 꽤 괜찮은 울타리가 되어주고 있다. 가족을 애정·돌봄·어려움을 함께 나누는 관계라고 했을 때, 우리는 '개방가족'에 가깝다고 할 수 있다. 혈연이나 성애적 관계로 닫혀 있는 가족이 아니라 오로지 애정, 신뢰, 가치관으로 구성된 열린 형태의 '가족'이다.

나는 이런 1인 가구나 비혼주의자 친구가 주변에 여럿 있으니 운이 좋은 편인지도 모른다. 하지만 단순히 운이라고 생각하지 않는다. 한국 사회에서 1인 가구나 비혼 인구를 '공동체성을 저해하는 집단'으로 보는 경우가 여전히 많지만, 최소한 내 주변에서는 1인 가구나 비혼주의자가 지인을 더 살뜰히 챙기거나 공동체에 대해 구체적으로 고민하는 경우가 흔하다. 친구들이 대체로 페미니스트이거나 이런저런 사회운동을 하며 사는 이들이라서 그런 성향이 더 두드러질 수도 있다. 하지만 그렇지 않은 그룹에서도 1인 가구로 살아온 세월이 길수록, 비혼으로 명확하게 정체화한 지 오래될수록 그런 경향을 어렵지 않게 발견할 수 있다.

나는 학생운동을 하며 페미니스트로서 정체화했고, '비혼'을 비교적 빠르게 선택할 수 있었다. 그 후 여성단체에 상근하면서 그 선택이 더욱 단단해졌다. 이십 대 때 있었던 일이다. 가까운 친구들에게도 한 번씩 비혼을 '선전·선동'했고, 그 때문만은 아니지만 주변에 비혼 1인 가구들이 점점 늘어갔다. 아마 시대적 흐름도 있었을 게다. 한국 사회에서 본격적으로 '결혼 파업'을 선언한 첫 세대가 1970년대생 여성들이니, 딱 우리 세대다. 비혼을 선택한 배경에는 여성의 높아진 교육률과 경제적 자립, 1990년대 페미니즘의 흐름 등이 복합적으로 작용했을 것이다.

우리는 비혼과 1인 가구를 적극적으로 선택했지만, 혼자 사는 삶을 선택하지는 않았다. 누구보다 '따로 또 같이' 사는 삶에 관심이 많다. 친구 중 한 명은 10여 년 전부터 곳곳의 공동체를 돌아다니며 살아보고 있다. 공동체를 이루는 삶을 충분히 경험하면서 자신을 더불어 잘 살 수 있는 '유연한 몸'으로 변화시키는 중이다. 장기적으로는 비혼 여성들을 중심으로 한 공동체를 만들어보고 싶다는 계획이 있다.

또 다른 친구는 농촌에서 1인 가구 비혼 여성으로 살며 가부장적 문화와 맞서고 있다. 동시에 어떻게 하면 지역 주민들에게 잘 스며들어 살 수 있는지 고민한다. 그 외에도 쉰 살이 되면 퇴직금과 적금을 타서 방이 많은 집을 짓겠다는 계획을 세운 이도 있다. 그 집에 머무는 동안은 누구나 '가족'일 수 있는 공간을 만들고 싶다고 한다.

나는 '정서적 공동체'에 관심이 많다. 특히 당장 1인 가구로서 어떻게 잘 살 수 있을지에 대해 고민해왔다. 1인 가구의 사회적 고립 이슈가 점차 부각되면서 동네 밥상 모임이나 동네 친구 만들기 프로그램이 늘어나고 있다. 그런 모임도 좋지만, 1인 가구에게는 지역에 기반을 두지 않은 공동체도 필요하다. 1인 가구는 이동하기 홀가분해서, 혹은 집값 때문에 주거 공간이 비교적 자주 바뀐다. 따라서 지역성에 갇히지 않는 정서적 공동체를 만드는 것도 중요하다.

공동 돌봄은 어떨까

그래서 생각한 것이 1인 가구 여성들의 '건강두레'다. 건강두레란 몸이 아플 때 서로를 정서적으로 보살펴줄 수 있는 공동 돌봄 모임이다. 이를테면 병원에서 정밀 검사를 받고 난 후 결과를 기다리며 느끼는 불안을 건강두레가 귀 기울여 들어줄 수 있다. 수면 내시경을 받고 나서 집까지 동행해줄 이가 필요할 때 건강두레 구성원이 자원해 함께할 수 있다. 입원해 있을 때 간병인을 고용할 정도는 아니지만 소소한 손길과 정서적 지지가 필요하면 건강두레에 돌봄을 요청할 수 있다. 물론 그런 돌봄을 받기 위해 계절에 한 번쯤은 자신의 월차나 주말을 건강두레 구성원을 돌보는 데 사용해야 한다. 돈을 매개로 하지 않는 일종의 상호부조 모임이다.

이러한 돌봄은 대체로 가족, 친구, 애인과의 관계에서 나눌 수 있지만, 사실 마땅치 않을 때도 많다. 무엇보다 건강두레라는 안정적인 돌봄 관계를 형성해두면, 1인 가구가 건강과 질병에 대해 막연한 불안을 느낄 때 최소한의 정서적 위안이 될 수 있다. 혈연이나 친밀한 관계가 전제된 '배타적 돌봄'이 아니라, 단지 1인 가구 여성이라는 공통점만으로 모인 관계 안에서 서로가 '열려 있는 돌봄'을 시도해보는 것 자체의 의미도 클 것이다.

건강두레는 돌봄이 필요한 사람에게 돌봄이 가능한 사람이 적극적으로 보살핌을 제공하며, 우리는 그 과정을 통해 나, 타인, 우리의 경계를 질문해볼 수 있다. 혈연이나 애정으로 엮이지 않은 관계에서 돈을 매개로 한 돌봄만 가능한 것은 아님을 사회적으로 증명해볼 수도 있다. 사실 돈을 매개로 하지 않는 돌봄이 꼭 혈연이나 애정의 관계에서만 이루어져야 할 이유는 없다. 건

　　　아파도 미안하지 않습니다

강두레에 대한 실험은 '함께 돌보는 사회'라는 말을 현실로 만드는 데 하나의 징검다리가 될 수 있다. 상상만으로도 신나고 흥미로운 일이다!

사실 건강두레라는 아이디어를 생각한 지는 꽤 되었다. 실제로 2014년 한 언론사와 1인 가구를 주제로 인터뷰할 때도 이야기한 적이 있다. 함께해보고 싶다는 주변 사람들도 꽤 있는데, 아직 시작을 못하고 있다. 나의 몸 날씨가 조금 더 안정기로 접어들면 가장 먼저 시작해보고 싶은 모임이다.

기존 제도에 들어가지 않으면 이런 다양한 '상상'을 할 수 있는 자원이 생긴다. 생각해보면 불과 5~10년 전만 해도 1인 가구, 특히 비혼 여성에 대한 인식은 지금보다 훨씬 좋지 않았다. 단지 비혼주의자라는 이유로 불쾌한 시선과 함께 기존 가족제도를 위협하는 것 아니냐는 질문을 받을 때도 있었다. 그럴 때마다 나 같은 페미니스트들에게 비혼은 가부장제와 타협하거나 공모하지 않으면서 자신을 지키는 방식 중 하나일 뿐이므로 기존 가족제도를 위협하지 않는다고 답했다. 하지만 내 대답은 틀렸다.

몇 년 전부터는 이렇게 답한다. 당신 말이 맞다. 비혼은 기존 가족제도를 위협한다. 가부장적 가족제도에 들어가길 거부했더니 지금과 같은 불평등한 가족제도의 재생산을 위협하게 되었다. 개인의 가치를 수용하지 못하고, 가부장적이며, 이성애 중심적이고, 여성 노동을 착취함으로써 유지되는 지금의 가족제도가 하루 빨리 균열되길 바란다. 게다가 비혼이면서 1인 가구인 이들은 노동시장의 전형적인 남성 생계부양자 모델마저 흔들고 있다.

우리는 이 낡은 가족제도를 위협하면서 새로운 '가족제도'와 문화를 만들어가는 존재들이다. 의도하든 의도하지 않았든 내가 그런 변화를 가져오는 존재라는 사실을 인지하면서부터 비혼주의자라는 것에, 1인 가구라는 것에 더욱 자부심을 느끼게 되었다.

사회가 1인 가구와 비혼을 불편한 시선으로 보든 말든 이러한 선택은 '대세'가 되고 있다. "혼자 살다가 아프면 어떡할래!"라는 협박은 필요 없다. '우리가 혼자 살다가 아프면, 사회는 어떡할래?'라고 사회를 향해 묻고 싶다. 우리에게 필요한 것은 혈연관계나 친밀한 관계 등으로 배타적 경계를 나누지 않고도 누구나 돌봄을 받을 수 있는 사회다. 우리가 원하는 것은 혼자 살아도 불안하지 않은 사회다.

아파도 미안하지 않습니다

내가 꿈꾸는 죽음

이른 아침, 이슬의 흔적이 확연히 남아 있는 텃밭. 습한 느낌이 오히려 청량감으로 다가오는 시간이다. 확연한 흙냄새와 토마토 순을 지를 때마다 피어나는 풋내음이, 숨 쉬는 게 기분 좋은 일임을 확인시켜 준다. 들풀을 뽑고 씨앗 몇 개를 추가로 심은 뒤 텃밭의 숨길과 물길이 잘 흐르도록 가벼운 호미질을 한다. 그렇게 두어 시간 텃밭 노동을 마치고 집으로 돌아와 샤워를 한 뒤 잠시 눕는다.

그제야 여기저기 가벼운 뻐근함이 감지되고, 몸의 모든 뼈와 근육은 기다렸다는 듯이 일제히 바닥에 기대어 더없이 편안해한다. 바닥이 몸의 무게감을 온전히 다 받아주는 든든한 느낌, 그 바닥 위에서 느끼는 안온함. 이런 순간, 한 번씩 죽음을 떠올린다. 나의 죽음이 이렇게 안온한 느낌일 수 있을까? 죽음이 내 삶의 모든 기억과 상처를 충분히 감싸주고, 플라톤의 말처럼 "꿈이 없는 쾌적한 잠" 속으로 들어가게 해줄까?

이따금 죽음이 어떤 느낌일지, 어떤 태도로 죽음을 맞이할지에 대해 상상을 한다. 예전에는 나의 죽음을 구체적으로 떠올려본 적이 거의 없었는데, 질병을 만난 후 이렇게 새로운 습관이 생겼다. 몇 해 전 느닷없이 질병이 찾아왔을 때 꽤 긴 시간을 혼란과 의문과 분노로 힘들게 보냈다. 그 시간을 보내고 나서야 비로소 알았다. 젊은 내게도 질병이 찾아올 수 있음을 조금이라도 상상해봤더라면, 질병이 나의 인생 계획을 쓸모없게 만들고 일상을 헤집어놓을 수 있음을 한 번이라도 예상해봤더라면. 만약 그랬다면 아프다는 사실을 수용하기가 힘들어 자주 우울해하고 낙담했던 그 시간을 다르게 겪었을지도 모른다.

그 이후로 나의 죽음에 대해 한 번씩 떠올려본다. 죽음이 가까이에서 나를 찾게 될 때 또다시 혼란과 의문과 분노를 겪느라 너무 긴 시간을 소모하거나, 죽어가는 과정을 삶에 대한 애정과 후회로 채우고 싶지 않기 때문이다. 그리고 삶을 내 신념과 방식대로 꾸려나갔듯, 죽음에 대해서도 그렇게 하고 싶어서다.

토마토처럼, 무처럼

사람마다 추구하는 삶의 가치와 방식이 다르듯 죽음도 그렇다. 죽음은 누구에게나 텅 빈 형태로 주어지며, 각자가 채울 수 있는 다양한 죽음이 있다고 본다. 삶처럼 죽음 또한 계획한다 해도 그 방향대로만 흘러가지는 않을 것이다. 그럼에도 우리가 죽음에 대해 삶처럼 구체적으로 생각해보는 연습을 할 때, 죽음은

아파도 미안하지 않습니다

삶의 단절이 아닌 마무리가 될 수 있을 것 같다.

물론 그렇다 해도 죽음을 떠올려보는 게 그리 쉽진 않다. 죽음은 결코 일어나지 않을 일처럼 너무 멀고 비현실적으로 느껴질 때가 많다. 사실 죽음은 어디에나 있는 것이 분명한데, 현대 사회는 죽음이 어디에도 없는 것처럼 외면하는 문화로 둘러싸여 있다. 나 또한 죽음을 외면하는 정서가 깊었음을 깨달았다. 언젠가 내 삶에 등장하겠지만 외면할 수 있을 때까지 외면하고 싶은 비극적이고 두려운 이벤트처럼 여긴 것 같기도 하다. 어쨌거나 죽음을 상상하는 일의 소중함을 알게 되었으니, 죽은 듯 뒷방에 방치되어 있던 죽음을 일상에서 조금씩 호출해보고 있다.

죽음에 관해 적극적으로 생각하던 초기에는 죽음을 '폐기처분'이나 '절망' 같은 단어와 함께 떠올린 것으로 기억한다. 대다수의 도시인들이 그렇듯, 도시에서 경험하는 죽음은 고장 난 모니터나 삐걱거리는 낡은 의자처럼 '쓸모없어짐'이나 '폐기처분'의 경험을 벗어나기 어렵다. 내가 죽음을 떠올리는 태도나 상상력도 그 범위를 벗어나기 쉽지 않았다. 죽음이 삶의 완성이라는 말은 책 속 문장에 불과했고, 죽음을 떠올릴 때 직관적으로 드는 감정은 대체로 불쾌하며 축축한 무엇이었다. 그런 느낌은 조금씩 변화했는데, 가장 큰 계기는 텃밭을 통해 작물들의 생과 사를 반복적으로 마주하면서부터였다.

이를테면 토마토는 봄에 씨앗을 틔우는데, 초기 성장을 지나면 하루가 다르게 새로운 가지를 뻗는다. 여름이 가까워지면 날

매해 생과 사를 마주하게 해주는 텃밭

마다 가지가 휘도록 열매를 맺고, 한여름이 지나 온도가 조금씩 내려가면 나무가 시들해지기 시작한다. 그러다 가지가 앙상해지면 나무를 뽑아 텃밭 바깥에 모아둔다. 비 온 뒤 텃밭에 가보면 뽑힌 토마토 나무 밑에 지렁이와 배추벌레 같은 것들이 잔뜩 붙어 있다. 토마토 나무는 그들의 먹이가 되는 중이다. 그리고 반년쯤 지나면 흔적도 없이 흙에 섞여 들어간 것을 보게 된다. 그렇게 토마토는 죽었다. 자연으로 돌아갔다.

그리고 이듬해 봄, 토마토가 살았던 자리에 심지도 않은 토마토 순이 여러 개 올라와 있는 걸 보기도 한다. 지난여름에 떨

아파도 미안하지 않습니다

어진 씨앗이 겨우내 추위를 견디고, 봄이 오자 싹을 올린 것이다. 생명은 그렇게 흐르고 있었다. 텃밭을 처음 가꾸던 한두 해는 무심히 넘겼는데, 자꾸 보다 보니 감탄이 나왔다. 아, 이런 게 순환이구나. 죽음이고 태어남이구나! 생명의 순환을 경험할 일이 적은 도시 사람들이 농촌 사람들보다 죽음에 대한 두려움이 더 클 수밖에 없음을 새삼 확인했던 순간이다.

텃밭에서 다양한 작물의 죽음을 관찰하다 보면 닮고 싶은 죽음을 만나기도 한다. 바로 무의 죽음이다. 무는 씨앗을 뿌리고 순이 올라오기 시작하면 일부는 솎아 새싹 비빔밥을 해 먹는다. 좀 더 자라면 다시 한번 솎아 샐러드를 해먹고, 제법 굵은 무청이 올라오면 한 번씩 솎아내 살짝 데쳐 나물을 해먹는다. 그리고 무가 완전히 자라면 통째로 뽑아 수확한다. 무는 김치를 담그고 무청은 시래기를 만든다. 버릴 게 아무것도 없다. 나의 삶(죽음)도 토마토처럼 열매를 수확하고도 나무가 남아 있는 삶(죽음)보다는, 무처럼 아무것도 남김없이 살아버리는 삶(죽음)이면 좋겠다.

죽음을 살아보기

이렇듯 닮고 싶은 죽음을 생각해보는 일은 흥미롭다. 현재 내 삶의 욕구와 불안을 거울처럼 비추기도 해서다. 당연히 매 시기마다 이상적으로 생각하는 죽음이 조금씩 변하는데, 요즘 생각하는 죽음은 이런 모습이다. 먼저, 가슴을 활짝 열고 편안한 모습으로 죽음을 관조할 힘이 있었으면 한다. 즉, 약간은 '도인'처럼 초탈한 모습으로, 들이쉬는 것도 숨이고 내쉬는 것도 숨이듯, 태어나는 것도 삶이고 죽는 것도 삶이라는 태도를 지니고 싶다. 그래야 죽음 앞에서 많이 흔들리지 않을 수 있을 것 같다. 그렇게 마지막 숨을 천천히 음미하며 죽음을 생생히 느끼고 싶다.

그리고 한 가지 더 바람은, 이러한 태도에 명랑함이 덧대지는 것이다. 죽음과 명랑함은 어울리지 않는 조합으로 보이지만, 나는 평소 명랑하고 유머러스하기 어려운 사람이어서 그런지 죽을 때만큼은 명랑했으면 하는 '로망'이 있다. 일본의 천재 애니메이션 감독 곤 사토시今敏처럼 말이다. 그는 겨우 사십 대에 췌장암으로 죽음을 코앞에 두고 유언장을 썼는데, 나는 작품만큼이나 그 유언장을 여러 번 읽었다.

몇 줄만 소개하자면, 그는 스태프들에게 수년 동안 함께 작업한 작품 <꿈꾸는 기계夢みる機械>를 마무리하지 못한 것을 미안해하며 "암이니까 좀 봐줘!"라고 말한다. 암 말기 환자가 되어 사경을 헤맬 때의 환각 상태를 묘사하며 "내 환각은 개성도 없구먼!"이라며 웃고, 생에서 함께한 많은 인연에 감사하며 "그럼 먼저 갑니다!"로 유언장을 마무리한다.[45]

나도 죽음이 목전에 왔을 때 여유롭게 이 정도 말을 건넬 수 있으면 좋겠다. "무처럼 남김없이 살지는 못했지만, 토마토 같은 삶도 나쁘지 않았습니다. 무는 충분히 다 자라도 그 자리에 그대로 머물지만, 토마토는 다 익으면 가지에서 떨어집니다. 떠날 때

아파도 미안하지 않습니다

를 알고, 적극적으로 생의 위치를 이동합니다. 나는 지금이 떠날 때입니다. 명랑하게 죽음으로 출발합니다. 안녕!"

죽어가는 과정을 온전히 살 수 있도록, 우리가 일상에서 죽음을 더 많이 살아볼 수 있길 바란다.

질병은 삶에 대한 배신이 아니다

건설 노동자도 아닌데 비 내리는 날은 하루를 공친다. 현기증이 심해지고 몸도 유난히 무겁다. 특히 맑은 날씨가 흐린 날씨로 옮겨가며 기압 변화가 심한 날은 몸도 따라서 변덕을 부린다. 이런 날은 많은 시간을 누워서 보내게 된다.

어떤 날은 비가 오지 않아도 책 한 쪽을 읽기가 너무 더디다. 읽은 곳을 읽고 또 읽는다. 마치 뇌 주름에 해파리라도 붙어 있는 듯 뇌가 개점폐업 상태 같다. 휴대폰을 집어 들었는데 전화를 걸려고 했는지 문자를 확인하려 했는지 기억나지 않는다. 잠시 후에야 오늘 새로 받아온 약을 복용하기 위한 알람을 맞추려 했다는 사실이 떠오른다. 한 달에 며칠씩 이런 상태가 된다. 몸 일지를 살펴보니 주로 배란기나 월경기에 그렇다. 한의사 말로는 배란기와 월경기에 신체 에너지를 많이 사용하는데, 나는 워낙 신체 에너지가 저조하기 때문이란다.

버스 의자에 앉자마자 깊이 잠들었다. 눈을 떠보니 내릴 곳을 지나쳤다. 집에서 점심을 먹자마자 갑자기 잠이 쏟아진다. 땅

아파도 미안하지 않습니다

밑으로 몸이 꺼질 것만 같다. 식탁 위 접시들을 한쪽으로 밀어두고 잠시 엎드린다. 아주 잠깐인 것 같은데 30분도 더 지났다. 피곤한 일도 없었는데 왜 이럴까. 내과 의사는 저혈압 때문에 일어날 수 있는 현상이라고 한다.

몸은 평소에 무리 없이 잘 지내다가도 이렇게 한 번씩 블랙홀 같은 시간을 만든다. 할 일이 쌓여 있고 마감 날짜들도 다가오는데 멍하니 시계만 본다. 지나가는 시간에 초조함이 밀려오고, 아무것도 하지 않는 나를 자책한다. 지금은 무엇에도 집중할 수 없는 시간임을 자각한 뒤에야 자책을 멈추고 숨을 고른다. 하지만 째깍거리는 시계 초침 소리가 들리는 순간, 자책감도 다시 고개를 든다. 마음에 폭풍우가 몰아치기 시작할 때쯤, 버려진 약봉지를 보고 약 먹을 시간이 지났다는 걸 깨닫는다. 그리고 다시 아픈 몸과 살고 있음을 스스로에게 각인시킨다.

몸은 분명 예전보다 좋아졌다. 미리 컨디션만 잘 조절하면 서너 시간씩 산행도 하고, 가끔 술도 한잔한다. 하지만 몸은 한 번씩 '너는 아픈 상태야'라고 뚜렷하게 말한다. 의사가 출퇴근을 하거나 에너지를 많이 쓰는 일은 하지 말라고 해서 겨우 몇 군데 원고를 쓰고 이따금 회의나 강의를 나가는 게 전부다. 그것도 몸은 쉬이 허락해주지 않는다. 아직도 이 몸에 충분히 익숙해지지 못한 나의 기분에서는 우울한 냄새가 난다.

얼음판을 걷는 법

건강한 이의 몸이 잔잔한 강이라면 아픈 이의 몸은 수시로 바뀌는 바다일 때가 많다. 이른 아침에 잔잔했던 파도는 오후가 되자 갑자기 거세진다. 오후 시간을 위해 해변에 펼쳐둔 돗자리, 책, 노트 등은 모두 거센 파도에 휩쓸려 흔적도 없이 사라진다. 되찾으려 하면 괴로워진다. 거친 파도의 시간이 지나가기를 가만히 기다릴 뿐이다.

아픈 이후로는 얼음판 위를 걷는 기분으로 산다. 얼음판은 때로 아스팔트 같이 매우 단단해서 썰매를 탈 수도 있지만, 온도가 조금만 바뀌면 금세 슬러시처럼 변한다. 단단한 줄 알고 걸음을 내딛다가 첨벙 빠지기도 한다. 얼음 위에서는 걸어야 하지만, 물속에서는 헤엄을 쳐야 한다. 물속에 있을 때는 헤엄치기 외에 다른 어떤 것도 할 수 없다. 이렇듯 내 일상은 아무 때고 불현듯 멈춘다. 건강할 때는 단단한 아스팔트 위를 걷는 느낌으로 살았는데, 지금은 삶이 언제든 녹을 수 있는 얼음판 같다. 그 불안정함이 싫다.

때로는 건강했을 때의 몸에 대한 기억을 지울 수만 있다면 그 편이 더 좋지 않을까 상상한다. "내가 왕년에는 말이야"를 되뇌는 과거의 용사는 현재의 상황이 아니라 빛나던 과거 때문에 불행한 것일지도 모른다. 그 기억이 없다면 내가 현실을 수용하고 행복해지는 데 오히려 도움이 될 거라는 부질없는 생각을 하

아파도 미안하지 않습니다

다가, 이내 지운다. 내가 할 수 있는 건 과거의 기억을 지우는 일도, 현재의 몸을 바꾸는 일도 아니다. 나는 다만 지금의 몸을 수용하거나 수용하지 못할 뿐인데, 어떤 날은 수용할 수 있고 어떤 날은 조금도 수용하지 못한다.

사람들에게 늘 말해왔다. 질병이 몸의 자정 과정에서 발생하는 것이라면 우리는 지금 질병 덕분에 살아 있는 것일지도 모른다고. 병명이나 치료법을 아는 건 아픈 이를 이해하는 데 있어 일부분에 불과하며, 그 불안과 결핍을 이해해야 비로소 아픈 몸과 살아가는 이를 제대로 마주할 수 있다고 말이다. 사실 그 모든 건 나에게 하는 말이기도 했다. 아픈 나를 잘 돌본다는 것은 약과 음식을 잘 챙겨먹는 일일 뿐 아니라 깊은 불안을 잘 보살펴주는 일이다.

하지만 잘 되지 않을 때가 많다. 아픈 몸이 블랙홀 같은 시간을 만들 때마다 마음도 주기적으로 흔들리고, 결국은 몸에게 꼭한 번씩 화를 내고 만다. 의지와 상관없이 때가 되면 월경혈이흐르듯, 노력과 상관없이 제멋대로 아프거나 힘없이 뻗어버리는 몸을 미워한다. 만트라를 외우듯 오늘도 말해본다. 이 몸을미워하지 않고 그대로 수용할 수 있기를, 질병은 삶에 대한 배신이 아님을 잊지 않기를, 자신이 누구이고 무엇을 기대하거나 포기해야 하는지 구분할 수 있기를, 질병에 대한 두려움에 갇히지않고, 건강한 몸에 압도되지 않고, 정상에 집착하지 않기를….

아픈 몸과 사느라 지친 마음 위에 가만히 손을 포갠다.

언어가 없는 사람은 어떻게 자신을 설명할 수 있을까. 내 몸의 경험을 소통할 언어의 부재와 공백이 막막했다. 질병을 통해 변화된 몸과 삶을 어떻게 설명해야 하는지 알 수 없는 아득함이 글을 쓰게 했다. 소통할 언어가 없다는 것이 타인과의 관계에만 영향을 주는 것은 아니다. 불편함과 답답함에 대한 감각은 존재하는데 왜 발생하는지 설명할 수 없을 때, 인간은 자신의 경험으로부터 스스로 소외된다.

사실 질병이라는 주제 자체는 몸이 아프기 이전에도 그리 낯설지 않았다. 페미니즘이 다루는 주제 중 하나로 몸과 질병을 읽는 건 크게 어렵지 않았다. 페미니스트는 '몸'이라는 이슈에 관심을 가질 수밖에 없는데, 나 또한 그랬다. 몸에 대한 관심은 정상성을 질문하게 만들었고, 여성운동을 확장하고 장애인운동을 만나게 했다. 몸에 근거한 인종이나 민족 개념의 의미를 추적하게 했고, 이주나 전쟁(팔레스타인) 같은 주제로 내 운동과 삶이 확장되어 갔다. 질병은 이런 주제들과 다양한 방식으로 연결되어 있었다. 그런데 몸이 아프게 되자, 질병을 피상적으로 읽어왔던 것은 전혀 도움이 되지 않았다. 나의 무지를 철저히 인정해야 했다. 나는 소수자들의 언어에 제법 익숙할 수밖에 없는 삶을 살아왔음에도, 내가 가진 언어로는 내 몸과 삶에 스며든 질병을 해석할 수 없었다.

사람은 언어가 있어야 의지대로 살 수 있다. 언어를 통해 자신의 삶을 이해하고 해석할 수 있으며, 여러 현실에 대응할 수 있다. 그런데 질병과 함께 사는 몸을 설명할 언어가 없으니, 무력할 수밖에 없었다. 알다시피 동일한 사건도 누구의 시선과 언어로 접근하느냐에 따라 완전히 다른 관점과 결론에 다다르게 된다.

최근 한국 사회에서 이런 시선과 언어의 차이를 가장 크게 느끼는 곳은 미투 운동일 것이다. 성폭력 가해자와 피해자의 주장이 경합하는 모습은 동일한 현실을 서로가 얼마나 다르게 살고 있는지 새삼 확인시켜 준다. 동일한 행위를 놓고 가해자와 피해자가 완전히 다르게 해석하는 상황이 자주 벌어진다. 널리 알려져 있듯이, 성폭력은 해석 투쟁이기도 하다. 그리고 성폭력뿐 아니라 '존재에 대한 억압을 해방으로 바꿔가는 사회운동'은 기본적으로 그렇다고 본다. 억압받고 차별받는 존재들이 자신의 경험을 해석하고, 그 해석을 위한 논리를 '개발'하며 새로운 언어를 만들어가는 과정이 바로 사회가 좀 더 평등해지는 과정이다.

아파도 미안하지 않습니다

이렇게 평등한 사회를 만드는 주요 출발점 중 하나는, 몸(삶)
과 세상의 언어가 불일치하는 사람들이 자신의 경험을 침묵에
가두거나 세상에 일방적으로 꿰맞추지 않겠다고 거부하는 것이
다. 아픈 몸을 비롯해서 여성, 이주민, 장애인, 성 소수자처럼 기
존의 언어가 몸에 맞지 않는 이들이 자기 삶의 경험을 반영한 새
로운 언어를 창조하고, 세상에 제시하며, 그 언어가 힘을 얻고
사회에 수용되어 가는 것. 그 과정을 통해 배제당했던 소수자들
이 자신의 자리를 가질 수 있게 된다.

　　나는 아픈 몸, 질병과 관련해서 그런 작업을 해보려 했다. 나
는 몸이 아프고 나서야 비로소 아픈 몸들이 언어도 없이 얼마나
곤궁한 세계에 놓여 있는지 보았고, 아픈 몸에 대한 논의가 의료
나 제도에 과도하게 한정되어 있음을 알게 되었다. 질병이나 건
강은 의료인이나 보건정책 전문가들에 의해 정의되고 설명될
뿐이었다. 아픈 몸들은 의료인이나 정책 전문가들에게 해석의
대상이거나 영감을 주는 텍스트로 존재할 뿐, 아픈 몸들 스스로
경험을 발화하고 언어를 만들어갈 수 있는 장은 거의 없어 보였
다. 나는 의료인이나 건강한 사람들의 언어가 아니라 철저히 아
픈 몸의 관점에서 질병을 다시 읽고, 건강을 새롭게 사유해보려
했다. 건강한 몸이 윤리이자 스펙인 사회에서 아픈 몸의 경험과
의미를 해석해보고자 했다. 의료로서의 질병이 아니라 삶으로
서의 질병을 말하고 싶었다.

　　우선은 아픈 몸들의 경험을 가시화하는 것에서 출발했다. 아

픈 몸들의 경험이 잘 보이지 않는 것은 사회가 아픈 몸의 경험에 대해 무지해서기도 하겠지만, 아픈 몸의 경험은 애초 쓸모없는 경험, 듣기 피곤한 이야기로 치부되기 때문이다. 나는 이러한 현실을 넘어서 보고자 했다. 아픈 몸의 경험이 이 사회의 모순을 읽는 데 얼마나 유용한지 보여주고 싶었다. 실제로 질병은 사회의 여러 구조가 압축적으로 작동하는 장이다. 빈곤이나 젠더는 물론이고, 개인의 다양한 정체성이 질병의 발병이나 치료 양상에 상당한 영향을 미치기 때문이다. 아픈 몸을 둘러싼 다양한 사례를 가져와 이야기를 풀었으며, 젠더나 빈곤에 의해 더욱 차별받는다는 간단한 결론으로 흐르는 것은 가능한 한 피하려 했다.

또한 차별뿐 아니라 아픈 몸이 갖게 되는 고유한 삶의 방식이나 형태에 대해서도 말하고자 했다. 사실 이 부분은 사회적으로 거의 논의되지 않은 부분이라 좀 더 집중하고 싶었는데, 조금밖에 다루지 못해 무척 아쉽다. 어쨌거나 이 일련의 과정은 아픈 몸에 대한 우리 사회의 상상력이 얼마나 납작한지에 관한 구체적인 폭로이기도 했다.

아울러 '질병권疾病權'이나 '질병의 개인화' 같은 단어를 만들기도 했다. '질병권'은 아픈 몸의 시선에서 '건강권健康權'을 재해석·재규정한 단어다. 건강권이라는 단어는 건강을 중심에 놓고, 건강을 위한 임시적 상태로 아픈 몸을 보게 만드는 경향이 있다. 반면 질병권은 아플 권리를 주장하는 표현으로서, 치료받을 권리를 포함해 건강권과 유사한 의미가 있지만 강조점이 다르다.

아파도 미안하지 않습니다

아픈 몸들에게는 최선을 다해 빨리 건강해져야 한다는 의무가 사회적으로 부과되는데, 질병을 온전히 겪을 수 있도록 시간과 환경을 보장받을 수 있어야 함을 강조해보려 했다.

'질병의 개인화'는 질병이 개인의 책임으로 귀속되는 고질적인 맥락을 포착한 표현이다. 한국 사회에서 질병의 사회적 맥락과 책임을 강조하는 건강권 운동(보건의료운동)의 역사가 짧지 않은데도, 우리 일상에서 질병은 놀라울 만큼 철저히 개인화되어 있었다. 본문에서 여러 차례 강조했듯, 질병을 개인의 책임으로 귀속시키는 것은 자본이나 정부의 책임을 면책시키는 효과를 낳는다. 무엇보다 아픈 몸들이 사회적으로 자신을 드러내고 목소리를 낼 수 있는 환경을 만들려면 자책감을 넘어서는 일이 시급했다.

또한 무엇이 건강인지에 대한 문제 제기도 해보았다. 의학에서 규정한 건강만이 단일한 기준이 되어야 하고, 그것만이 우리에게 의미 있는 것인지 묻고 싶었다. 이 과정에서 한국의 건강권 운동이 다루는 건강에 대한 지점도 언급하고 싶었으나, 미처 원고로 쓰지 못했다. 아프고 나서야 우리 사회의 건강권 운동에 관심을 기울이게 되었는데, 오랜 활동과 역사적 자료를 찾아보면서 보건의료운동에서도 '정상적인 최고의 건강'을 중심으로 사고한다는 인상을 지울 수 없었고, 아쉬웠다. 즉, 인류가 도달해야 할 정상적인 최고의 건강이 단일하게 존재하며, 거기에 도달하는 데 걸림돌이 되는 빈곤, 실업, 성차별 등을 완화해서 모두가 그러한 최고의 건강에 도달하도록 하는 것을 주요 목적 중 하나로 설정한 것으로 보였다.

하지만 나는 '정상적인 최고의 건강' 자체에 대해 문제의식을 느낀다. 그런 표준의 몸을 최고의 몸으로 설정해놓는 것이 올바른지, 빈곤이나 성차별 등을 제거해나가면 누구나 실제로 그런 몸에 접근 가능한지에 대해 질문하고 싶었다. 그런 이상적인 건강상을 단일하게 구성해놓은 것 자체가 몸을 서열화하고, 누군가는 계속 열등한 몸으로 규정되도록 기여하는 것은 아닌지 함께 토론해보고 싶다.

여성운동에서 누가 여성인가는 논쟁적 주제다. 장애인운동에서도 무엇이 장애인가는 지속적으로 논의되는 주제다. 각각은 고정된 하나의 정답만 있는 게 아니며, 그것을 질문하는 행위 자체가 운동의 좌표를 계속 질문하는 주요 과정이기도 하다. 건강권 운동(보건의료운동)에서도 마찬가지로 건강이 무엇인지에 대해 다양한 논쟁이 펼쳐지는 것을 보고 싶다. 더 풍부한 논쟁이 다양한 소수자의 경험을 바탕으로 진행되었으면 한다.

나는 건강과 관련해서 우리가 '탈脫코르셋' 하듯 '탈脫건강'했으면 한다. 건강을 벗고 질병을 입자는 게 아니라, 건강에 대한 강박을 벗어던지자는 의미다. 강박적인 건강 추구가 무엇을 의미하는지는 사회적으로 반드시 고민해야 할 중요한 주제다. 우리는 몸이라는 물질 위에서만 살 수 있는 존재이고, 최소한의 건강은 생존의 전제 조건이다. 그러나 더 많은 건강이 곧 더 많은

아파도 미안하지 않습니다

행복의 전제 조건이 되는 것은 아니다. 건강에 과도하게 집착하고 질병을 두려워할수록 질병에 대한 혐오가 강화될 수 있다. 우리가 아픈 몸과 함께 살기 위해서는 질병과 아픈 몸에 대한 혐오로부터 탈식민하는 과정이 필수적임을 기억해야 한다.

내가 이곳에서 건강과 질병, 표준의 몸에 대해 제기한 문제의식은 여성운동을 통해 바라보았던 몸, 그리고 장애인운동을 통해 재구성했던 몸에 대한 고민 위에서 가능했다. 또한 팔레스타인 연대 운동을 위해 중동 지역에 머무를 때마다, 문화에 따라 '정상'이 얼마나 다르게 규정되고 수용되는지 목격한 것도 큰 도움이 되었다. 질병은 나를 낯선 세계에 데려다 놓았지만, 지난 20여 년간의 활동과 경험이 나를 '구원'했다.

"개인적인 것이 정치적인 것"이라는 여성운동의 오랜 구호는 이 책에도 적용된다. 개인의 질병 경험은 우리 사회에서 매우 사적이고 내밀한 영역이다. 나는 개인의 질병 경험을 풀어내는 형태로 시작해서 질병을 둘러싼 문화적이고 정치적인 현실을 다루고자 했다. 질병 경험을 가시화함으로써 개인이 혼자 알아서 감당해야 할 영역이 아니라 공적으로 논의되어야 할 정치적인 문제임을 강조하려 했다.

이 책에서는 가능한 한 일상의 사소한 사례들을 가져와 이야기해보려 했다. 나는 언제나 일상의 작은 단면들이 엄청난 '정치'를 담고 있다고 여기기 때문이다. 그리고 그런 사례를 풀어내는 과정에서 어떤 개념이나 이론을 끌어오기보다는 일상의 언어를 통해 설명해보려고 했다. 개념이나 이론을 잘 모르기도 하지만, 기본적으로 어떤 매끈하고 완결된 결론보다는, 누구나 이해할 수 있도록 고민을 드러내며 함께 생각해보자고 제안하는 데 방점이 있었기 때문이다. 아픈 몸을 둘러싼 다양한 경험 자체가 의미 있는 이야기로 존중받으며, 여러 공적인 자리에서 토론되길 기대한다.

본문에는 여성이라는 단어가 자주 등장하는데, 쓸 때마다 갈등했다. 여성이 단일하며, 분명한 경계선을 지닌 집단처럼 여겨질까 봐 염려되었기 때문이다. 특히 의학의 성차별적 요소를 말하는 지점에서 그렇다. 오랫동안 의학은 남성 몸을 표준으로 삼아 연구해왔고, 동일한 질병에 걸려도 여성은 다른 증세를 보이거나, 약물 치료 효과나 부작용이 다르게 나타났던 지점은 충분히 연구되지 않고 누락된 역사가 있었다. 이런 현실 자체가 성차별의 결과인데, 그 결과가 다시 성별 건강 불평등을 강화하는 요소가 되고 있음을 잘 드러내보고 싶었다. 그런 부분에서 여성과 남성을 대비해서 쓴 경우가 많은데, 여성이 생물학적으로 구분되는 단일한 집단으로 읽힐까 봐 염려된다. 여성은 단일하지 않으며, 누가 여성이고 여성이라는 집단을 어떻게 정의할 수 있는지는 복잡한 정치적 의미가 있다. 그런 고민을 담아내면서 더 적절하게 표현하지 못한 것은 나의 한계임을 밝혀둔다.

또한 이 책의 글들을 쓰기 시작한 이후 보건의료와 관련된 책을 가능한 한 읽지 않으려 했다. 책은 좋은 정보와 사유의 계기를 제공하지만. 동시에 그 프레임에 갇혀 사고하도록 만들 수 있기 때문이다. 원고를 거의 마칠 때 즈음부터 보건의료 관련 책을 읽거나, 관련 단체에서 주최하는 세미나에 참여하기도 했다. 새롭게 알게 된 관점들이 있었지만, 원고를 수정하지는 않았다. 내가 펼친 논지를 좀 더 탄탄히 하기 위해 주석이나 참고 자료를 덧대는 정도로 이용했다. 이와 관련해 비로소 알게 된 이론을 반영한 이야기들은 추후에 펼칠 기회가 있으리라.

나는 때로 아픈 몸들이 건강 세계에 놓인 질병 난민이라고 느낀다. 질병과 아픈 몸에 대한 혐오를 뚫고, 상처조차 자원으로 삼으며, 우리 언어에 함께 힘을 실어갈 수 있기를 바란다.

감사합니다

팔레스타인에서 늘 나의 안녕과 건강을 기도해 준 슈룩과 마흐무드 가족에게 감사를 전한다. 2009년에 3개월 동안 팔레스타인 연대 활동을 하며 슈룩 가족의 집에서 함께한 시간은 피점령지 시민, 무슬림, 난민으로 사는 것의 의미를 조금이나마 배운 시간이었다. 중동 지역에 갈 때마다 느끼는 것이지만, '환대'라는 단어가 어떤 의미를 품고 있는지 늘 온몸으로 확인하게 된다. 비록 그 현장 활동으로 인해 건강을 잃었으나, 이방인인 나를 살갑게 맞이해주고, 함께 연대의 활동을 쌓았던 시간을 잊을 수 없다.

글쓰기 책조차 읽어본 적 없는 내가 이나마 글을 쓸 수 있기까지는 시인 이문재 선생님의 도움이 컸다. 몸이 회복되어갈 즈음, '자기성찰과 재탄생'이라는 제목에 이끌려 신청했던 수업에 가보니, 글쓰기 과정이었다. 글을 통해 지난 삶을 반복적으로 돌아보게 되었고, 그 수업을 마치고 보니 글을 쓴다는 행위의 의미를 좀 더 알 수 있었다. 나는 그저 마흔 명의 수강생 중 한 명이었지만, 일대일 수업을 듣는 기분이었다. 감사드린다.

어두운 터널 속에서 머물지 않고 끝을 향해 계속 걸을 수 있도록 도와준 조성민 선생님에게도 각별한 감사의 마음을 전한다. 삶에 쉽게 베이고 넘어지는 내가 이만큼 견디며 올 수 있었던 것은 선생님의 도움으로 가능했다. 선생님과의 오랜 대화들이 없었다면, 내가 지금 이곳에 존재할 수 있었을지 의문이다.

수많은 이들이 들려준 질병 이야기 속에서 나의 경험과 사고를 확장할 수 있었다. 페미니스트 저널《일다》에서 질병 워크숍을 진행할 때 자신의 경험을 나누어준 수강생들, 암 환자 캠프나 사람책으로 초대받아 간 곳에서 적극적으로 자신의 질병 이야기를 나누고, 글에서 인용되는 것에 흔쾌히 동의해준 모든 분들에게 연대와 감사의 마음을 전한다.

<반다의 질병관통기>를 연재했던《일다》의 조이여울 편집장님과 이경신 선생님, 정인진 선생님에게도 감사의 인사를 전한다. 무엇보다《일다》독자들에게 각별한 감사의 마음을 전한다. 힘든 체력 속에서도 계속해서 글쓰기의 고단함을 이겨낼 수 있었던 것은 연재를 기다리고 공감해준 일다 독자들의 힘이었다. 페미니스트들의 연대 속에서 가능했던 연재였다. 그리고 연

아파도 미안하지 않습니다

재 당시 육아로 힘든 와중에도 원고에 들어갈 이미지를 매번 만들어준 동생 은영과, 논문 자료를 찾는 것을 매번 도와준 오랜 벗 이치에게도 감사의 마음을 전한다.

'건강세상네트워크'의 강주성 대표님에게도 감사의 마음을 전한다. 주성 선배님과는 1990년대에 사회운동 과정에서 만났다. 선배님이 백혈병 진단을 받았다는 소식을 들었을 때, 안타까운 마음과 함께 이제 그만 고된 사회운동 현장을 떠나 건강을 돌보며 쉬기를 바랐다. 그러나 선배님은 투병 생활을 끝내자마자, 2000년대 초반 약값이 없어 죽어가는 환자들과 함께 백혈병 환우회를 만들었고, 다국적 제약회사의 횡포에 맞서 싸웠다. 존경스러웠다. 건강권 문제에 관심을 갖게 된 이후, 여러 곳에서 선배님이 동료들과 함께 변화시킨 현실을 만날 수 있었다. 아울러 우리 사회의 국민의료보험이나 보건의료제도가 이만큼이나마 나아진 것은 건강권 운동을 해온 분들의 노력 덕분임을 알게 되었다. 그분들에게도 감사의 마음을 전한다.

마지막으로 사려 깊은 태도로 작업해준 정경윤 편집자님과 책이 나오기까지 여러 과정에서 땀을 쏟은 출판·인쇄 노동자 분들, 그리고 여러모로 많은 배려를 해준 동녘 출판사에게도 감사드린다.

기억합니다
내가 몸이 아프게 된 뒤, 가까이서 염려해주던 소중한 이들이 불현듯 세상을 떠났다.

홈리스와 장애인의 벗으로 불렸던 영상활동가 박종필 감독의 죽음을 기억한다. 그는 20여 년간 거리에서 치열하게 촬영하고 작업하며 세상의 변화를 만들어갔고, 목포에서 세월호 선체를 기록하다가 간암 선고를 받은 지 한 달 만에 세상을 떠났다. 그는 내가 몸이 아프게 된 뒤 오랜 동료로서 자주 병원이나 치료받을 곳들을 알아봐주고, 내내 자신이 할 수 있는 힘껏 도움을 주었다. 그 배려를 갚을 시간도 없이 불현듯 떠났다. 내 건강이 한 번씩 휘청일 때마다 안타까워했던 마음을 뒤늦게 전해 들었다. 애달프다.

중증 장애 여성 김주영의 죽음을 기억한다. 장애인운동에서 24시간 장애인 활동지원 제도화 투쟁의 상징이었던 김주영은 활동지원사가 없던 밤, 화재로 세상을 떠났다. 주영을 처음 만났던 2000년대 초반 그는 막 자립생활을 시작했었고, 그의 성장을 지켜보고 고민을 나누면서 이 사회에서 장애인으로 산다는 것의 의미를 새롭게 배울 수 있었다. 우리가 알아온 10여 년의 시간 동안 함께했던 작업과 토론은 다른 방식으로 서로를 성장시켰다. 빨리 건강해져서, 진하게 술을 마시며 독한 세상에 대해 이야기하자던 약속은 황망해졌다.

기초생활수급권자이던 청년 김준혁의 죽음을 기억한다. 그는 돈 때문에 치료를 미루다 맹장염으로 세상을 떠났다. 그의 죽음 앞에서 요즘 시대에 어떻게 맹장염으로 죽을 수 있느냐고 세

아파도 미안하지 않습니다

상이 떠들썩했지만, 우리는 놀라지도 못했다. 흔하고 익숙한 또 하나의 죽음이었다. 세상의 잔인함을 다시 한번 삼켰다.

나의 할머니의 죽음은 아직 수용되지 않는다. 할아버지는 역사의 전방에서 존경받는 존재로 살았지만, 할머니는 후방에서 가족을 보살피기 위해 날이 설 만큼 강인해져야 했다. 감정의 일렁임 없이 떠올릴 수 없는 할머니. 고맙고 사랑합니다.

고마운 존재들과 나누었던 교감은 이곳의 글 어딘가에 스며 있을 것이다.

주

1 국가암정보센터 (https://www.cancer.go.kr/lay1/S1T639C640/
  contents.do).

2 서울대병원 홈페이지 의학정보실, 서울아산병원 홈페이지 질환백과.

3 〈한국HIV낙인지표조사〉, 한국HIV낙인지표조사 공동기획단, 2017.

4 2012~2015년에 접수된 오진 관련 피해구제 건수는 480건이며, 이
  중 암 오진 피해가 296건(61.7%)에 이르는 것으로 나타났다. 의료
  기관별로는 2차 병원(병원, 종합병원) 38.5%, 1차 병원(의원, 보건
  소) 37.2%, 3차 병원(상급종합병원) 24.3% 순이었다. 한국소비자원,
  〈암 오진 중 폐암 오진 피해 가장 많아〉, 2015.

5 낸시 홈스트롬 외, 《페미니즘, 왼쪽 날개를 펴다》, 유강은 옮김, 메이
  데이, 2012.

6 알렌 래들리, 《질병의 사회심리학》, 조병희 옮김, 나남, 2004.

7 Lea Winerman, "Helping men to help themselves", *Monitor on
  psychology*, Vol.36, No.7, 2005; "Gender and women's mental health",
  WHO(https://www.who.int/mental_health/prevention/genderwomen/

아파도 미안하지 않습니다

en/).

8   황상익,《콜럼버스의 교환》, 을유문화사, 2014.

9   메리앤 J. 리가토,《이브의 몸》, 임재원 옮김, 사이언스북스, 2004.

10 수전 손택,《은유로서의 질병》, 이재원 옮김, 이후, 2002.

11 박장군,〈5월 여성모임 후기: 김조광수 김승환 부부 이야기〉, 행동하
    는 성소수자인권연대, 2016.5.31.

12 〈월경전 증후군의 원인〉, 차병원 건강 칼럼, 네이버 건강백과.

13 글로리아 스타이넘,《남자가 월경을 한다면》, 이현정 옮김, 현실문
    화, 2002.

14 리가토,《이브의 몸》.

15 레슬리 도열,《무엇이 여성을 병들게 하는가》, 정진주 외 옮김, 한울
    아카데미, 2010.

16 제임스 W. 페니베이커,《털어놓기와 건강》, 김종한·박광배 옮김, 학
    지사, 1999.

17 〈남편 기 살려야 IMF 이긴다〉,《한겨레 21》, 188호, 1997.12.25.

18 송영종,〈한국의 IMF 경제위기 전후 질병이환율, 의료이용 및 사망
    률 변화〉, 연세대학교 대학원 박사학위 논문, 2001.

19 이노우에 요시야스,《건강의 배신》, 김경원 옮김, 돌베게, 2014.

20 노라 엘렌 그로스,《마서즈 비니어드 섬 사람들은 수화로 말한다》,
    한길사, 2003.

21 유화승·권해경·김정선,〈세계 암 보완대체의학의 현황에 대한 연구〉,
    《대한암한의학회지》, 14권 1호, 2009; 이성재,〈통합의료, 의료인과

정부에 바란다〉,《대한의사협회지》, 55권 6호, 2012.

22 Maina Kiai, "Republic of Korea: UN rights expert calls for probe in death of 69-year old protester", *UN News*, 2016.9.28.

23 김지림, 〈UN 고문방지위원회의 대한민국 제3차 국가보고서 심의 참가 기〉, 공익인권법재단 공감, 2017.5.11.

24 경찰청 인권침해 사건 진상조사위, 〈고 백남기 사망사건 심사결과〉, 2018.8.21.

25 인도주의의사실천협의회, <백남기 씨 사망진단에 대한 인도주의의사실 천협의회 의견서〉, 2016.9.26.

26 김유선, 〈비정규직 규모와 실태〉, 한국노동사회연구소, 2016.

27 〈국민연금, 여성 노후 소득 보강해야〉,《여성신문》, 2018.8.21.

28 도열,《무엇이 여성을 병들게 하는가》.

29 서울시 자치구별 기대수명 (https://data.seoul.go.kr/dataList/datasetView.do?infId=10703&srvType=S&serviceKind=2); 자치구별 사망률 (http://www.seoulhealth.kr/health/local?menuId=96&codeNum=6); 자치구별 암사망률 (http://www.seoulhealth.kr/health/local?menuId=96&codeNum=7); 자치구별 자살률 (http://www.seoulhealth.kr/health/local?menuId=96&codeNum=8); 〈강남 3구, 기대수명도 길어〉,《조선일보》, 2018.8.12.

30 〈서울 천식 사망자, 미세먼지 농도에 따라 4배차〉,《중앙일보》, 2015.12.16.

31 고용노동부,《2017 산업재해현황분석》, 2018.

32 〈메르스 환자 돌본 간호사 22% … '외상후 스트레스 장애' 시달려〉,

아파도 미안하지 않습니다

《경향신문》, 2017.1.11.

33 〈메르스사태 1년 ⋯ 감염의사 '산재혜택 제로' 왜일까?〉, 《노컷뉴스》, 2016.5.19.

34 〈건강불평등, 호르몬 타고 대물림된다〉, 《경향신문》, 2017.2.11.

35 〈일하다가 사람이 죽는 일〉, 《뉴스타파》, 2015.7.29.

36 〈30대 그룹 산재 보험료 4981억 원 할인 ⋯ 삼성그룹 1009억 원〉, 《한겨레》, 2016.9.18.

37 〈법 위의 삼성, "영업기밀이라" 법원 자료요구 거부 83%>, 《미디어오늘》, 2016.11.30.

38 〈돈 없어 병원 못 가는 국민 34%〉, 《한국일보》, 2011.6.13.

39 〈보험료 1만 원 더 내면 병원비 100만 원에 끝!〉, 《데일리메디》, 2012.10.19.

40 무상의료운동본부, <"건강보험 17조원 흑자를 국민에게" 운동을 선포합니다>, 2015.09.16. (http://medical.jinbo.net/xe/index.php?mid=medi_04_01&page=7&document_srl=166264)

41 〈지자체의 빈곤층 건보료 지원까지 발목잡는 정부〉, 《한겨레》, 2015.9.16.

42 2016년 기준 MRI 장비보유 대수는 OECD 평균은 16.8대, 한국은 27.8 대. CT 장비보유 대수는 OECD 평균이 26.8대, 한국은 37.8대이다. 보건복지부, 〈OECD 통계로 보는 한국의 보건의료〉, 2018.7.13.

43 Denis J. Pereira Gray et al., "Continuity of care with doctors — a matter of life and

death? A systematic review of continuity of care and mortality", *Archive*, Vol.8, Issue 6, 2018.

44 남은영·최유정, <사회계층 변수에 따른 여가격차>,《한국인구학》, 31권 3호, 2008.

45 곤 사토시 웹페이지 (http://konstone.s-kon.net/modules/notebook/archi ves/565).

아파도 미안하지 않습니다

참고문헌

강신익,《몸의 역사, 몸의 문화》, 휴머니스트, 2007.

국가 암정보센터(http://cancer.go.kr).

권해경 외, 〈세계 암 보완대체의학의 현황에 대한 연구〉,《대한암한의학
　회지》, 14권 1호, 2009.

글로리아 스타이넘,《남자가 월경을 한다면》, 이현정 옮김, 현실문화,
　2002.

김도현,《당신은 장애를 아는가》, 메이데이, 2007.

김창엽,《건강할 권리》, 후마니타스, 2013.

낸시 홈스트롬 외,《페미니즘, 왼쪽 날개를 펴다》, 유강은 옮김, 메이데
　이, 2012.

마이클 마멋,《건강 격차》, 동녘, 2017.

메리앤 J.리가토,《이브의 몸》, 임지원 옮김, 사이언스북스, 2004.

멜러니 선스트럼,《통증 연대기》, 노승영 옮김, 에이도스, 2011.

미셸 페로 외,《인문학, 여성을 말하다》, 강금희 옮김, 이숲, 2013.

박경돈, 〈의료보장성과 민간의료보험 구입의 구축효과에 대한 연구: 노

인층을 중심으로>,《한국행정연구》, 23권 4호. 2014.

스티브 헤인스, 《뇌과학으로 읽는 트라우마와 통증》, 김아림 옮김,
2016.

이가희 외, 〈2016년 대한갑상선학회 갑상선결절 및 암 진료 권고안 개
정안〉, 대한갑상선학회, 2016.

이승준, 〈수술동의서에 대한 형사법적 제문제>,《연세법학연구》, 19권
1호, 2009.

조경애 외, 《무상의료란 무엇인가》, 이매진, 2012.

조병희, 《섹슈얼리티와 위험 연구》, 나남, 2008.

최희경, 《한국의 의료갈등과 의료정책》, 지식산업사, 2007.

아파도 미안하지 않습니다